Ley de Arrendamientos Urbanos

Biblioteca de Textos Legales

Ley de Arrendamientos Urbanos

Edición preparada por
SEBASTIÁN LÓPEZ MAZA
Profesor Titular de Derecho Civil
de la Universidad Autónoma de Madrid

Bajo la dirección de
RODRIGO BERCOVITZ RODRÍGUEZ-CANO
Catedrático de Derecho Civil
de la Universidad Autónoma de Madrid

DÉCIMA EDICIÓN

tecnos

1.ª edición, 2013
2.ª edición, 2014
3.ª edición, 2015
4.ª edición, 2016
5.ª edición, 2017
6.ª edición, 2018
7.ª edición, 2019
8.ª edición, 2020
9.ª edición, 2023
10.ª edición, 2024

Diseño de cubierta: J. M. Domínguez y J. Sánchez Cuenca

PAPEL DE FIBRA
CERTIFICADO

ISBN: 978-84-309-9103-7
Depósito Legal: M-13461-2024

Printed in Spain

ÍNDICE SISTEMÁTICO

I. LEY DE ARRENDAMIENTOS URBANOS DE 1994

II.   OTRAS DISPOSICIONES RELACIONADAS CON LOS ARRENDAMIENTOS URBANOS

I. LEY DE ARRENDAMIENTOS URBANOS DE 1994

§ 1. LEY 29/1994, DE 24 DE NOVIEMBRE, DE ARRENDAMIENTOS URBANOS

(*BOE* n.º 282, de 25 de noviembre de 1994)

PREÁMBULO

1

El régimen jurídico de los arrendamientos urbanos se encuentra en la actualidad regulado por el texto refundido de la Ley de Arrendamientos Urbanos de 1964, aprobado por el Decreto 4.104/1964, de 24 de diciembre.

Los principios que inspiraron la reforma de la legislación arrendaticia llevada a cabo en 1964, según reza la Exposición de Motivos de la Ley 40/1964, fueron los de atemperar el movimiento liberalizador de la propiedad urbana a las circunstancias económicas del país y a las exigencias de la justicia. Sin embargo, el texto refundido no llegó a alcanzar sus objetivos de desbloquear la situación de las rentas congeladas. El citado texto consagró, además, un régimen de subrogaciones, tanto *inter vivos* como *mortis causa*, favorable a los intereses del arrendatario.

Ambas circunstancias determinaron un marco normativo que la práctica ha puesto de manifiesto que fomentaba escasamente la utilización del instituto arrendaticio.

Ante estas circunstancias, el Real Decreto-ley 2/1985, de 30 de abril, sobre Medidas de Política Económica, introdujo dos modificaciones en la regulación del régimen de los arrendamientos urbanos que han tenido un enorme impacto en el desarrollo posterior de este sector. Estas modificaciones fueron la libertad para la transformación de viviendas en locales de negocio y la libertad para pactar la duración del contrato, suprimiendo el carácter obligatorio de la prórroga forzosa en los contratos de arrendamientos urbanos.

El Real Decreto-ley 2/1985 ha tenido resultados mixtos. Por un lado, ha permitido que la tendencia a la disminución en el porcentaje de viviendas alquiladas que se estaba produciendo a principios de la década de los ochenta se detuviera, aunque no ha podido revertir sustancialmente el signo de la tendencia. Por otro lado, sin embargo, ha generado una enorme inestabilidad en el mercado de viviendas en alquiler al dar lugar a un fenómeno de contratos de corta duración. Esto a su vez ha producido un movimiento de incremento de las rentas muy significativo, que se ha visto agravado por su simultaneidad en el tiempo con un período de elevación de los precios en el mercado inmobiliario.

En la actualidad, el mercado de los arrendamientos urbanos en vivienda se caracteriza por la coexistencia de dos situaciones claramente diferenciadas. Por un lado, los contratos celebrados al amparo del Real Decreto-ley 2/1985, que representan aproximadamente el 20 por 100 del total y se caracterizan por tener rentas elevadas y un importante grado de rotación ocupacional por consecuencia de su generalizada duración anual. Por el otro, los contratos celebrados con anterioridad a la fecha de entrada en vigor del Real Decreto-ley 2/1985. En general, se trata de contratos con rentas no elevadas y, en el caso de los contratos celebrados con anterioridad a la Ley de 1964, aproximadamente el 50 por 100 del total, con rentas que se pueden calificar como ineconómicas.

Las disfunciones que esta situación genera en el mercado son tales que han convertido al arrendamiento en una alternativa poco atractiva frente a la de la adquisición en propiedad en relación con la solución al problema de la vivienda. En este sentido, sólo un 18 por 100 aproximadamente del parque total de viviendas se encuentra en régimen de alquiler.

Por ello, la finalidad última que persigue la reforma es la de coadyuvar a potenciar el mercado de los arrendamientos urbanos como pieza básica de una política de vivienda orientada por el mandato constitucional consagrado en el artículo 47, de reconocimiento del derecho de todos los españoles a disfrutar de una vivienda digna y adecuada.

La consecución de este objetivo exige una modificación normativa que permita establecer un equilibrio adecuado en las prestaciones de las partes, y aunque es evidente que el cambio normativo por sí mismo no constituye una condición suficiente para potenciar la oferta en este sector, sí es una condición necesaria para que ello se produzca.

La regulación sustantiva del contrato de arrendamiento debe partir de una clara diferenciación de trato entre los arrendamientos de vivienda y los destinados a cualquier otro uso distinto del de vivienda, por entender que las realidades económicas subyacentes son sustancialmente distintas y merecedoras, por tanto, de sistemas normativos disímiles que se hagan eco de esa diferencia.

En este sentido, al mismo tiempo que se mantiene el carácter tuitivo de la regulación de los arrendamientos de vivienda, se opta en relación con los destinados a otros usos por una regulación basada de forma absoluta en el libre acuerdo de las partes.

Además, la ley contiene una reforma parcial de la regulación de los procesos arrendaticios y la modificación del régimen de los contratos actualmente en vigor.

2

La regulación de los arrendamientos de vivienda presenta novedades significativas, fundamentalmente en relación con su duración. En este sentido, se ha optado por establecer un plazo mínimo de duración del contrato de cinco años, por entender que un plazo de estas características permite una cierta estabilidad para las unidades familiares que les posibilita contemplar al arrendamiento como alternativa válida a la propiedad. Al mismo tiempo, no es un plazo excesivo que pudiera constituir un freno para que tanto los propietarios privados como los promotores empresariales sitúen viviendas en este mercado.

Este plazo mínimo de duración se articula a partir del libre pacto entre las partes sobre la duración inicial del contrato más un sistema de prórrogas anuales obligatorias hasta alcanzar el mínimo de cinco años de duración, si el pacto inicial hubiera sido por un plazo inferior.

Se introduce también en la ley un mecanismo de prórroga tácita, transcurrido como mínimo el plazo de garantía de cinco años, que da lugar a un nuevo plazo articulado, asimismo, sobre períodos anuales, de tres años.

El reconocimiento de la existencia de situaciones que exigen plazos inferiores de duración ha hecho que la ley prevea esta posibilidad, aunque vinculada en exclusiva a la necesidad, conocida al tiempo de la celebración del contrato, de recuperar el uso de la vivienda arrendada para domicilio del propio arrendador.

El establecimiento de un plazo de duración limitada permite mitigar el impacto que el instituto de las subrogaciones pudiera tener sobre el equilibrio de las prestaciones. En la medida en que el derecho de las personas subrogadas a continuar en el uso de la vivienda arrendada sólo se mantiene hasta la terminación del plazo contractual, no existe inconveniente en mantener dicho derecho en el ámbito *mortis causa* a favor de aquellas personas con vinculación directa con el arrendatario. Destaca como novedad el reconocimiento de este derecho al conviviente *more uxorio*.

En relación con las subrogaciones *inter vivos*, sólo se reconoce su existencia previo consentimiento escrito del arrendador. Al mismo tiempo, se introduce una novedad en casos de resoluciones judiciales que, en procesos de nulidad, separación o divorcio, asignen la vivienda al cónyuge no titular. En estos casos, se reconoce *ex lege* a dicho cónyuge el derecho a continuar en el uso de la vivienda arrendada por el tiempo que restare del contrato.

El régimen de rentas se construye en torno al principio de la libertad de pactos entre las partes para la determinación de la renta inicial tanto para los contratos nuevos como para aquellos que se mantengan con arrendatarios ya establecidos. Esto asegurará, cuando ello sea preciso, que las rentas de los contratos permitan reflejar la realidad del mercado, si esta realidad no hubiera podido trasladarse a la renta por la vía de las actualizaciones previstas. Ello puede ser así, dado que la norma establece un mecanismo de actualización de rentas vinculado a las variaciones porcentuales que pueda experimentar en un período anual el Índice de Precios al Consumo.

Por lo que se refiere a los derechos y obligaciones de las partes, la ley mantiene en líneas generales la regulación actual, sin introducir grandes novedades. Se exceptúa el establecimiento de una previsión especial para arrendatarios afectados de minusvalías o con personas minusválidas a su cargo, que pretendan efectuar modificaciones en la finca arrendada que les permitan mejorar la utilización de la misma.

También se mantiene el derecho de adquisición preferente en favor del arrendatario para el supuesto de enajenación de la vivienda arrendada durante la vigencia del arrendamiento aunque referido a condiciones de mercado, por entenderse que constituye un instrumento que sin suponer una grave onerosidad para el arrendador incrementa las posibilidades de permanencia del arrendatario en la vivienda.

Por último, por lo que se refiere a la formalización de los contratos, la ley mantiene la libertad de las partes de optar por la forma oral o escrita. Al mismo tiempo, se consagra expresamente la posibilidad de todos los contratos de arrendamiento, cualquiera que sea su duración, de acceder al Registro de la Propiedad, intentando, por otro lado, potenciar esta posibilidad de acceso mediante la vinculación de determinadas medidas de fomento o beneficio al hecho de la inscripción. Este hecho no sólo contribuye a reforzar las garantías de las partes, sino que incrementa la información disponible para el Estado, permitiéndole el diseño y ejecución de aquellas medidas que puedan contribuir a la mejora de la ordenación normativa y de la práctica de los arrendamientos.

3

La ley abandona la distinción tradicional entre arrendamientos de vivienda y arrendamientos de locales de negocio y asimilados para diferenciar entre arrendamientos de vivienda, que son aquellos dedicados a satisfacer la necesidad de vivienda perma-nente del arrendatario, su cónyuge o sus hijos dependientes, y arrendamientos para usos distintos al de vivienda, categoría ésta que engloba los arrendamientos de segunda residencia, los de temporada, los tradicionales de local de negocio y los asimilados a éstos.

Este nuevo categorismo se asienta en la idea de conceder medidas de protección al arrendatario sólo allí donde la finalidad del arrendamiento sea la satisfacción de la necesidad de vivienda del individuo y de su familia, pero no en otros supuestos en los que se satisfagan necesidades económicas, recreativas o administrativas.

Para ello, en la regulación de los arrendamientos para uso distinto al de vivienda, la ley opta por dejar al libre pacto de las partes todos los elementos del contrato, configurándose una regulación supletoria del libre pacto que también permite un amplio recurso al régimen del Código Civil.

Se regulan así, con carácter supletorio de la voluntad expresa de arrendador y arrendatario, el régimen de obligaciones de conservación y obras, el derecho de adquisición preferente, el de traspaso y las subrogaciones *mortis causa*, aunque limitadas al cónyuge e hijos del arrendatario que continúen la actividad.

Se introduce en esta regulación una novedad consistente en el derecho del arrendatario a ser indemnizado cuando, queriendo continuar con el arrendamiento, deba abandonar el local por el transcurso del plazo previsto, siempre que de alguna forma el arrendador o un nuevo arrendatario se pudiesen beneficiar de la clientela obtenida por el antiguo arrendatario, o alternativamente, de los gastos de traslado y de los perjuicios derivados del mismo, cuando el arrendatario se vea obligado a trasladar su actividad.

4

La fianza arrendaticia mantiene su carácter obligatorio, tanto en vivienda como en uso distinto, fijándose su cuantía en una o dos mensualidades de renta, según sea arrendamiento de vivienda o de uso distinto. Al mismo tiempo se permite a las Comunidades Autónomas con competencias en materia de vivienda que regulen su depósito obligatorio en favor de la propia Comunidad, ya que los rendimientos generados por estos fondos se han revelado como una importante fuente de financiación de las políticas autonómicas de vivienda, que se considera debe de mantenerse.

5

En la regulación de los procesos arrendaticios se establece que la competencia para conocer de las controversias corresponde, en todo caso, al Juez de Primera Instancia del lugar donde esté sita la finca urbana, excluyendo la posibilidad de modificar la competencia funcional por vía de sumisión expresa o tácita a Juez distinto.

Esto no obsta para recordar la posibilidad de que las partes en la relación jurídica puedan pactar, para la solución de sus conflictos, la utilización del procedimiento arbitral.

La tramitación de los procesos arrendaticios se defiere al juicio de cognición, haciendo salvedad expresa de los supuestos de aplicación del juicio de desahucio y del juicio verbal cuando se ejecuten, en este último caso, acciones para determinar rentas o importes que corresponda abonar al arrendatario.

Se regulan, asimismo, las condiciones en las que el arrendatario podrá enervar la acción en los desahucios promovidos por la falta de pago de cantidades debidas por virtud de la relación arrendaticia. Esta regulación matiza de forma significativa las posibilidades de enervación y rehabilitación contenidas en el texto refundido de 1964.

En los supuestos de acumulación de acciones se ha establecido, junto a la regulación tradicional, la posibilidad de acumulación que asiste a los arrendatarios cuando las acciones ejercitadas se funden en hechos comunes y se dirijan contra el mismo arrendador. También se permite a éste en los supuestos de resolución del contrato por falta de pago, el ejercicio acumulado y simultáneo de la acción de resolución del contrato y la reclamación de las cantidades adeudadas.

Por último, y como novedad más significativa de la ley en materia procesal, se establece la regulación del recurso de casación en materia arrendaticia por entender que la materia, dada su importancia y la trascendencia de los cambios normativos que esta norma introduce, debe poder ser objeto de una doctrina jurisprudencial elaborada en sede del Tribunal Supremo. Como notas más características del recurso de casación pueden señalarse las siguientes: sólo serán susceptibles de dicho recurso las sentencias dictadas en los procesos seguidos por los trámites del juicio de cognición, siempre que las sentencias de primera y segunda instancia no sean conformes, y la renta de los contratos se encuentre por debajo de los límites que por ley se consagran.

6

Por lo que se refiere a los contratos existentes a la entrada en vigor de esta ley, los celebrados al amparo del Real Decretoley 2/1985 no presentan una especial problemática puesto que ha sido la libre voluntad de las partes la que ha determinado el régimen de la relación en lo que a duración y renta se refiere. Por ello, estos contratos continuarán hasta su extinción sometidos al mismo régimen al que hasta ahora lo venían estando. En ese momento, la nueva relación arrendaticia que se pueda constituir sobre la finca quedará sujeta a la nueva normativa. De esta regulación no quedan exceptuados los contratos que, aunque en fecha posterior al 9 de mayo de 1985, se hayan celebrado con sujeción al régimen de prórroga forzosa, al derivar éste del libre pacto entre las partes.

Por lo que se refiere a los contratos celebrados con anterioridad, la ley opta por una solución que intenta conjugar el máximo de sencillez posible con un trato equilibrado de las distintas situaciones en que las partes en conflicto se encuentran. Por ello, se introduce un planteamiento que mantiene el criterio de trato diferenciado entre los contratos de arrendamiento de vivienda y los de local de negocio otorgando condiciones más suaves de modificación del arrendatario de vivienda que al de local de negocio.

Teniendo en cuenta los perjudiciales efectos que ha tenido la prolongada vigencia de la prórroga obligatoria impuesta por la Ley de 1964, se aborda la necesidad de poner límite a la duración de esta prórroga obligatoria restableciendo la temporalidad de la relación arrendataria de conformidad con su propia naturaleza, pero esta modificación se realiza teniendo en cuenta los efectos sociales y económicos de la medida tomando en consideración la situación personal y familiar y la capacidad económica de los arrendatarios.

En este sentido, en el arrendamiento de viviendas se opta por la supresión total de la subrogación *inter vivos*, excepción hecha de la derivada de resolución judicial en procesos matrimoniales, y por la supresión gradual de los derechos de subrogación *mortis causa* que el texto refundido de 1964 reconocía.

Como esta medida afecta a situaciones cuyos contenidos potenciales de derechos son diferentes, arrendatarios titulares iniciales del contrato, arrendatarios en primera subrogación y arrendatarios en segunda subrogación, la norma debe ofrecer respuestas adecuadas para cada

una de ellas. De ahí que la supresión de las subrogaciones sea tanto más gradual cuanto mayor sea el contenido potencial de derechos que la ley contempla para cada supuesto, a partir del principio general de conservar al arrendatario actual y a su cónyuge el derecho a continuar en el uso de la vivienda arrendada hasta su fallecimiento, allí donde este derecho les estuviera reconocido por la legislación de 1964.

En cuanto al régimen de rentas, la ley opta por intentar desbloquear la situación de las rentas congeladas. Para ello, se establece un sistema de revisión aplicable a todos los contratos anteriores al 9 de mayo de 1985, que pretende recuperar las variaciones no repercutidas de la inflación desde la fecha de celebración del contrato o desde la última revisión legal, según proceda. Esta revisión no se produce de manera inmediata sino gradual, incrementándose el número de años en que se produce la revisión total en función inversa de la renta del arrendatario, posibilitando a los arrendatarios de menor nivel económico a que adapten sus economías a la nueva realidad.

En el caso de arrendatarios de bajo nivel de renta, por debajo de dos veces y media, tres o tres veces y media el salario mínimo interprofesional en función del número de personas que habiten en la vivienda arrendada, se excluye la revisión de las rentas mandatándose al Gobierno para que en el plazo de un año a partir de la entrada en vigor de la ley configure un mecanismo de compensación de naturaleza fiscal para aquellos arrendadores que no hayan podido, por las circunstancias antes señaladas proceder a la actualización de las rentas.

Asimismo, se concede a los arrendadores el derecho a disfrutar de beneficios en el Impuesto sobre el Patrimonio, en el Impuesto sobre Bienes Inmuebles, en los gastos de conservación de la finca arrendada y el coste de los servicios y suministros de que disfrute la vivienda arrendada, en estos tres últimos casos mediante la imputación de sus importes a los arrendatarios.

En el caso de los arrendamientos de locales de negocio, se ha optado por articular un calendario de resolución temporal de estos contratos, aunque distinguiendo entre los arrendamientos en los que el arrendatario sea una persona física de aquéllos en los que sea una persona jurídica, presumiendo mayor solvencia económica allí donde el entramado organizativo sea más complejo.

Por ello, se mantienen, aunque de forma limitada, derechos de subrogación *mortis causa* en el primer supuesto, garantizándose al grupo familiar vinculado al desarrollo de la actividad, un plazo mínimo de veinte años, que podrá superarse mientras el arrendatario y su cónyuge vivan y continúen el ejercicio de la actividad que se venga desarrollando en el local.

Para los arrendamientos de personas jurídicas se configuran plazos de resolución tasados, entre cinco y veinte años, en función de la naturaleza y del volumen de la actividad desarrollada en el local arrendado, configurándose un plazo de duración breve para aquellos arrendamientos en los que se desarrollan actividades con un potencial económico tal que coloquen a los titulares de estos contratos en posiciones de equilibrio respecto de los arrendadores a la hora de negociar nuevas condiciones arrendaticias.

En cuanto a la renta pagada en estos contratos, se reproduce el esquema de revisión establecido para los arrendamientos de viviendas, graduando temporalmente el ritmo de la revisión en función de las categorías antes expuestas.

Para favorecer la continuidad de los arrendatarios, la ley regula una figura de nueva creación que es el derecho de arrendamiento preferente, que concede al arrendatario un derecho preferente a continuar en el uso del local arrendado al tiempo de la extinción del contrato, frente a cualquier tercero en condiciones de mercado.

Asimismo, se estipula un derecho indemnizatorio en caso de no continuar en el uso del local arrendado cuando otra persona, sea el propietario o sea un nuevo arrendatario, pueda beneficiarse de la clientela generada por la actividad del antiguo arrendatario.

En cuanto a los arrendamientos asimilados, tanto al inquilinato como al local de negocio, se les da un tratamiento similar al de los arrendamientos de local de negocio, en materia de duración y de régimen de renta.

TÍTULO PRIMERO

Ámbito de la ley*

Artículo 1.º *Ámbito de aplicación.*—La presente ley establece el régimen jurídico aplicable a los arrendamientos de fincas urbanas que se destinen a vivienda o a usos distintos del de vivienda.

Art. 2.º *Arrendamiento de vivienda.*—1. Se considera arrendamiento de vivienda aquel arrendamiento que recae sobre una edificación habitable cuyo destino primordial sea satisfacer la necesidad permanente de vivienda del arrendatario.

2. Las normas reguladoras del arrendamiento de vivienda se aplicarán también al mobiliario, los trasteros, las plazas de garaje y cualesquiera otras dependencias, espacios arrendados o servicios cedidos como accesorios de la finca por el mismo arrendador.

Art. 3.º *Arrendamiento para uso distinto del de vivienda.*—1. Se considera arrendamiento para uso distinto del de vivienda aquel arrendamiento que, recayendo sobre una edificación, tenga como destino primordial uno

---

* Vid. art. 4.º1 de la presente ley.
Art. 2.º1: Vid. art. 23.1 de la presente ley y arts. 1.554.1.º y 1.582 del Código Civil (§ 2).
Art. 2.º2: Vid. art. 25.6 de la presente ley.
Art. 3.º: Vid. art. 8.º2 de la presente ley.

distinto del establecido en el artículo anterior.

2. En especial, tendrán esta consideración los arrendamientos de fincas urbanas celebrados por temporada, sea ésta de verano o cualquier otra, y los celebrados para ejercerse en la finca una actividad industrial, comercial, artesanal, profesional, recreativa, asistencial, cultural o docente, cual[es]quiera que sean las personas que los celebren.

Art. 4.º *Régimen aplicable.*—1. Los arrendamientos regulados en la presente ley se someterán de forma imperativa a lo dispuesto en los Títulos I y IV de la misma y a lo dispuesto en los apartados siguientes de este artículo.

2. Respetando lo establecido en el apartado anterior, los arrendamientos de vivienda se regirán por los pactos, cláusulas y condiciones determinados por la voluntad de las partes, en el marco de lo establecido en el Título II de la presente ley y, supletoriamente, por lo dispuesto en el Código Civil.

Se exceptúan de lo así dispuesto los arrendamientos de viviendas cuya superficie sea superior a 300 metros cuadrados o en los que la renta inicial en cómputo anual exceda de 5,5 veces el salario mínimo interprofesional en cómputo anual y el arrendamiento corresponda a la totalidad de la vivienda. Estos arrendamientos se regirán por la voluntad de las partes, en su defecto, por lo dispuesto en el Título II de la presente ley y, supletoriamente, por las disposiciones del Código Civil.

3. Sin perjuicio de lo dispuesto en el apartado 1, los arrendamientos para uso distinto del de vivienda se rigen por la voluntad de las partes, en su defecto, por lo dispuesto en el Título III de la presente ley y, supletoriamente, por lo dispuesto en el Código Civil.

4. La exclusión de la aplicación de los preceptos de esta ley, cuando ello sea posible, deberá hacerse de forma expresa respecto de cada uno de ellos.

5. Las partes podrán pactar la sumisión a mediación o arbitraje de aquellas controversias que por su naturaleza puedan resolverse a través de estas formas de resolución de conflictos, de conformidad con lo establecido en la legislación regulado-

---

Art. 4.º: Redactado conforme al art. 1.ºuno de la Ley 4/2013, de 4 de junio, de medidas de flexibilización y fomento del mercado del alquiler de viviendas (§ 11).

Art. 4.º.2: Apartado modificado por el art. 1.º1 del Real Decreto-ley 7/2019, de 1 de marzo, de medidas urgentes en materia de vivienda y alquiler (§ 13).

ra de la mediación en asuntos civiles y mercantiles y del arbitraje.

6. Las partes podrán señalar una dirección electrónica a los efectos de realizar las notificaciones previstas en esta ley, siempre que se garantice la autenticidad de la comunicación y de su contenido y quede constancia fehaciente de la remisión y recepción íntegras y del momento en que se hicieron.

Art. 5.º *Arrendamientos excluidos.*—Quedan excluidos del ámbito de aplicación de esta ley:

a) El uso de las viviendas que los porteros, guardas, asalariados, empleados y funcionarios, tengan asignadas por razón del cargo que desempeñen o del servicio que presten.

b) El uso de las viviendas militares, cualquiera que fuese su calificación y régimen, que se regirán por lo dispuesto en su legislación específica.

c) Los contratos en que, arrendándose una finca con casa-habitación, sea el aprovechamiento agrícola, pecuario o forestal del predio la finalidad primordial del arrendamiento.

Estos contratos se regirán por lo dispuesto en la legislación aplicable sobre arrendamientos rústicos.

d) El uso de las viviendas universitarias, cuando éstas hayan sido calificadas expresamente como tales por la propia Universidad propietaria o responsable de las mismas, que sean asignadas a los alumnos matriculados en la correspondiente Universidad y al personal docente y de administración y servicios dependiente de aquélla, por razón del vínculo que se establezca entre cada uno de ellos y la Universidad respectiva, a la que corresponderá en cada caso el establecimiento de las normas a que se someterá su uso.

e) La cesión temporal de uso de la totalidad de una vivienda amueblada y equipada en condiciones de uso inmediato, comercializada o promocionada en canales de oferta turística o por cualquier otro modo de comercialización o promoción, y realizada con finalidad lucrativa, cuando esté sometida a un régimen específico, derivado de su normativa sectorial turística.

Art. 5.ºe): Letra añadida conforme al art. 1.ºdos de la Ley 4/2013, de 4 de junio, de medidas de flexibilización y fomento del mercado del alquiler de viviendas (§ 11) y modificada por el art. 1.º2 del Real Decreto-ley 7/2019, de 1 de marzo, de medidas urgentes en materia de vivienda y alquiler (§ 13). Sobre la prohibición de destinar la vivienda a actividades de alquiler turístico en un edificio en régimen de propiedad horizontal, vid. STS (Civil) 1643/2023, de 27 de noviembre, y STS (Civil) 1671/2023, de 29 de noviembre.

TÍTULO II

De los arrendamientos de vivienda*

CAPÍTULO PRIMERO

NORMAS GENERALES

Art. 6.º *Naturaleza de las normas.*—Son nulas, y se tendrán por no puestas, las estipulaciones que modifiquen en perjuicio del arrendatario o subarrendatario las normas del presente Título, salvo los casos en que la propia norma expresamente lo autorice.

Art. 7.º *Condición de arrendamiento de vivienda.*—El arrendamiento de vivienda no perderá esta condición aunque el arrendatario no tenga en la finca arrendada su vivienda permanente, siempre que en ella habiten su cónyuge no separado legalmente o de hecho, o sus hijos dependientes.

Art. 8.º *Cesión del contrato y subarriendo.*—1. El contrato no se podrá ceder por el arrendatario sin el consentimiento escrito del arrendador. En caso de cesión, el cesionario se subrogará en la posición del cedente frente al arrendador.

2. La vivienda arrendada sólo se podrá subarrendar de forma parcial y previo consentimiento escrito del arrendador.

El subarriendo se regirá por lo dispuesto en el presente Título para el arrendamiento cuando la parte de la finca subarrendada se destine por el subarrendatario a la finalidad indicada en el artículo 2.1. De no darse esta condición, se regirá por lo pactado entre las partes.

El derecho del subarrendatario se extinguirá, en todo caso, cuando lo haga el del arrendatario que subarrendó.

El precio del subarriendo no podrá exceder, en ningún caso, del que corresponda al arrendamiento.

---

* Vid. art. 4.º2 de la presente ley.

Art. 7.º: Redactado conforme al art. 1.ºtres de la Ley 4/2013, de 4 de junio, de medidas de flexibilización y fomento del mercado del alquiler de viviendas (§ 11) y modificado por el art. 1.º3 del Real Decreto-ley 7/2019, de 1 de marzo, de medidas urgentes en materia de vivienda y alquiler (§ 13).

Vid. art. 27.2.f) de la presente ley y arts. 1.549 a 1.582 del Código Civil (§ 2).

Art. 8.º: Vid. arts. 1.550 a 1.552 del Código Civil (§ 2).

Art. 8.º2: Sobre la resolución del subarriendo por falta de pago de la renta, vid. STS (Civil) 200/2022, de 14 de marzo.

CAPÍTULO II

DE LA DURACIÓN DEL CONTRATO

Art. 9.º   *Plazo mínimo.—*
1.   La duración del arrendamiento será libremente pactada por las partes. Si esta fuera inferior a cinco años, o inferior a siete años si el arrendador fuese persona jurídica, llegado el día del vencimiento del contrato, este se prorrogará obligatoriamente por plazos anuales hasta que el arrendamiento alcance una duración mínima de cinco años, o de siete años si el arrendador fuese persona jurídica, salvo que el arrendatario manifieste al arrendador, con treinta días de antelación como mínimo a la fecha de terminación del contrato o de cualquiera de las prórrogas, su voluntad de no renovarlo.

El plazo comenzará a contarse desde la fecha del contrato o desde la puesta del inmueble a disposición del arrendatario si esta fuere posterior. Corresponderá al arrendatario la prueba de la fecha de la puesta a disposición.

2.   Se entenderán celebrados por un año los arrendamientos para los que no se haya estipulado plazo de duración o este sea indeterminado, sin perjuicio del derecho de prórroga anual para el arrendatario, en los términos resultantes del apartado anterior.

3.   Una vez transcurrido el primer año de duración del contrato y siempre que el arrendador sea persona física, no procederá la prórroga obligatoria del contrato cuando, al tiempo de su celebración, se hubiese hecho constar en el mismo, de forma expresa, la necesidad para el arrendador de ocupar la vivienda arrendada antes del transcurso de cinco años para destinarla a vivienda permanente para sí o sus familiares en primer grado de consanguinidad o por adopción o para su cónyuge en los supuestos de sentencia firme de separación, divorcio o nulidad matrimonial.

Para ejercer esta potestad de recuperar la vivienda, el arrendador deberá comunicar al arrendatario que tiene necesidad de la vivienda arrendada, especificando la causa o causas entre las previstas en el párrafo anterior, al menos con dos meses de antelación a la fecha en la que la vivienda se vaya a necesitar y el

---

Art. 9.º: Redactado conforme al art. 1.ºcuatro de la Ley 4/2013, de 4 de junio, de medidas de flexibilización y fomento del mercado del alquiler de viviendas (§ 11) y modificado por el art. 1.º4 del Real Decreto-ley 7/2019, de 1 de marzo, de medidas urgentes en materia de vivienda y alquiler (§ 13).

Vid. art. 10.2 de la presente ley y arts. 1.554.1.º, 1.565, 1.581 y 1.582 del Código Civil (§ 2).

arrendatario estará obligado a entregar la finca arrendada en dicho plazo si las partes no llegan a un acuerdo distinto.

Si transcurridos tres meses a contar de la extinción del contrato o, en su caso, del efectivo desalojo de la vivienda, no hubieran procedido el arrendador o sus familiares en primer grado de consanguinidad o por adopción o su cónyuge en los supuestos de sentencia firme de separación, divorcio o nulidad matrimonial a ocupar esta por sí, según los casos, el arrendatario podrá optar, en el plazo de treinta días, entre ser repuesto en el uso y disfrute de la vivienda arrendada por un nuevo período de hasta cinco años, respetando, en lo demás, las condiciones contractuales existentes al tiempo de la extinción, con indemnización de los gastos que el desalojo de la vivienda le hubiera supuesto hasta el momento de la reocupación, o ser indemnizado por una cantidad equivalente a una mensualidad por cada año que quedara por cumplir hasta completar cinco años, salvo que la ocupación no hubiera tenido lugar por causa de fuerza mayor,

entendiéndose por tal, el impedimento provocado por aquellos sucesos expresamente mencionados en norma de rango de Ley a los que se atribuya el carácter de fuerza mayor, u otros que no hubieran podido preverse, o que, previstos, fueran inevitables.

Art. 10. *Prórroga del contrato.*—1. Si llegada la fecha de vencimiento del contrato, o de cualquiera de sus prórrogas, una vez transcurridos como mínimo cinco años de duración de aquel, o siete años si el arrendador fuese persona jurídica, ninguna de las partes hubiese notificado a la otra, al menos con cuatro meses de antelación a aquella fecha en el caso del arrendador y al menos con dos meses de antelación en el caso del arrendatario, su voluntad de no renovarlo, el contrato se prorrogará obligatoriamente por plazos anuales hasta un máximo de tres años más, salvo que el arrendatario manifieste al arrendador con un mes de antelación a la fecha de terminación de cualquiera de las anualidades, su voluntad de no renovar el contrato.

Art. 10: Redactado conforme al art. 1.ºcinco de la Ley 4/2013, de 4 de junio, de medidas de flexibilización y fomento del mercado del alquiler de viviendas (§ 11) y modificado por el art. 1.º5 del Real Decreto-ley 7/2019, de 1 de marzo, de medidas urgentes en materia de vivienda y alquiler (§ 13). La redacción actual procede de la Disp. Final 1.ª1 de la Ley 12/2023, de 24 de mayo, del derecho a la vivienda (§ 16). Vid. arts. 1.565 a 1.567 del Código Civil (§ 2).

2. En los contratos de arrendamiento de vivienda habitual sujetos a la presente ley en los que finalice el período de prórroga obligatoria previsto en el artículo 9.1, o el período de prórroga tácita previsto en el artículo 10.1, podrá aplicarse, previa solicitud del arrendatario, una prórroga extraordinaria del plazo del contrato de arrendamiento por un período máximo de un año, durante el cual se seguirá aplicando los términos y condiciones establecidos para el contrato en vigor. Esta solicitud de prórroga extraordinaria requerirá la acreditación por parte del arrendatario de una situación de vulnerabilidad social y económica sobre la base de un informe o certificado emitido en el último año por los servicios sociales de ámbito municipal o autonómico y deberá ser aceptada obligatoriamente por el arrendador cuando este sea un gran tenedor de vivienda de acuerdo con la definición establecida en la Ley 12/2023, de 24 de mayo, por el derecho a la vivienda, salvo que se hubiese suscrito entre las partes un nuevo contrato de arrendamiento.

3. En los contratos de arrendamiento de vivienda habitual sujetos a la presente ley, en los que el inmueble se ubique en una zona de mercado residencial tensionado y dentro del período de vigencia de la declaración de la referida zona en los términos dispuestos en la legislación estatal en materia de vivienda, finalice el período de prórroga obligatoria previsto en el artículo 9.1 de esta ley o el período de prórroga tácita previsto en el apartado anterior, previa solicitud del arrendatario, podrá prorrogarse de manera extraordinaria el contrato de arrendamiento por plazos anuales, por un período máximo de tres años, durante los cuales se seguirán aplicando los términos y condiciones establecidos para el contrato en vigor. Esta solicitud de prórroga extraordinaria deberá ser aceptada obligatoriamente por el arrendador, salvo que se hayan fijado otros términos o condiciones por acuerdo entre las partes, se haya suscrito un nuevo contrato de arrendamiento con las limitaciones en la renta que en su caso procedan por aplicación de lo dispuesto en los apartados 6 y 7 del artículo 17 de esta ley, o en el caso de que el arrendador haya comunicado en los plazos y condiciones establecidos en el artículo 9.3 de esta ley, la necesidad de ocupar la vivienda arrendada para destinarla a vivienda permanente para sí o sus familiares en primer grado de consanguinidad o por adopción o para su cónyuge en los supuestos de sentencia firme de separación, divorcio o nulidad matrimonial.

4.   Al contrato prorrogado, le seguirá siendo de aplicación el régimen legal y convencional al que estuviera sometido.

Art. 11. *Desistimiento del contrato.*—El arrendatario podrá desistir del contrato de arrendamiento, una vez que hayan transcurrido al menos seis meses, siempre que se lo comunique al arrendador con una antelación mínima de treinta días. Las partes podrán pactar en el contrato que, para el caso de desistimiento, deba el arrendatario indemnizar al arrendador con una cantidad equivalente a una mensualidad de la renta en vigor por cada año del contrato que reste por cumplir. Los períodos de tiempo inferiores al año darán lugar a la parte proporcional de la indemnización.

Art. 12. *Desistimiento y vencimiento en caso de matrimonio o convivencia del arrendatario.*—1.   Si el arrendatario manifestase su voluntad de no renovar el contrato o de desistir de él, sin el consentimiento del cónyuge que conviviera con dicho arrendatario, podrá el arrendamiento continuar en beneficio de dicho cónyuge.

2.   A estos efectos, podrá el arrendador requerir al cónyuge del arrendatario para que manifieste su voluntad al respecto.

Efectuado el requerimiento, el arrendamiento se extinguirá si el cónyuge no contesta en un plazo de quince días a contar de aquél. El cónyuge deberá abonar la renta correspondiente hasta la extinción del contrato, si la misma no estuviera ya abonada.

3.   Si el arrendatario abandonara la vivienda sin manifestación expresa de desistimiento o de no renovación, el arrendamiento podrá continuar en beneficio del cónyuge que conviviera con aquél siempre que en el plazo de un mes de dicho abandono, el arrendador reciba notificación escrita del cónyuge manifestando su voluntad de ser arrendatario.

Si el contrato se extinguiera por falta de notificación, el cónyuge quedará obligado al pago de la renta correspondiente a dicho mes.

4.   Lo dispuesto en los apartados anteriores será también de aplicación en favor de la persona que hubiera venido conviviendo con el arrendatario de forma permanente en análoga relación de afectividad a la de cónyuge,

---

Art. 11: Redactado conforme al art. 1.ºseis de la Ley 4/2013, de 4 de junio, de medidas de flexibilización y fomento del mercado del alquiler de viviendas (§ 11).
Art. 12: Vid. Disp. Trans. 2.ªA).2 de la presente ley.

con independencia de su orientación sexual, durante, al menos, los dos años anteriores al desistimiento o abandono, salvo que hubieran tenido descendencia en común, en cuyo caso bastará la mera convivencia.

Art. 13. *Resolución del derecho del arrendador.*—1. Si durante los cinco primeros años de duración del contrato, o siete años si el arrendador fuese persona jurídica, el derecho del arrendador quedara resuelto por el ejercicio de un retracto convencional, la apertura de una sustitución fideicomisaria, la enajenación forzosa derivada de una ejecución hipotecaria o de sentencia judicial o el ejercicio de un derecho de opción de compra, el arrendatario tendrá derecho, en todo caso, a continuar en el arrendamiento hasta que se cumplan cinco años o siete años respectivamente, sin perjuicio de la facultad de no renovación prevista en el artículo 9.1.

En contratos de duración pactada superior a cinco años, o siete años si el arrendador fuese persona jurídica, si, transcurridos los cinco primeros años del mismo, o los primeros siete años si el arrendador fuese persona jurídica, el derecho del arrendador quedara resuelto por cualquiera de las circunstancias mencionadas en el párrafo anterior, quedará extinguido el arrendamiento. Se exceptúa el supuesto en que el contrato de arrendamiento haya accedido al Registro de la Propiedad con anterioridad a los derechos determinantes de la resolución del derecho del arrendador. En este caso, continuará el arrendamiento por la duración pactada.

2. Los arrendamientos otorgados por usufructuario, superficiario y cuantos tengan un análogo derecho de goce sobre el inmueble, se extinguirán al término del derecho del arrendador, además de por las demás causas de extinción que resulten de lo dispuesto en la presente ley.

3. Durarán cinco años los arrendamientos de vivienda ajena que el arrendatario haya concertado de buena fe con la persona que aparezca como propietario de la finca en el Re-

---

Art. 13: Redactado conforme al art. 1.ºsiete de la Ley 4/2013, de 4 de junio, de medidas de flexibilización y fomento del mercado del alquiler de viviendas (§ 11) y modificado por el art. 1.º6 del Real Decreto-ley 7/2019, de 1 de marzo, de medidas urgentes en materia de vivienda y alquiler (§ 13). Vid. arts. 1.565 a 1.572 del Código Civil (§ 2).

Vid. STS (Civil) 3.210/2015, de 14 de julio, sobre desahucio por falta de pago de la renta (falta de legitimación del propietario arrendador que dejó de serlo al enajenarse en ejecución hipotecaria la finca arrendada aunque continúe el arrendamiento con el nuevo propietario).

gistro de la Propiedad, o que parezca serlo en virtud de un estado de cosas cuya creación sea imputable al verdadero propietario, sin perjuicio de la facultad de no renovación a que se refiere el artículo 9.1, salvo que el referido propietario sea persona jurídica, en cuyo caso durarán siete años.

Art. 14. *Enajenación de la vivienda arrendada.*—El adquirente de una vivienda arrendada quedará subrogado en los derechos y obligaciones del arrendador durante los cinco primeros años de vigencia del contrato, o siete años si el arrendador anterior fuese persona jurídica, aun cuando concurran en él los requisitos del artículo 34 de la Ley Hipotecaria.

Si la duración pactada fuera superior a cinco años, o superior a siete años si el arrendador anterior fuese persona jurídica, el adquirente quedará subrogado por la totalidad de la duración pactada, salvo que concurran en él los requisitos del artículo 34 de la Ley Hipotecaria. En este caso, el adquirente sólo deberá soportar el arrendamiento durante el tiempo que reste para el transcurso del plazo de cinco años, o siete años en caso de persona jurídica, debiendo el enajenante indemnizar al arrendatario con una cantidad equivalente a una mensualidad de la renta en vigor por cada año del contrato que, excediendo del plazo citado de cinco años, o siete años si el arrendador anterior fuese persona jurídica, reste por cumplir.

Cuando las partes hayan estipulado que la enajenación de la vivienda extinguirá el arrendamiento, el adquirente sólo deberá soportar el arrendamiento durante el tiempo que reste para el transcurso del plazo de cinco años, o siete años si el arrendador anterior fuese persona jurídica.

Art. 14: Redactado conforme al art. 1.ºocho de la Ley 4/2013, de 4 de junio, de medidas de flexibilización y fomento del mercado del alquiler de viviendas (§ 11) y modificado por el art. 1.º7 del Real Decreto-ley 7/2019, de 1 de marzo, de medidas urgentes en materia de vivienda y alquiler (§ 13).

Vid. art. 13.1 (párr. 2.º) de la presente ley y arts. 1.549, 1.565, 1.571 y 1.572 del Código Civil (§ 2).

Vid. STS (Civil) 577/2020, de 4 de noviembre, donde se concluyó la extinción del contrato de arrendamiento por no estar inscrito en el Registro de la Propiedad con anterioridad a la hipoteca ejecutada, por lo que el tercero adquirente no queda vinculado por aquél. En este caso, si el arrendatario continúa en la vivienda sin pagar renta, se producirá una situación de precario. En el mismo sentido, vid. las SSTS (Civil) 109/2021, de 1 de marzo; 212/2021, de 19 de abril; y, 379/2021, de 1 de junio.

Art. 15. *Separación, divorcio o nulidad del matrimonio del arrendatario.*—1. En los casos de nulidad del matrimonio, separación judicial o divorcio del arrendatario, el cónyuge no arrendatario podrá continuar en el uso de la vivienda arrendada cuando le sea atribuida de acuerdo con lo dispuesto en la legislación civil que resulte de aplicación. El cónyuge a quien se haya atribuido el uso de la vivienda arrendada de forma permanente o en un plazo superior al plazo que reste por cumplir del contrato de arrendamiento, pasará a ser el titular del contrato.

2. La voluntad del cónyuge de continuar en el uso de la vivienda deberá ser comunicada al arrendador en el plazo de dos meses desde que fue notificada la resolución judicial correspondiente, acompañando copia de dicha resolución judicial o de la parte de la misma que afecte al uso de la vivienda.

Art. 16. *Muerte del arrendatario.*—1. En caso de muerte del arrendatario, podrán subrogarse en el contrato:

a) El cónyuge del arrendatario que al tiempo del fallecimiento conviviera con él.

b) La persona que hubiera venido conviviendo con el arrendatario de forma permanente en análoga relación de afectividad a la de cónyuge, con independencia de su orientación sexual, durante, al menos, los dos años anteriores al tiempo del fallecimiento, salvo que hubieran tenido descendencia en común, en cuyo caso bastará la mera convivencia.

c) Los descendientes del arrendatario que en el momento de su fallecimiento estuvieran sujetos a su patria potestad o tutela, o hubiesen convivido habi-

---

Art. 15: Redactado conforme al art. 1.°nueve de la Ley 4/2013, de 4 de junio, de medidas de flexibilización y fomento del mercado del alquiler de viviendas (§ 11).

Vid. Disp. Trans. 2.ªA).2 de la presente ley.

Vid. STS (Civil) 4.584/2015, de 26 de octubre, sobre desahucio por falta de pago y reclamación de cantidades adeudadas en el caso de vivienda familiar cuyo uso ha sido atribuido en un proceso matrimonial al cónyuge del arrendatario (subrogación de la titularidad arrendaticia o concesión de un simple derecho de uso).

Art. 16: Vid. Disp. Trans. 2.ªB).9 (párr. 3.°) de la presente ley. Respecto a la subrogación *mortis causa* del arrendatario, la STS (Civil) 628/2021, de 27 de septiembre, señaló que el consentimiento del arrendador no es un requisito para que se produzca tal subrogación y que cabe un consentimiento tácito a la misma, sin que sea necesario que se lleve a cabo una notificación formal por escrito (en el caso, el cambio de la cuenta corriente a la que se giraba el pago de la renta, era manifestación de la voluntad de la viuda del arrendatario de continuar con el contrato).

tualmente con él durante los dos años precedentes.

d)   Los ascendientes del arrendatario que hubieran convivido habitualmente con él durante los dos años precedentes a su fallecimiento.

e)   Los hermanos del arrendatario en quienes concurra la circunstancia prevista en la letra anterior.

f)   Las personas distintas de las mencionadas en las letras anteriores que sufran una minusvalía igual o superior al 65 por 100, siempre que tengan una relación de parentesco hasta el tercer grado colateral con el arrendatario y hayan convivido con éste durante los dos años anteriores al fallecimiento.

Si al tiempo del fallecimiento del arrendatario no existiera ninguna de estas personas, el arrendamiento quedará extinguido.

2.   Si existiesen varias de las personas mencionadas, a falta de acuerdo unánime sobre quién de ellos será el beneficiario de la subrogación, regirá el orden de prelación establecido en el apartado anterior, salvo en que los padres septuagenarios serán preferidos a los descendientes. Entre los descendientes y entre los ascendientes, tendrá preferencia el más próximo en grado, y entre los hermanos, el de doble vínculo sobre el medio hermano.

Los casos de igualdad se resolverán en favor de quien tuviera una minusvalía igual o superior al 65 por 100; en defecto de esta situación, de quien tuviera mayores cargas familiares y, en última instancia, en favor del descendiente de menor edad, el ascendiente de mayor edad o el hermano más joven.

3.   El arrendamiento se extinguirá si en el plazo de tres meses desde la muerte del arrendatario el arrendador no recibe notificación por escrito del hecho del fallecimiento, con certificado registral de defunción, y de la identidad del subrogado, indicando su parentesco con el fallecido y ofreciendo, en su caso, un principio de prueba de que cumple los requisitos legales para subrogarse. Si la extinción se produce, todos los que pudieran suceder al arrendatario, salvo los que renuncien a su opción notificándolo por escrito al arrendador en el plazo del mes siguiente al fallecimiento, quedarán solidariamente obligados al pago de la renta de dichos tres meses.

Si el arrendador recibiera en tiempo y forma varias notificaciones cuyos remitentes sostengan su condición de beneficiarios de la subrogación, podrá el arrendador considerarles deudores solidarios de las obligaciones propias del arrendatario, mientras mantengan su pretensión de subrogarse.

4. En arrendamientos cuya duración inicial sea superior a cinco años, o siete años si el arrendador fuese persona jurídica, las partes podrán pactar que no haya derecho de subrogación en caso de fallecimiento del arrendatario, cuando este tenga lugar transcurridos los cinco primeros años de duración del arrendamiento, o los siete primeros años si el arrendador fuese persona jurídica, o que el arrendamiento se extinga a los cinco años cuando el fallecimiento se hubiera producido con anterioridad, o a los siete años si el arrendador fuese persona jurídica. En todo caso, no podrá pactarse esta renuncia al derecho de subrogación en caso de que las personas que puedan ejercitar tal derecho en virtud de lo dispuesto en el apartado 1 de este artículo se encuentren en situación de especial vulnerabilidad y afecte a menores de edad, personas con discapacidad o personas mayores de 65 años.

CAPÍTULO III

DE LA RENTA

Art. 17. *Determinación de la renta.*—1. La renta será la que libremente estipulen las partes.

2. Salvo pacto en contrario, el pago de la renta será mensual y habrá de efectuarse en los siete primeros días del mes. En ningún caso podrá el arrendador exigir el pago anticipado de más de una mensualidad de renta.

3. El pago se efectuará a través de medios electrónicos. Excepcionalmente, cuando alguna de las partes carezca de cuenta bancaria o acceso a medios electrónicos de pago y a solicitud de esta, se podrá efectuar en metálico y en la vivienda arrendada.

4. El arrendador queda obligado a entregar al arrendatario recibo del pago, salvo que se hubiera pactado que éste se realice mediante procedimientos que acrediten el efectivo cumplimiento de la obligación de pago por el arrendatario.

Art. 16.4: Redactado conforme al art. 1.°diez de la Ley 4/2013, de 4 de junio, de medidas de flexibilización y fomento del mercado del alquiler de viviendas (§ 11) y modificado por el art. 1.°8 del Real Decreto-ley 7/2019, de 1 de marzo, de medidas urgentes en materia de vivienda y alquiler (§ 13).

Art. 17: Vid. arts. 1.555.1.° y 1.574 del Código Civil (§ 2).

Art. 17.3: Se modifica por la Disp. Final 1.ª2 de la Ley 12/2023, de 24 de mayo, del derecho a la vivienda (§ 16).

Art. 17.4: Vid. art. 20.4 de la presente ley.

El recibo o documento acreditativo que lo sustituya deberá contener separadamente las cantidades abonadas por los distintos conceptos de los que se componga la totalidad del pago y, específicamente, la renta en vigor.

Si el arrendador no hace entrega del recibo, serán de su cuenta todos los gastos que se originen al arrendatario para dejar constancia del pago.

5.   En los contratos de arrendamiento podrá acordarse libremente por las partes que, durante un plazo determinado, la obligación del pago de la renta pueda reemplazarse total o parcialmente por el compromiso del arrendatario de reformar o rehabilitar el inmueble en los términos y condiciones pactadas. Al finalizar el arrendamiento, el arrendatario no podrá pedir en ningún caso compensación adicional por el coste de las obras realizadas en el inmueble. El incumplimiento por parte del arrendatario de la realización de las obras en los términos y condiciones pactadas podrá ser causa de resolución del contrato de arrendamiento y resultará aplicable lo dispuesto en el apartado 2 del artículo 23.

6.   En los contratos de arrendamiento de vivienda sujetos a la presente ley en los que el inmueble se ubique en una zona de mercado residencial tensionado dentro del período de vigencia de la declaración de la referida zona en los términos dispuestos en la Ley 12/2023, de 24 de mayo, por el derecho a la vivienda, la renta pactada al inicio del nuevo contrato no podrá exceder de la última renta de contrato de arrendamiento de vivienda habitual que hubiese estado vigente en los últimos cinco años en la misma vivienda, una vez aplicada la cláusula de actualización anual de la renta del contrato anterior, sin que se puedan fijar nuevas condiciones que establezcan la repercusión al arrendatario de cuotas o gastos que no estuviesen recogidas en el contrato anterior.

Únicamente podrá incrementarse, más allá de lo que proceda de la aplicación de la cláusula de actualización anual de la renta del contrato anterior, en un máximo del 10 por 100 sobre la última renta de contrato de arrendamiento de vivienda habitual que hubiese estado vigente en los últimos cinco años en la misma vivienda, cuando se

---

Art. 17.5: Añadido por el art. 1.ºonce de la Ley 4/2013, de 4 de junio, de medidas de flexibilización y fomento del mercado del alquiler de viviendas (§ 11).

Art. 17.6 y 7: Apartados añadidos por la Disp. Final 1.ª3 de la Ley 12/2023, de 24 de mayo, del derecho a la vivienda (§ 16).

acredite alguno de los siguientes supuestos:

a) Cuando la vivienda hubiera sido objeto de una actuación de rehabilitación en los términos previstos en el apartado 1 del artículo 41 del Reglamento del Impuesto sobre la Renta de las Personas Físicas, que hubiera finalizado en los dos años anteriores a la fecha de la celebración del nuevo contrato de arrendamiento.

b) Cuando en los dos años anteriores a la fecha de la celebración del nuevo contrato de arrendamiento se hubieran finalizado actuaciones de rehabilitación o mejora de la vivienda en la que se haya acreditado un ahorro de energía primaria no renovable del 30 por 100, a través de sendos certificados de eficiencia energética de la vivienda, uno posterior a la actuación y otro anterior que se hubiese registrado como máximo dos años antes de la fecha de la referida actuación.

c) Cuando en los dos años anteriores a la fecha de la celebración del nuevo contrato de arrendamiento se hubieran finalizado actuaciones de mejora de la accesibilidad, debidamente acreditadas.

d) Cuando el contrato de arrendamiento se firme por un período de diez o más años, o bien, se establezca un derecho de prórroga al que pueda acogerse voluntariamente el arrendatario, que le permita de manera potestativa prorrogar el contrato en los mismos términos y condiciones durante un período de diez o más años.

7. Sin perjuicio de lo dispuesto en el apartado anterior, en los contratos de arrendamiento de vivienda sujetos a la presente ley en los que el arrendador sea un gran tenedor de vivienda de acuerdo con la definición establecida en la Ley 12/2023, de 24 de mayo, por el derecho a la vivienda, y en los que el inmueble se ubique en una zona de mercado residencial tensionado dentro del período de vigencia de la declaración de la referida zona en los términos dispuestos en la referida Ley 12/2023, de 24 de mayo, por el derecho a la vivienda, la renta pactada al inicio del nuevo contrato no podrá exceder del límite máximo del precio aplicable conforme al sistema de índices de precios de referencia atendiendo a las condiciones y características de la vivienda arrendada y del edificio en que se ubique, pudiendo desarrollarse reglamentariamente las bases metodológicas de dicho sistema y los protocolos de colaboración e intercambio de datos con los sistemas de información estatales y autonómicos de aplicación.

Esta misma limitación se aplicará a los contratos de arrendamiento de vivienda en los que el inmueble se ubique en una zona de mercado residencial tensionado dentro del período de vigencia de la declaración de la referida zona en los términos dispuestos en la referida Ley 12/2023, de 24 de mayo, por el derecho a la vivienda, y sobre el que no hubiese estado vigente ningún contrato de arrendamiento de vivienda vigente en los últimos cinco años, siempre que así se recoja en la resolución del Ministerio de Transportes, Movilidad y Agenda Urbana, al haberse justificado dicha aplicación en la declaración de la zona de mercado residencial tensionado.

Art. 18.   *Actualización de la renta.*—1.   Durante la vigencia del contrato, la renta solo podrá ser actualizada por el arrendador o el arrendatario en la fecha en que se cumpla cada año de vigencia del contrato, en los términos pactados por las partes. En defecto de pacto expreso, no se aplicará actualización de rentas a los contratos.

En caso de pacto expreso entre las partes sobre algún mecanismo de actualización de valores monetarios que no detalle el índice o metodología de referencia, la renta se actualizará para cada anualidad por referencia a la variación anual del Índice de Garantía de Competitividad a fecha de cada actualización, tomando como mes de referencia para la actualización el que corresponda al último índice que estuviera publicado en la fecha de actualización del contrato.

En todo caso, el incremento producido como consecuencia de la actualización anual de la renta no podrá exceder del resultado de aplicar la variación porcentual experimentada por el Índice de Precios al Consumo a fecha de cada actualización, tomando como mes de referencia para la actualización el que corresponda al último índice que estuviera publicado en la fecha de actualización del contrato.

Art. 18: Redactado conforme al art. 1.º doce de la Ley 4/2013, de 4 de junio, de medidas de flexibilización y fomento del mercado del alquiler de viviendas (§ 11).

Art. 18.1: Redactado conforme a la Disp. Final 1.ª uno de la Ley 2/2015, de 30 de marzo, de desindexación de la economía española, cuya Disp. Trans. establece, en su apdo. 4, párr. 1.º, que esta modificación será de aplicación exclusivamente a los contratos que se perfeccionen con posterioridad a la entrada en vigor de dicha Ley (§ 12). Este apartado ha sido modificado por el art. 1.º 9 del Real Decreto-ley 7/2019, de 1 de marzo, de medidas urgentes en materia de vivienda y alquiler (§ 13). Vid. Disp. Adic. 2.ª del este Real Decreto-ley.

Vid. art. 20.2 de la presente ley, la actualización de rentas de alquiler por anualidades completas con el IPC (§ 17) y art. 46 del Real Decreto-ley 6/2022, de 29 de marzo, por el que se adoptan medidas urgentes en el marco del Plan Nacional de respuesta a las consecuencias económicas y sociales de la guerra en Ucrania (§ 15).

2. La renta actualizada será exigible al arrendatario a partir del mes siguiente a aquel en que la parte interesada lo notifique a la otra parte por escrito, expresando el porcentaje de alteración aplicado y acompañando, si el arrendatario lo exigiera, la oportuna certificación del Instituto Nacional de Estadística.

Será válida la notificación efectuada por nota en el recibo de la mensualidad del pago precedente.

Art. 19. *Elevación de renta por mejoras.*—1. La realización por el arrendador de obras de mejora, transcurridos cinco años de duración del contrato, o siete años si el arrendador fuese persona jurídica, le dará derecho, salvo pacto en contrario, a elevar la renta anual en la cuantía que resulte de aplicar al capital invertido en la mejora, el tipo de interés legal del dinero en el momento de la terminación de las obras incrementado en tres puntos, sin que pueda exceder el aumento del 20 por 100 de la renta vigente en aquel momento.

Para el cálculo del capital invertido, deberán descontarse las subvenciones públicas obtenidas para la realización de la obra.

2. Cuando la mejora afecte a varias fincas de un edificio en régimen de propiedad horizontal, el arrendador deberá repartir proporcionalmente entre todas ellas el capital invertido, aplicando, a tal efecto, las cuotas de participación que correspondan a cada una de aquellas.

En el supuesto de edificios que no se encuentren en régimen de propiedad horizontal, el capital invertido se repartirá proporcionalmente entre las fincas afectadas por acuerdo entre arrendador y arrendatarios. En defecto de acuerdo, se repartirá proporcionalmente en función de la superficie de la finca arrendada.

3. La elevación de renta se producirá desde el mes siguiente a aquel en que, ya finalizadas las obras, el arrendador notifique por escrito al arrendatario la cuantía de aquella, detallando los cálculos que conducen a su determinación y aportando copias de los documentos de los

---

Art. 19: Artículo modificado por el art. 1.º10 del Real Decreto-ley 7/2019, de 1 de marzo, de medidas urgentes en materia de vivienda y alquiler (§ 13).

Vid. art. 30 y Disp. Trans. 2.ªC).10.3.4.º (párr. 2.º) de la presente ley y art. 1.573 del Código Civil (§ 2).

Art. 19.1: Redactado conforme al art. 1.ºtrece de la Ley 4/2013, de 4 de junio, de medidas de flexibilización y fomento del mercado del alquiler de viviendas (§ 11).

que resulte el coste de las obras realizadas.

4. Sin perjuicio de lo dispuesto en los apartados anteriores y de la indemnización que proceda en virtud del artículo 22, en cualquier momento desde el inicio de la vigencia del contrato de arrendamiento y previo acuerdo entre arrendador y arrendatario, podrán realizarse obras de mejora en la vivienda arrendada e incrementarse la renta del contrato, sin que ello implique la interrupción del período de prórroga obligatoria establecido en el artículo 9 o de prórroga tácita a que se refiere el artículo 10 de la presente Ley, o un nuevo inicio del cómputo de tales plazos. En todo caso, el alcance de las obras de mejora deberá ir más allá del cumplimiento del deber de conservación por parte del arrendador al que se refiere el artículo 21 de esta Ley.

Art. 20. *Gastos generales y de servicios individuales.*— 1. Las partes podrán pactar que los gastos generales para el adecuado sostenimiento del inmueble, sus servicios, tributos, cargas y responsabilidades que no sean susceptibles de individualización y que correspondan a la vivienda arrendada o a sus accesorios, sean a cargo del arrendatario.

En edificios en régimen de propiedad horizontal tales gastos serán los que correspondan a la finca arrendada en función de su cuota de participación.

En edificios que no se encuentren en régimen de propiedad horizontal, tales gastos serán los que se hayan asignado a la finca arrendada en función de su superficie.

Para su validez, este pacto deberá constar por escrito y determinar el importe anual de dichos gastos a la fecha del contrato. El pacto que se refiera a tributos no afectará a la Administración.

Los gastos de gestión inmobiliaria y los de formalización del contrato serán a cargo del arrendador.

2. Durante los cinco primeros años de vigencia del contrato, o durante los siete primeros años si el arrendador fuese persona

---

Art. 20.1: Apartado modificado por el art. 1.º11 del Real Decreto-ley 7/2019, de 1 de marzo, de medidas urgentes en materia de vivienda y alquiler (§ 13) y por la Disp. Final 1.ª4 de la Ley 12/2023, de 24 de mayo, del derecho a la vivienda (§ 16).

En la Sentencia 578/2022, de 26 de julio, el TS señala que el importe del IBI es una cantidad asimilada a la renta, cuyo impago permite la acción resolutoria del contrato.

Art. 20.2: Redactado conforme al art. 1.ºcatorce de la Ley 4/2013, de 4 de junio, de medidas de flexibilización y fomento del mercado del alquiler de viviendas (§ 11) y modificado por el art. 1.º12 del Real Decreto-ley 7/2019, de 1 de marzo, de medidas urgentes en materia de vivienda y alquiler (§ 13).

jurídica, la suma que el arrendatario haya de abonar por el concepto a que se refiere el apartado anterior, con excepción de los tributos, sólo podrá incrementarse, por acuerdo de las partes, anualmente, y nunca en un porcentaje superior al doble de aquel en que pueda incrementarse la renta conforme a lo dispuesto en el apartado 1 del artículo 18.

3. Los gastos por servicios con que cuente la finca arrendada que se individualicen mediante aparatos contadores serán en todo caso de cuenta del arrendatario.

4. El pago de los gastos a que se refiere el presente artículo se acreditará en la forma prevista en el artículo 17.4.

CAPÍTULO IV

De los derechos y obligaciones de las partes

Art. 21. *Conservación de la vivienda.*—1. El arrendador está obligado a realizar, sin derecho a elevar por ello la renta, todas las reparaciones que sean necesarias para conservar la vivienda en las condiciones de habitabilidad para servir al uso convenido, salvo cuando el deterioro de cuya reparación se trate sea imputable al arrendatario a tenor de lo dispuesto en los artículos 1.563 y 1.564 del Código Civil.

La obligación de reparación tiene su límite en la destrucción de la vivienda por causa no imputable al arrendador. A este efecto, se estará a lo dispuesto en el artículo 28.

2. Cuando la ejecución de una obra de conservación no pueda razonablemente diferirse hasta la conclusión del arrendamiento, el arrendatario estará obligado a soportarla, aunque le sea muy molesta o durante ella se vea privado de una parte de la vivienda.

Si la obra durase más de veinte días, habrá de disminuirse la renta en proporción a la parte de la vivienda de la que el arrendatario se vea privado.

Art. 21: Vid. arts. 27.3.*a*) y 30 de la presente ley y arts. 1.554.2.º, 1.557, 1.558, 1.559 y 1.580 del Código Civil (§ 2). Según el TS, en su Sentencia 569/2022, de 18 de julio, la obligación del arrendador de realizar las correspondientes obras de reparación no comprende la de reconstruir edificios en ruina patente o manifiesta. Ahora bien, si su desidia a la hora de hacer las correspondientes obras lleva al estado de ruina el inmueble, podrá resolver el contrato, pero no le eximirá de indemnizar los daños y perjuicios causados por su abandono o inobservancia voluntaria del deber legal establecido en la LAU. La indemnización consistirá en el coste de un alquiler de una vivienda de similares características en la misma zona, así como los gastos de mudanza y contratación de los nuevos servicios.

Art. 21.1: Vid. arts. 1.563, 1.564 y 1.568 del Código Civil (§ 2).

3. El arrendatario deberá poner en conocimiento del arrendador, en el plazo más breve posible, la necesidad de las reparaciones que contempla el apartado 1 de este artículo, a cuyos solos efectos deberá facilitar al arrendador la verificación directa, por sí mismo o por los técnicos que designe, del estado de la vivienda. En todo momento, y previa comunicación al arrendador, podrá realizar las que sean urgentes para evitar un daño inminente o una incomodidad grave, y exigir de inmediato su importe al arrendador.

4. Las pequeñas reparaciones que exija el desgaste por el uso ordinario de la vivienda serán de cargo del arrendatario.

Art. 22. *Obras de mejora.*—1. El arrendatario estará obligado a soportar la realización por el arrendador de obras de mejora cuya ejecución no pueda razonablemente diferirse hasta la conclusión del arrendamiento.

2. El arrendador que se proponga realizar una de tales obras deberá notificar por escrito al arrendatario, al menos con tres meses de antelación, su naturaleza, comienzo, duración y coste previsible. Durante el plazo de un mes desde dicha notificación, el arrendatario podrá desistir del contrato, salvo que las obras no afecten o afecten de modo irrelevante a la vivienda arrendada. El arrendamiento se extinguirá en el plazo de dos meses a contar desde el desistimiento, durante los cuales no podrán comenzar las obras.

3. El arrendatario que soporte las obras tendrá derecho a una reducción de la renta en proporción a la parte de la vivienda de la que se vea privado por causa de aquéllas, así como a la indemnización de los gastos que las obras le obliguen a efectuar.

Art. 23. *Obras del arrendatario.*—1. El arrendatario no podrá realizar sin el consentimiento del arrendador, expresado por escrito, obras que modifiquen la configuración de la vivienda o de los accesorios a que se refiere el apartado 2 del artículo 2. En ningún caso el arrendatario podrá realizar obras que provoquen una disminución en la estabilidad o seguridad de la vivienda.

Art. 22: Vid. art. 30 de la presente ley y arts. 1.557, 1.558, 1.573 y 1.580 del Código Civil (§ 2).

Art. 23: Redactado conforme al art. 1.ºquince de la Ley 4/2013, de 4 de junio, de medidas de flexibilización y fomento del mercado del alquiler de viviendas (§ 11).

Vid. art. 30 de la presente ley y arts. 1.554.2.º, 1.573 y 1.580 del Código Civil (§ 2).

2. Sin perjuicio de la facultad de resolver el contrato, el arrendador que no haya autorizado la realización de las obras podrá exigir, al concluir el contrato, que el arrendatario reponga las cosas al estado anterior o conservar la modificación efectuada, sin que éste pueda reclamar indemnización alguna.

Si, a pesar de lo establecido en el apartado 1 del presente artículo, el arrendatario ha realizado unas obras que han provocado una disminución de la estabilidad de la edificación o de la seguridad de la vivienda o sus accesorios, el arrendador podrá exigir de inmediato del arrendatario la reposición de las cosas al estado anterior.

Art. 24. *Arrendatarios con discapacidad.*—1. El arrendatario, previa notificación escrita al arrendador, podrá realizar en el interior de la vivienda aquellas obras o actuaciones necesarias para que pueda ser utilizada de forma adecuada y acorde a la discapacidad o a la edad superior a setenta años, tanto del propio arrendatario como de su cónyuge, de la persona con quien conviva de forma permanente en análoga relación de afectividad, con independencia de su orientación sexual, o de sus familiares que con alguno de ellos convivan de forma permanente, siempre que no afecten a elementos o servicios comunes del edificio ni provoquen una disminución en su estabilidad o seguridad.

2. El arrendatario estará obligado, al término del contrato, a reponer la vivienda al estado anterior, si así lo exige el arrendador.

Art. 25. *Derecho de adquisición preferente.*—1. En caso de venta de la vivienda arrendada, tendrá el arrendatario derecho de adquisición preferente sobre la misma, en las condiciones previstas en los apartados siguientes.

2. El arrendatario podrá ejercitar un derecho de tanteo sobre la finca arrendada en un

---

Art. 23.2: Vid. art. 17.5 de la presente ley.

Art. 24: Redactado conforme al art. 1.ºdieciséis de la Ley 4/2013, de 4 de junio, de medidas de flexibilización y fomento del mercado del alquiler de viviendas (§ 11).

Vid. Disp. Trans. 2.ªA).2 de la presente ley, los arts. 1.554.2.º y 1.580 del Código Civil (§ 2) y la Ley 15/1995, de 30 de mayo, sobre límites del dominio sobre inmuebles para eliminar barreras arquitectónicas a las personas con discapacidad (§ 6).

Art. 25: Vid. art. 31 de la presente ley y art. 1.572 del Código Civil (§ 2). Vid. la STS (Civil) 11/2020, de 15 de enero, donde se desestimó la pretensión de retracto mediante la subrogación hipotecaria, sin el consentimiento del acreedor que concedió el préstamo hipotecario.

plazo de treinta días naturales, a contar desde el siguiente en que se le notifique en forma fehaciente la decisión de vender la finca arrendada, el precio y las demás condiciones esenciales de la transmisión.

Los efectos de la notificación prevenida en el párrafo anterior caducarán a los ciento ochenta días naturales siguientes a la misma.

3.   En el caso a que se refiere el apartado anterior, podrá el arrendatario ejercitar el derecho de retracto, con sujeción a lo dispuesto en el artículo 1.518 del Código Civil, cuando no se le hubiese hecho la notificación prevenida o se hubiese omitido en ella cualquiera de los requisitos exigidos, así como cuando resultase inferior el precio efectivo de la compraventa o menos onerosas sus restantes condiciones esenciales. El derecho de retracto caducará a los treinta días naturales, contados desde el siguiente a la notificación que en forma fehaciente deberá hacer el adquirente al arrendatario de las condiciones esenciales en que se efectuó la compraventa, mediante entrega de copia de la escritura o documento en que fuere formalizada.

4.   El derecho de tanteo o retracto del arrendatario tendrá preferencia sobre cualquier otro derecho similar, excepto el retracto reconocido al condueño de la vivienda o el convencional que figurase inscrito en el Registro de la Propiedad al tiempo de celebrarse el contrato de arrendamiento.

5.   Para inscribir en el Registro de la Propiedad los títulos de venta de viviendas arrendadas deberá justificarse que han tenido lugar, en sus respectivos casos, las notificaciones prevenidas en los apartados anteriores, con los requisitos en ellos exigidos. Cuando la vivienda vendida no estuviese arrendada, para que sea inscribible la adquisición, deberá el vendedor declararlo así en la escritura, bajo la pena de falsedad en documento público.

6.   Cuando la venta recaiga, además de sobre la vivienda arrendada, sobre los demás objetos alquilados como accesorios de la vivienda por el mismo arrendador a que se refiere el artículo 3, no podrá el arrendatario ejercitar los derechos de adquisición preferente sólo sobre la vivienda.

7.   No habrá lugar a los derechos de tanteo o retracto cuando

---

Art. **25.3:** Vid. art. 1.518 del Código Civil (§ 2).
Art. **25.7:** Apartado modificado por el art. 1.º13 del Real Decreto-ley 7/2019, de 1 de marzo, de medidas urgentes en materia de vivienda y alquiler (§ 13).

la vivienda arrendada se venda conjuntamente con las restantes viviendas o locales propiedad del arrendador que formen parte de un mismo inmueble ni tampoco cuando se vendan de forma conjunta por distintos propietarios a un mismo comprador la totalidad de los pisos y locales del inmueble. En tales casos, la legislación sobre vivienda podrá establecer el derecho de tanteo y retracto, respecto a la totalidad del inmueble, en favor del órgano que designe la Administración competente en materia de vivienda, resultando de aplicar lo dispuesto en los apartados anteriores a los efectos de la notificación y del ejercicio de tales derechos.

Si en el inmueble sólo existiera una vivienda, el arrendatario tendrá los derechos de tanteo y retracto previstos en este artículo.

8.   No obstante lo establecido en los apartados anteriores, las partes podrán pactar la renuncia del arrendatario al derecho de adquisición preferente.

En los casos en los que se haya pactado dicha renuncia, el arrendador deberá comunicar al arrendatario su intención de vender la vivienda con una antelación mínima de treinta días a la fecha de formalización del contrato de compraventa.

CAPÍTULO V

DE LA SUSPENSIÓN, RESOLUCIÓN Y EXTINCIÓN DEL CONTRATO

Art. 26.   *Habitabilidad de la vivienda.*—Cuando la ejecución en la vivienda arrendada de obras de conservación o de obras acordadas por una autoridad competente la hagan inhabitable, tendrá el arrendatario la opción de suspender el contrato o de desistir del mismo, sin indemnización alguna.

La suspensión del contrato supondrá, hasta la finalización de las obras, la paralización del plazo del contrato y la suspensión de la obligación de pago de la renta.

Art. 27.   *Incumplimiento de obligaciones.*—1.   El incumplimiento por cualquiera de las partes de las obligaciones resultantes del contrato dará derecho a la parte que hubiere cumplido las suyas a exigir el cumplimiento de la obligación o a promover la resolución del contrato de

---

Art. 25.8: Redactado conforme al art. 1.°diecisiete de la Ley 4/2013, de 4 de junio, de medidas de flexibilización y fomento del mercado del alquiler de viviendas (§ 11).
Art. 26: Vid. art. 30 de la presente ley.
Art. 27.1: Vid. arts. 1.124, 1.550, 1.555.1.°, 1.556, 1.566 y 1.569 del Código Civil (§ 2).

acuerdo con lo dispuesto en el artículo 1.124 del Código Civil.

2. Además, el arrendador podrá resolver de pleno derecho el contrato por las siguientes causas:

a) La falta de pago de la renta o, en su caso, de cualquiera de las cantidades cuyo pago haya asumido o corresponda al arrendatario.

b) La falta de pago del importe de la fianza o de su actualización.

c) El subarriendo o la cesión inconsentidos.

d) La realización de daños causados dolosamente en la finca o de obras no consentidas por el arrendador cuando el consentimiento de éste sea necesario.

e) Cuando en la vivienda tengan lugar actividades molestas, insalubres, nocivas, peligrosas o ilícitas.

f) Cuando la vivienda deje de estar destinada de forma primordial a satisfacer la necesidad permanente de vivienda del arrendatario o de quien efectivamente la viniera ocupando de acuerdo con lo dispuesto en el artículo 7.

3. Del mismo modo, el arrendatario podrá resolver el contrato por las siguientes causas:

a) La no realización por el arrendador de las reparaciones a que se refiere el artículo 21.

b) La perturbación de hecho o de derecho que realice el arrendador en la utilización de la vivienda.

4. Tratándose de arrendamientos de finca urbana inscritos en el Registro de la Propiedad, si se hubiera estipulado en el contrato que el arrendamiento quedará resuelto por falta de pago de la renta y que deberá en tal caso restituirse inmediatamente el inmueble al arrendador, la resolución tendrá lugar de pleno derecho una vez el arrendador haya requerido judicial o notarialmente al arrendatario en el domicilio designado al efecto en la inscripción, instándole al pago o cumplimiento, y éste no haya contestado al requerimiento en los diez días hábiles siguientes, o conteste aceptando la resolución de pleno derecho, todo ello por medio del mismo juez o notario que hizo el requerimiento.

Art. 27.2.a): Vid. art. 35 de la presente ley.

Art. 27.2.b): Vid. art. 35 de la presente ley.

Art. 27.2.d): Vid. art. 35 de la presente ley y art. 1.563 del Código Civil (§ 2).

Art. 27.2.e): Vid. art. 35 de la presente ley.

Art. 27.3: Vid. art. 1.554.3.º del Código Civil (§ 2).

Art. 27.4: Añadido por el art. 1.º dieciocho de la Ley 4/2013, de 4 de junio, de medidas de flexibilización y fomento del mercado del alquiler de viviendas (§ 11).

El título aportado al procedimiento registral, junto con la copia del acta de requerimiento, de la que resulte la notificación y que no se haya contestado por el requerido de pago o que se haya contestado aceptando la resolución de pleno derecho, será título suficiente para practicar la cancelación del arrendamiento en el Registro de la Propiedad.

Si hubiera cargas posteriores que recaigan sobre el arrendamiento, será además preciso para su cancelación justificar la notificación fehaciente a los titulares de las mismas, en el domicilio que obre en el Registro, y acreditar la consignación a su favor ante el mismo notario, de la fianza prestada por el arrendatario.

Art. 28. *Extinción del arrendamiento.*—El contrato de arrendamiento se extinguirá, además de por las restantes causas contempladas en el presente Título, por las siguientes:

a) Por la pérdida de la finca arrendada por causa no imputable al arrendador.

b) Por la declaración firme de ruina acordada por la autoridad competente.

TÍTULO III

De los arrendamientos para uso distinto del de vivienda*

Art. 29. *Enajenación de la finca arrendada.*—El adquirente de la finca arrendada quedará subrogado en los derechos y obligaciones del arrendador, salvo que concurran en el adquirente los requisitos del artículo 34 de la Ley Hipotecaria.

Art. 30. *Conservación, mejora y obras del arrendatario.*—Lo dispuesto en los artículos 21, 22,

---

Art. 28: Vid. art. 21.1 (párr. 2.ª) de la presente ley y arts. 1.556, 1.566, 1.568 y 1.569 del Código Civil (§ 2).

* Vid. art. 4.º3 de la presente ley. Vid. Disp. Adic. 49.ª de la Ley 35/2006, de 28 de noviembre, del Impuesto sobre la Renta de las Personas Físicas y de modificación parcial de las leyes de los Impuestos sobre Sociedades, sobre la Renta de no Residentes y sobre el Patrimonio (§ 10).

Art. 29: Vid. arts. 1.549 y 1.572 del Código Civil (§ 2) y art. 34 de la Ley Hipotecaria (§ 3). Sobre la procedencia de la acción de desahucio por adquisición del local de negocio arrendado en pública subasta, vid. STS (Civil) 1098/2023, de 6 de julio.

Art. 30: Vid. arts. 1.559, 1.573 y 1.580 del Código Civil (§ 2).

23 y 26 de esta ley será también aplicable a los arrendamientos que regula el presente Título. También lo será lo dispuesto en el artículo 19 desde el comienzo del arrendamiento.

Art. 31. *Derecho de adquisición preferente.*—Lo dispuesto en el artículo 25 de la presente ley será de aplicación a los arrendamientos que regula este Título.

Art. 32. *Cesión del contrato y subarriendo.*—1. Cuando en la finca arrendada se ejerza una actividad empresarial o profesional, el arrendatario podrá subarrendar la finca o ceder el contrato de arrendamiento sin necesidad de contar con el consentimiento del arrendador.

2. El arrendador tiene derecho a una elevación de renta del 10 por 100 de la renta en vigor en el caso de producirse un subarriendo parcial, y del 20 en el caso de producirse la cesión del contrato o el subarriendo total de la finca arrendada.

3. No se reputará cesión el cambio producido en la persona del arrendatario por consecuencia de la fusión, transformación o escisión de la sociedad arrendataria, pero el arrendador tendrá derecho a la elevación de la renta prevista en el apartado anterior.

4. Tanto la cesión como el subarriendo deberán notificarse de forma fehaciente al arrendador en el plazo de un mes desde que aquéllos se hubieran concertado.

Art. 33. *Muerte del arrendatario.*—En caso de fallecimiento del arrendatario, cuando en el local se ejerza una actividad empresarial o profesional, el heredero o legatario que continúe el ejercicio de la actividad podrá subrogarse en los derechos y obligaciones del arrendatario hasta la extinción del contrato.

La subrogación deberá notificarse por escrito al arrendador dentro de los dos meses siguientes a la fecha del fallecimiento del arrendatario.

Art. 34. *Indemnización al arrendatario.*—La extinción por transcurso del término convencional del arrendamiento de una finca en la que durante los últimos cinco años se haya venido ejerciendo una actividad comercial de venta al público, dará al arrendatario derecho a una indemnización a cargo del arrendador, siempre que el arrendatario haya manifestado con cuatro meses de antelación a la expiración del plazo su voluntad de renovar el contrato por un mínimo de cinco años más y por una renta de mercado. Se considerará renta de

---

Art. 31: Vid. art. 1.572 del Código Civil (§ 2).

mercado la que al efecto acuerden las partes; en defecto de pacto, la que, al efecto, determine el árbitro designado por las partes.

La cuantía de la indemnización se determinará en la forma siguiente:

1. Si el arrendatario iniciara en el mismo municipio, dentro de los seis meses siguientes a la expiración del arrendamiento, el ejercicio de la misma actividad a la que viniera estando dedicada, la indemnización comprenderá los gastos del traslado y los perjuicios derivados de la pérdida de clientela ocurrida con respecto a la que tuviera en el local anterior, calculada con respecto a la habida durante los seis primeros meses de la nueva actividad.

2. Si el arrendatario iniciara dentro de los seis meses siguientes a la extinción del arrendamiento una actividad diferente o no iniciara actividad alguna, y el arrendador o un tercero desarrollan en la finca dentro del mismo plazo la misma actividad o una afín a la desarrollada por el arrendatario, la indemnización será de una mensualidad por año de duración del contrato, con un máximo de dieciocho mensualidades.

Se considerarán afines las actividades típicamente aptas para beneficiarse, aunque sólo en parte de la clientela captada por la actividad que ejerció el arrendatario.

En caso de falta de acuerdo entre las partes sobre la cuantía de la indemnización, la misma será fijada por el árbitro designado por aquéllas.

Art. 35. *Resolución de pleno derecho.*—El arrendador podrá resolver de pleno derecho el contrato por las causas previstas en las letras *a*), *b*), *d*) y *e*) del apartado 2 del artículo 27 y por la cesión o subarriendo del local incumpliendo lo dispuesto en el artículo 32.

TÍTULO IV

Disposiciones comunes*

Art. 36. *Fianza.*—1. A la celebración del contrato será obligatoria la exigencia y prestación de fianza en metálico en

---

Art. 35: Redactado conforme al art. 1.ºdiecinueve de la Ley 4/2013, de 4 de junio, de medidas de flexibilización y fomento del mercado del alquiler de viviendas (§ 11).

Vid. la STS (Civil) 520/2020, de 13 de octubre, donde se entendió que la jubilación parcial no extinguía el contrato de arrendamiento urbano para uso distinto del de vivienda, dado que dicha situación permitía la continuación del ejercicio de la actividad.

* Vid. art. 4.º1 de la presente ley y arts. 1.550 y 1.556 del Código Civil (§ 2).

Art. 36: Artículo modificado por el art. 1.º14 del Real Decreto-ley 7/2019, de 1 de marzo, de medidas urgentes en materia de vivienda y alquiler (§ 13).

Art. 36.1: Vid. Disp. Adic. 3.ª de la presente ley.

cantidad equivalente a una mensualidad de renta en el arrendamiento de viviendas y de dos en el arrendamiento para uso distinto del de vivienda.

2.   Durante los cinco primeros años de duración del contrato, o durante los siete primeros años si el arrendador fuese persona jurídica, la fianza no estará sujeta a actualización. Pero cada vez que el arrendamiento se prorrogue, el arrendador podrá exigir que la fianza sea incrementada, o el arrendatario que disminuya, hasta hacerse igual a una o dos mensualidades de la renta vigente, según proceda, al tiempo de la prórroga.

3.   La actualización de la fianza durante el período de tiempo en que el plazo pactado para el arrendamiento exceda de cinco años, o de siete años si el arrendador fuese persona jurídica, se regirá por lo estipulado al efecto por las partes. A falta de pacto específico, lo acordado sobre actualización de la renta se presumirá querido también para la actualización de la fianza.

4.   El saldo de la fianza en metálico que deba ser restituido al arrendatario al final del arriendo, devengará el interés legal, transcurrido un mes desde la entrega de las llaves por el mismo sin que se hubiere hecho efectiva dicha restitución.

5.   Las partes podrán pactar cualquier tipo de garantía del cumplimiento por el arrendatario de sus obligaciones arrendaticias adicional a la fianza en metálico.

En el caso del arrendamiento de vivienda, en contratos de hasta cinco años de duración, o de hasta siete años si el arrendador fuese persona jurídica, el valor de esta garantía adicional no podrá exceder de dos mensualidades de renta.

6.   Quedan exceptuadas de la obligación de prestar fianza la Administración General del Estado, las Administraciones de las Comunidades Autónomas y las entidades que integran la Administración Local, los organismos autónomos, las entidades públicas empresariales y demás entes públicos vinculados o dependientes de ellas, y las Mutuas colaboradoras con la Seguridad Social en su función pública de colaboración en la gestión de la

---

Art. 36.2 y 3: Apartados redactados conforme al art. 1.ºveinte de la Ley 4/2013, de 4 de junio, de medidas de flexibilización y fomento del mercado del alquiler de viviendas (§ 11).

Art. 36.6: Apartado añadido por el art. 145 de la Ley 13/1996, de 30 de diciembre, de Medidas Fiscales, Administrativas y del Orden Social (*BOE* n.º 315, de 31 de diciembre), y redactado de nuevo, con efectos de 1 de enero de 2011 y vigencia indefinida, conforme a la Disp. Final 4.ª de la Ley 39/2010, de 22 de diciembre, de Presupuestos Generales del Estado para el año 2011 (*BOE* n.º 311, de 23 de diciembre).

Seguridad Social, así como sus Centros Mancomunados, cuando la renta haya de ser satisfecha con cargo a sus respectivos presupuestos.

Art. 37.   *Formalización del arrendamiento.*—Las partes podrán compelerse recíprocamente a la formalización por escrito del contrato de arrendamiento.

En este caso, se hará constar la identidad de los contratantes, la identificación de la finca arrendada, la duración pactada, la renta inicial del contrato y las demás cláusulas que las partes hubieran libremente acordado.

TÍTULO V

Procesos arrendaticios*

Arts. 38 a 40.   [*Derogados.*]

DISPOSICIONES ADICIONALES

1.ª   *Régimen de las viviendas de protección oficial en arrendamiento.*—1.   El plazo de duración del régimen legal de las viviendas de protección oficial, que se califiquen para arrendamiento a partir de la entrada en vigor de la presente ley, concluirá al transcurrir totalmente el período establecido en la normativa aplicable para la amortización del préstamo cualificado obtenido para su promoción o, en caso de no existir dicho préstamo, transcurridos veinticinco años a contar desde la fecha de la correspondiente calificación definitiva.

2.   La renta máxima inicial por metro cuadrado útil de las viviendas de protección oficial a que se refiere el apartado ante-

---

Art. 37: Vid. art. 1.547 del Código Civil (§ 2).

* Vid. Disp. Trans. 6.ª1 de la presente ley.

Arts. 38 a 40: Derogados por la Disp. Derog. única.2.6.º de la Ley 1/2000, de 7 de enero, de Enjuiciamiento Civil (*BOE* n.º 7, de 8 de enero; correcciones de errores en *BOE* n.º 90, de 14 de abril de 2000, y n.º 180, de 28 de julio de 2001).

Vid. arts. 22.4 y 5, 52.1.7.º, 164, 220.2, 249.1.6.º, 250.1.1.º y 2.º, 438.5 a 8, 439.3, 6 y 7, 441.1bis, 5, 6 y 7, 447, 497, 549.3 y 4, y 703.1 de la Ley 1/2000, de 7 de enero, de Enjuiciamiento Civil (§ 8).

Vid. arts. 1 y 1bis, y Disp. Trans. 1.ª del Real Decreto-ley 11/2020, de 31 de marzo, por el que se adoptan medidas urgentes complementarias en el ámbito social y económico para hacer frente al COVID-19 (§14)

rior, será el porcentaje del precio máximo de venta que corresponda de conformidad con la normativa estatal o autonómica aplicable.

3. No se aplicará revisión de rentas de las viviendas de protección oficial salvo pacto explícito entre las partes. En caso de pacto expreso entre las partes sobre algún mecanismo de revisión de valores monetarios que no detalle el índice o metodología de referencia, la renta se revisará para cada anualidad por referencia a la variación anual del Índice de Garantía de Competitividad.

4. Además de las rentas iniciales o revisadas, el arrendador podrá percibir el coste real de los servicios de que disfrute el arrendatario y satisfaga el arrendador.

5. Sin perjuicio de las sanciones administrativas que procedan, serán nulas las cláusulas y estipulaciones que establezcan rentas superiores a las máximas autorizadas en la normativa aplicable para las viviendas de protección oficial.

6. Lo dispuesto en los apartados anteriores no será de aplicación a las viviendas de promoción pública reguladas por el Real Decreto-ley 31/1978.

7. Lo dispuesto en los apartados anteriores será de aplicación general en defecto de legislación específica de las Comunidades Autónomas con competencia en la materia.

8. El arrendamiento de viviendas de protección oficial de promoción pública se regirá por las normas particulares de éstas respecto del plazo de duración del contrato, las variaciones de la renta, los límites de repercusión

---

Disp. Adic. 1.ª3: Apartado redactado conforme a la Disp. Final 1.ªdos de la Ley 2/2015, de 30 de marzo, de desindexación de la economía española (*BOE* n.º 77, de 31 de marzo). Vid. apdo. 4, párr. 1.º, de su Disp. Trans. (§ 12).

Vid. la actualización de rentas de alquiler por anualidades completas con el IPC (§ 17).

Disp. Adic. 1.ª6: Vid. Real Decreto-ley 31/1978, de 31 de octubre, sobre política de viviendas de protección oficial (*BOE* n.º 267, de 8 de noviembre), y, en su desarrollo, Real Decreto 3.148/1978, de 10 de noviembre (*BOE* n.º 14, de 16 de enero de 1979), así como Real Decreto 2.076/1979, de 20 de julio, por el que se establecen las condiciones que deben cumplir las viviendas que, terminadas o en construcción, opten por acogerse al régimen de viviendas de protección oficial, establecido por el Real Decreto-ley 31/1978, de 31 de octubre (*BOE* n.º 213, de 5 de septiembre); Real Decreto 1.610/1981, de 3 de julio, sobre ámbito de aplicación de los préstamos subsidiados para la construcción de viviendas de protección oficial (*BOE* n.º 182, de 31 de julio), desarrollado por Resolución de 30 de septiembre de 1981 de la Dirección General de Arquitectura y Vivienda (*BOE* n.º 243, de 10 de octubre); Real Decreto 1.224/1983, de 4 de mayo, sobre financiación de la ayuda económica personal para adquisición de viviendas de protección oficial de promoción privada (*BOE* n.º 117, de 17 de mayo), desarrollado por Orden de 12 de julio de 1983 (*BOE* n.º 170, de 18 de julio); y Real Decreto 727/1993, de 14 de mayo, sobre precio de las viviendas de protección oficial de promoción privada (*BOE* n.º 130, de 1 de junio).

de cantidades por reparación de daños y mejoras, y lo previsto respecto del derecho de cesión y subrogación en el arrendamiento, y en lo no regulado por ellas por las de la presente ley, que se aplicará íntegramente cuando el arrendamiento deje de estar sometido a dichas disposiciones particulares.

La excepción no alcanzará a las cuestiones de competencia y procedimiento en las que se estará por entero a lo dispuesto en la presente ley.

2.ª *Modificación de la Ley Hipotecaria.*—1. El artículo 2, número 5.º, de la Ley Hipotecaria, aprobada por Decreto de 8 de febrero de 1946, tendrá la siguiente redacción:

«5.º Los contratos de arrendamiento de bienes inmuebles, y los subarriendos, cesiones y subrogaciones de los mismos.»

2. En el plazo de nueve meses desde la entrada en vigor de esta ley se establecerán reglamentariamente los requisitos de acceso de los contratos de arrendamientos urbanos al Registro de la Propiedad.

3.ª *Depósito de fianzas.*—Las Comunidades Autónomas podrán establecer la obligación de que los arrendadores de finca urbana sujetos a la presente ley depositen el importe de la fianza regulada en el artículo 36.1 de esta ley, sin devengo de interés, a disposición de la Administración autonómica o del ente público que se designe hasta la extinción del correspondiente contrato. Si transcurrido un mes desde la finalización del contrato, la Administración autonómica o el ente público competente no procediere a la devolución de la cantidad depositada, ésta devengará el interés legal correspondiente.

2. Con objeto de favorecer la transparencia y facilitar el intercambio de información para el ejercicio de las políticas públicas, la normativa que regule el depósito de fianza a que se refiere el apartado anterior determinará los datos que deberán aportarse por parte del arrendador, entre los que figurará, como mínimo:

a) Los datos identificativos de las partes arrendadora y arrendataria, incluyendo domicilios a efectos de notificaciones.

b) Los datos identificativos de la finca, incluyendo la dirección postal, año de construcción y, en su caso, año y tipo de reforma, superficie construida de uso privativo por usos, referen-

Disp. Adic. 2.ª2: Vid. el Real Decreto 297/1996, de 23 de febrero, sobre inscripción en el Registro de la Propiedad de los Contratos de Arrendamientos Urbanos (§ 7).
Disp. Adic. 3.ª: Modificada por el artículo 1.º15 del Real Decreto-ley 7/2019, de 1 de marzo, de medidas urgentes en materia de vivienda y alquiler (§ 13).

cia catastral y calificación energética.

c) Las características del contrato de arrendamiento, incluyendo la renta anual, el plazo temporal establecido, el sistema de actualización, el importe de la fianza y, en su caso, garantías adicionales, el tipo de acuerdo para el pago de los suministros básicos, y si se arrienda amueblada.

4.ª *Ayudas para acceso a vivienda.*—Las personas que, en aplicación de lo establecido en la disposición transitoria segunda de la presente ley, se vean privadas del derecho a la subrogación *mortis causa* que les reconocía el texto refundido de la Ley de Arrendamientos Urbanos, aprobado por Decreto 4.104/1964, de 24 de diciembre, serán sujeto preferente de los programas de ayudas públicas para el acceso a vivienda, siempre que cumplan los requisitos en cuanto a ingresos máximos que se establezcan en dichos programas.

5.ª *Modificación de la Ley de Enjuiciamiento Civil.*—

1. El artículo 1.563 de la Ley de Enjuiciamiento Civil quedará redactado en la forma siguiente:

«*1.º El desahucio por falta de pago de las rentas, de las cantidades asimiladas o de las cantidades cuyo pago hubiera asumido el arrendatario en el arrendamiento de viviendas o en el arrendamiento de una finca urbana habitable en la que se realicen actividades profesionales, comerciales o industriales, podrá ser enervado por el arrendatario si en algún momento anterior al señalado para la celebración del juicio, paga al actor o pone a su disposición en el Juzgado o notarialmente el importe de las cantidades en cuya inefectividad se sustente la demanda y el de las que en dicho instante adeude.*

2.º Esta enervación no tendrá lugar cuando se hubiera producido otra anteriormente, ni cuando el arrendador hubiese requerido, por cualquier medio que permita acreditar su constancia, de pago al arrendatario con cuatro meses de antelación a la presentación de la demanda y éste no hubiese pagado las cantidades

---

Disp. Adic. 4.ª: El texto refundido de la Ley de Arrendamientos Urbanos, aprobado por Decreto 4.104/1964, de 24 de diciembre, es una de las normas derogadas por la presente ley [vid. Disp. Derog. única (párr. 1.º)].

Disp. Adic. 5.ª: La Ley de Enjuiciamiento Civil aquí referida fue posteriormente derogada y sustituida por la Ley 1/2000, de 7 de enero, de Enjuiciamiento Civil (*BOE* n.º 7, de 8 de enero; correcciones de errores en *BOE* n.º 90, de 14 de abril de 2000, y n.º 180, de 28 de julio de 2001). Vid. arts. 22.4 y 4 y 438.3 y 4 de la vigente Ley de Enjuiciamiento Civil (§ 8).

adeudadas al tiempo de dicha presentación.

3.º   En todo caso, deberán indicarse en el escrito de interposición de la demanda las circunstancias concurrentes que puedan permitir o no la enervación. Cuando ésta proceda, el Juzgado indicará en la citación el deber de pagar o de consignar el importe antes de la celebración del juicio.»

2.   Los recursos contra sentencias en las materias a que se refiere el *artículos 38* tendrán tramitación preferente tanto ante las Audiencias Provinciales, como ante los Tribunales Superiores.

En los procesos que lleven aparejado el lanzamiento, no se admitirán al demandado los recursos de apelación y de casación, cuando procedan, si no acredita al interponerlos tener satisfechas las rentas vencidas y las que con arreglo al contrato deba pagar adelantadas, o si no las consigna judicial o notarialmente.

Si el arrendatario no cumpliese lo anterior, se tendrá por firme la sentencia y se procederá a su ejecución, siempre que requerido por el juez o tribunal que co-

nozca de los mismos no cumpliere su obligación de pago o consignación en el plazo de cinco días.

También se tendrá por desierto el recurso de casación o apelación interpuesto por el arrendatario, cualquiera que sea el estado en que se halle, si durante la sustanciación del mismo dejare aquél de pagar los plazos que venzan o los que deba adelantar. Sin embargo, el arrendatario podrá cautelarmente adelantar o consignar el pago de varios períodos no vencidos, los cuales se sujetarán a liquidación una vez firme la sentencia. En todo caso, el abono de dichos importes no se entenderá novación contractual.

3.   El artículo 1.687.3 de la Ley de Enjuiciamiento Civil quedará redactado de la forma siguiente:

«Art. 1.687. […] 3. Las sentencias dictadas por las Audiencias en los juicios de desahucio que no tengan regulación especial, salvo las dictadas en juicio de desahucio por falta de pago de la renta, las dictadas en procesos sobre arrendamientos urbanos seguidos por los trámites del juicio de cognición, en este último su-

---

Disp. Adic. 5.ª2: Apartado redactado conforme a la Disp. Adic. 4.ª de la Ley 50/1998, de 30 de diciembre, de Medidas Fiscales, Administrativas y del Orden Social (*BOE* n.º 313, de 31 de diciembre de 1998; corrección de errores en *BOE* n.º 109, de 7 de mayo de 1999).

Disp. Adic. 5.ª2, párr. 1.º: El citado art. 38 fue derogado por la Disp. Derog. única.2.6.º de la Ley 1/2000, de 7 de enero, de Enjuiciamiento Civil (*BOE* n.º 7, de 8 de enero; correcciones de errores en *BOE* n.º 90, de 14 de abril de 2000, y n.º 180, de 28 de julio de 2001).

puesto cuando no fuesen conformes con la dictada en primera instancia, y las recaídas en los juicios de retracto, cuando en todos los casos alcancen la cuantía requerida para esta clase de recursos en los declarativos ordinarios.

No obstante, si se tratase de arrendamiento de vivienda bastará con que la cuantía exceda de 1.500.000 pesetas.

Se entenderá que son conformes la sentencia de apelación y de primera instancia aunque difieran en lo relativo a la imposición de costas.»

6.ª *Censo de arrendamientos urbanos.*—1. El Gobierno procederá, a través del Ministerio de Obras Públicas, Transportes y Medio Ambiente, en el plazo de un año a partir de la entrada en vigor de la presente ley, a elaborar un censo de los contratos de arrendamiento de viviendas sujetos a la presente ley subsistentes a su entrada en vigor.

2. Este censo comprenderá datos identificativos del arrendador y del arrendatario, de la renta del contrato, de la existencia o no de cláusulas de revisión, de su duración y de la fecha del contrato.

3. A estos efectos, los arrendadores deberán remitir, al Ministerio de Obras Públicas, Transportes y Medio Ambiente, en el plazo máximo de tres meses a partir de la entrada en vigor de la ley, los datos del contrato a que se refiere el párrafo anterior.

4. Los arrendatarios tendrán derecho a solicitar la inclusión en el censo a que se refiere esta disposición de sus respectivos contratos, dando cuenta por escrito al arrendador de los datos remitidos.

5. El incumplimiento de la obligación prevista en el anterior apartado 3 privará al arrendador que la hubiera incumplido del derecho a los beneficios fiscales a que se refiere la disposición final cuarta de la presente ley.

7.ª *Modificación de la Ley 36/1988, de 5 de diciembre, de Arbitraje.*—Se añade al artículo 30 de la Ley 36/1988, de 5 de diciembre, de Arbitraje, un número 3, cuyo contenido será el siguiente:

«En los procedimientos arbitrales que traigan causa de contratos sometidos al régimen jurídico de la Ley de Arrendamientos Urba-

---

Disp. Adic. 6.ª: Vid. la Orden de 20 de diciembre de 1994, por la que se dictan normas para la elaboración del censo de contratos de arrendamiento de viviendas (§ 5).

Disp. Adic. 7.ª: La Ley 36/1988, de 5 de diciembre, de Arbitraje, fue posteriormente derogada y sustituida por la Ley 60/2003, de 23 de diciembre, de Arbitraje (*BOE* n.º 309, de 26 de diciembre), cuyo art. 2.º1 dispone que «son susceptibles de arbitraje las controversias sobre materias de libre disposición conforme a derecho».

nos, a falta de pacto expreso de las partes, los árbitros deberán dictar el laudo en el término de tres meses, contado como se dispone en el número 1 de este artículo.»

8.ª *Derecho de retorno.—*El derecho de retorno regulado en la disposición adicional cuarta, 3.ª, del texto refundido de la Ley sobre el Régimen del Suelo y Ordenación Urbana, aprobado por el Real Decreto Legislativo 1/1992, de 26 de junio, se regirá por lo previsto en esta disposición y, en su defecto, por las normas del texto refundido de la Ley de Arrendamientos Urbanos de 1964.

Cuando en las actuaciones urbanísticas aisladas no expropiatorias exigidas por el planeamiento urbanístico, fuera necesario proceder a la demolición total o a la rehabilitación integral con conservación de fachada o de estructura de un edificio, en el que existan viviendas urbanas arrendadas sea cualquiera la fecha del arrendamiento, el arrendatario tendrá derecho a que el arrendador de la citada finca le proporcione una nueva vivienda de una superficie no inferior al 50 por 100 de la anterior, siempre que tenga al menos 90 metros cuadrados, o no inferior a la que tuviere, si no alcanzaba dicha superficie, de características análogas a aquélla y que esté ubicada en el mismo solar o en el entorno del edificio demolido o rehabilitado.

9.ª *Declaración de la situación de minusvalía.—*A los efectos prevenidos en esta ley, la situación de minusvalía y su grado deberán ser declarados, de acuerdo con la normativa vigente, por los centros y servicios de las Administraciones Públicas competentes.

Disp. Adic. 8.ª: El Real Decreto Legislativo 1/1992, de 26 de junio, por el que se aprueba el texto refundido de la Ley sobre el Régimen del Suelo y Ordenación Urbana, fue derogado y sustituido por el Real Decreto Legislativo 2/2008, de 20 de junio, por el que se aprueba el texto refundido de la Ley de Suelo (*BOE* n.º 154, de 26 de junio), y este último derogado a su vez, por el Real Decreto Legislativo 7/2015, de 30 de octubre, por el que se aprueba el texto refundido de la Ley de Suelo y Rehabilitación Urbana (*BOE* n.º 261, de 31 de octubre). La citada regla 3.ª de la Disp. Adic. 4.ª del texto refundido de la Ley sobre el Régimen del Suelo y Ordenación Urbana establecía lo siguiente:

«3.ª En las actuaciones aisladas no expropiatorias, los arrendatarios de las viviendas demolidas tendrán el derecho de retorno regulado en la legislación arrendaticia, ejercitable frente al dueño de la nueva edificación, cualquiera que sea éste.

En estos casos, el propietario deberá garantizar el alojamiento provisional de los inquilinos hasta que sea posible el retorno.»

10.ª *Prescripción.*—Todos los derechos, obligaciones y acciones que resulten de los contratos de arrendamiento contemplados en la presente ley, incluidos los subsistentes a la entrada en vigor de la misma, prescribirán, cuando no exista plazo específico de prescripción previsto, de acuerdo con lo dispuesto en el régimen general contenido en el Código Civil.

11.ª *Índice de referencia para la actualización anual de* *los contratos de arrendamiento de vivienda.*— El Instituto Nacional de Estadística definirá, antes del 31 de diciembre de 2024, un índice de referencia para la actualización anual de los contratos de arrendamiento de vivienda que se fijará como límite de referencia a los efectos del artículo 18 de esta ley, con el objeto de evitar incrementos desproporcionados en la renta de los contratos de arrendamiento.

DISPOSICIONES TRANSITORIAS

1.ª *Contratos celebrados a partir del 9 de mayo de 1985.*— 1. Los contratos de arrendamiento de vivienda celebrados a

---

Disp. Adic. 10.ª: Vid. la selección de artículos del Código Civil (§ 2).

Disp. Adic. 11.ª: Añadida por la Disp. Final 1.ª5 de la Ley 12/2023, de 24 de mayo, del derecho a la vivienda (§ 16).

Disp. Trans. 1.ª: El art. 9.º del Real Decreto-ley 2/1985, de 30 de abril, sobre Medidas de Política Económica (*BOE* n.º 111, de 9 de mayo; corrección de errores en *BOE* n.º 116, de 15 de mayo), es una de las normas derogadas por la presente ley [vid. Disp. Derog. única (párr. 1.º)]. Dicho art. 9.º establecía lo siguiente:

«*Art. 9.º Supresión de la prórroga forzosa en los contratos de arrendamiento urbanos.*—1. Los contratos de arrendamiento de viviendas o locales de negocio que se celebren a partir de la entrada en vigor del presente Real Decreto-ley tendrá la duración que libremente estipulen las partes contratantes, sin que les sea aplicable forzosamente el régimen de prórroga establecido por el artículo 57 de la Ley de Arrendamientos Urbanos, texto refundido aprobado por Decreto 4.104/1964, de 24 de diciembre, y sin perjuicio de la tácita reconducción prevista en el artículo 1.566 del Código Civil.

»2. Dichos contratos, salvo lo dispuesto en el apartado anterior, se regularán por las disposiciones vigentes sobre arrendamientos urbanos.»

Vid. SSTS (Civil) 2043/2015, de 12 de marzo, sobre régimen transitorio sobre duración del arrendamiento de local de negocio (contrato celebrado bajo la vigencia del Real Decreto-ley 2/1985, de 30 de abril, sobre medidas de política económica, pero sujeto a prórroga forzosa por voluntad de las partes: se rige por la Disp. Trans. 3.ª, no por la 1.ª, de la Ley de Arrendamientos Urbanos de 1994), y 1626/2016, de 12 de abril, sobre extinción de contrato de arrendamiento de local de negocio vigente el Real Decreto-ley 2/1985 (prórroga forzosa pactada, frente al régimen normativo aplicable que la excluía). Vid. también STS

partir del 9 de mayo de 1985 que subsistan a la fecha de entrada en vigor de la presente ley, continuarán rigiéndose por lo dispuesto en el artículo 9 del Real Decreto-ley 2/1985, de 30 de abril, sobre medidas de política económica, y por lo dispuesto para el contrato de inquilinato en el texto refundido de la Ley de Arrendamientos Urbanos, aprobado por Decreto 4.104/1964, de 24 de diciembre.

Será aplicable a estos contratos lo dispuesto en los apartados 2 y 3 de la disposición transitoria segunda.

La tácita reconducción prevista en el artículo 1.566 del Código Civil lo será por un plazo de tres años, sin perjuicio de la facultad de no renovación prevista en el artículo 9 de esta ley. El arrendamiento renovado se regirá por lo dispuesto en la presente ley para los arrendamientos de vivienda.

2. Los contratos de arrendamiento de local de negocio celebrados a partir del 9 de mayo de 1985, que subsistan en la fecha de entrada en vigor de esta ley, continuarán rigiéndose por lo dispuesto en el artículo 9 del Real Decreto-ley 2/1985, de 30 de abril, y por lo dispuesto en el texto refundido de la Ley de Arrendamientos Urbanos de 1964. En el caso de tácita reconducción conforme a lo dispuesto en el artículo 1.566 del Código Civil, el arrendamiento renovado se regirá por las normas de la presente ley relativas a los arrendamientos para uso distinto al de vivienda.

Lo dispuesto en el párrafo anterior será de aplicación a los contratos de arrendamiento asimilados al de inquilinato y al de local de negocio que se hubieran celebrado a partir del 9 de mayo de 1985 y que subsistan en la fecha de entrada en vigor de esta ley.

2.ª *Contratos de arrendamiento de vivienda celebrados con anterioridad al 9 de mayo de 1985.*—A) Régimen normativo aplicable.

1. Los contratos de arrendamiento de vivienda celebrados antes del 9 de mayo de 1985 que

---

(Civil) 88/2016 de 19 febrero, en relación con el alcance que debe darse a la expresión «tiempo indefinido» consignada en los contratos de arrendamiento de vivienda celebrados bajo la vigencia del Real Decreto-ley 2/1985, de 30 de abril, sobre Medidas de Política Económica, apunta el TS que no es equivalente al acogimiento del régimen de prórroga forzosa del art. 57 LAU 1964, por no ser términos equivalentes. Señala que dicha expresión es contraria a la naturaleza del contrato de arrendamiento, salvo que del conjunto de las cláusulas o estipulaciones del mismo pueda inferirse lo contrario.

Disp. Trans. 1.ª1 y 2: Vid. el citado art. 1.566 del Código Civil (§ 2).
Disp. Trans. 2.ª: Vid. Disp. Adic. 4.ª y Disp. Trans. 1.ª1 (párr. 2.º) de la presente ley.

subsistan en la fecha de entrada en vigor de la presente ley, continuarán rigiéndose por las normas relativas al contrato de inquilinato del texto refundido de la Ley de Arrendamientos Urbanos de 1964, salvo las modificaciones contenidas en los apartados siguientes de esta disposición transitoria.

2. Será aplicable a estos contratos lo dispuesto en los artículos 12, 15 y 24 de la presente ley.

3. Dejará de ser aplicable lo dispuesto en el apartado 1 del artículo 24 del texto refundido de la Ley de Arrendamientos Urbanos de 1964.

No procederán los derechos de tanteo y retracto, regulados en el Capítulo VI del texto refundido de la Ley de Arrendamientos Urbanos de 1964, en los casos de adjudicación de vivienda por consecuencia de división de cosa común cuando los contratos de arrendamiento hayan sido otorgados con posterioridad a la constitución de la comunidad sobre la cosa, ni tampoco en los casos de división y adjudicación de cosa común adquirida por herencia o legado.

B)   Extinción y subrogación.

4. A partir de la entrada en vigor de esta ley, la subrogación a que se refiere el artículo 58 del texto refundido de la Ley de Arrendamientos Urbanos de 1964, sólo podrá tener lugar a favor del cónyuge del arrenda-tario no separado legalmente o de hecho, o en su defecto, de los hijos que conviviesen con él durante los dos años anteriores a su fallecimiento; en defecto de los anteriores, se podrán subrogar los ascendientes del arrendatario que estuviesen a su cargo y conviviesen con él con tres años, como mínimo, de antelación a la fecha de su fallecimiento.

El contrato se extinguirá al fallecimiento del subrogado, salvo que lo fuera un hijo del arrendatario no afectado por una minusvalía igual o superior al 65 por 100, en cuyo caso se extinguirá a los dos años o en la fecha en que el subrogado cumpla veinticinco años, si ésta fuese posterior.

No obstante, si el subrogado fuese el cónyuge y al tiempo de su fallecimiento hubiese hijos del arrendatario que conviviesen con aquél, podrá haber una ulterior subrogación. En este caso, el contrato quedará extinguido a los dos años o cuando el hijo alcance la edad de veinticinco años si esta fecha es posterior, o por su fallecimiento si está afectado por la minusvalía mencionada en el párrafo anterior.

5. Al fallecimiento de la persona que, a tenor de lo dispuesto en los artículos 24.1 y 58 del texto refundido de la Ley de Arrendamientos Urbanos de 1964, se hubiese subrogado en la posición del inquilino antes de

la entrada en vigor de la presente ley, sólo se podrá subrogar su cónyuge no separado legalmente o de hecho y, en su defecto, los hijos del arrendatario que habitasen en la vivienda arrendada y hubiesen convivido con él durante los dos años anteriores a su fallecimiento.

El contrato se extinguirá al fallecimiento del subrogado, salvo que lo fuera un hijo del arrendatario no afectado por una minusvalía igual o superior al 65 por 100, en cuyo caso se extinguirá a los dos años o cuando el hijo alcance la edad de veinticinco años si esta fecha es posterior.

No se autorizan ulteriores subrogaciones.

6. Al fallecimiento de la persona que de acuerdo con el artículo 59 del texto refundido de la Ley de Arrendamientos Urbanos de 1964 ocupase la vivienda por segunda subrogación no se autorizan ulteriores subrogaciones.

7. Los derechos reconocidos en los apartados 4 y 5 de esta disposición al cónyuge del arrendatario, serán también de aplicación respecto de la persona que hubiera venido conviviendo con el arrendatario de forma permanente en análoga relación de afectividad a la de cónyuge, con independencia de su orientación sexual, durante, al menos, los dos años anteriores al tiempo del fallecimiento, salvo que hubieran tenido descendencia en común, en cuyo caso bastará la mera convivencia.

8. Durante los diez años siguientes a la entrada en vigor de la ley, si la subrogación prevista en los apartados 4 y 5 anteriores se hubiera producido a favor de hijos mayores de sesenta y cinco años o que fueren perceptores de prestaciones públicas por jubilación o invalidez permanente en grado de incapacidad permanente absoluta o gran invalidez el contrato se extinguirá por el fallecimiento del hijo subrogado.

9. Corresponde a las personas que ejerciten la subrogación contemplada en los apartados 4, 5 y 7 de esta disposición probar la condición de convivencia con el arrendatario fallecido que para cada supuesto proceda.

La condición de convivencia con el arrendatario fallecido deberá ser habitual y darse necesariamente en la vivienda arrendada.

Serán de aplicación a la subrogación por causa de muerte regulada en los apartados 4 a 7 anteriores, las disposiciones sobre procedimiento y orden de prelación establecidas en el artículo 16 de la presente ley.

En ningún caso los beneficiarios de una subrogación podrán renunciarla a favor de otro de distinto grado de prelación.

C)   Otros derechos del arrendador.

10.   Para las anualidades del contrato que se inicien a partir de la entrada en vigor de esta ley, el arrendador tendrá los siguientes derechos:

10.1.   En el Impuesto sobre el Patrimonio, el valor del inmueble arrendado se determinará por capitalización al 4 por 100 de la renta devengada, siempre que el resultado sea inferior al que resultaría de la aplicación de las reglas de valoración de bienes inmuebles previstas en la Ley del Impuesto sobre el Patrimonio.

10.2.   Podrá exigir del arrendatario el total importe de la cuota del Impuesto sobre Bienes Inmuebles que corresponda al inmueble arrendado. Cuando la cuota no estuviese individualizada se dividirá en proporción a la superficie de cada vivienda.

10.3.   Podrá repercutir en el arrendatario el importe de las obras de reparación necesarias para mantener la vivienda en estado de servir para el uso convenido, en los términos resultantes del artículo 108 del texto refundido de la Ley de Arrendamientos Urbanos de 1964 o de acuerdo con las reglas siguientes:

1.ª   Que la reparación haya sido solicitada por el arrendatario o acordada por resolución judicial o administrativa firme.

En caso de ser varios los arrendatarios afectados, la solicitud deberá haberse efectuado por la mayoría de los arrendatarios afectados o, en su caso, por arrendatarios que representen la mayoría de las cuotas de participación correspondientes a los pisos afectados.

2.ª   Del capital invertido en los gastos realizados, se deducirán los auxilios o ayudas públicas percibidos por el propietario.

3.ª   Al capital invertido se le sumará el importe del interés legal del dinero correspondiente a dicho capital calculado para un período de cinco años.

4.ª   El arrendatario abonará anualmente un importe equivalente al 10 por 100 de la cantidad referida en la regla anterior, hasta su completo pago.

En el caso de ser varios los arrendatarios afectados, la cantidad referida en la regla anterior se repartirá entre éstos de acuerdo con los criterios establecidos en el apartado 2 del artículo 19 de la presente ley.

5.ª   La cantidad anual pagada por el arrendatario no podrá superar la menor de las dos cantidades siguientes: cinco veces su renta vigente más las cantidades asimiladas a la misma o el im-

---

Disp. Trans. 2.ªC).10: Vid. Disp. Trans. 3.ªD).9 de la presente ley.

porte del salario mínimo inter-profesional, ambas consideradas en su cómputo anual.

10.4.   Si el arrendador hubie-ra optado por realizar la repercu-sión con arreglo a lo dispuesto en el artículo 108 antes citado, la repercusión se hará de forma proporcional a la superficie de la finca afectada.

10.5.   Podrá repercutir en el arrendatario el importe del coste de los servicios y suministros que se produzcan a partir de la entrada en vigor de la ley.

Se exceptúa el supuesto en que por pacto expreso entre las par-tes todos estos gastos sean por cuenta del arrendador.

D)   Actualización de la renta.

11.   La renta del contrato po-drá ser actualizada a instancia del arrendador previo requeri-miento fehaciente al arrenda-tario.

Este requerimiento podrá ser realizado en la fecha en que, a partir de la entrada en vigor de la ley, se cumpla una anualidad de vigencia del contrato.

Efectuado dicho requerimien-to, en cada uno de los años en que aplique esta actualización, el arrendador deberá notificar al arrendatario el importe de la ac-tualización, acompañando certi-ficación del Instituto Nacional de Estadística expresiva de los índi-ces determinantes de la cantidad notificada.

La actualización se desarrolla-rá de acuerdo con las siguientes reglas:

1.ª   La renta pactada inicial-mente en el contrato que dio origen al arrendamiento deberá mantener, durante cada una de las anualidades en que se desa-rrolle la actualización, con la renta actualizada, la misma pro-porción que el Índice General Nacional del Sistema de Índices de Precios de Consumo o que el Índice General Nacional o Índi-ce General Urbano del Sistema de Índices de Costes de la Vida del mes anterior a la fecha del contrato con respecto al Índice correspondiente al mes anterior a la fecha de actualización.

En los arrendamientos de vi-viendas comprendidos en el ar-tículo 6.2 del texto refundido de la Ley de Arrendamientos Urba-nos de 1964 celebrados con ante-rioridad al 12 de mayo de 1956, se tomará como renta inicial la revalorizada a que se refiere el artículo 96.10 del citado texto re-fundido, háyase o no exigido en su día por el arrendador; y, como índice correspondiente a la fecha del contrato, el del mes de junio de 1964.

Disp. Trans. 2.ªD).11: Vid. la actualización de rentas de alquiler por anualidades com-pletas con el IPC (§ 17).

En los arrendamientos de viviendas no comprendidas en el artículo 6.2 del citado texto refundido celebrados antes del 12 de mayo de 1956, se tomará como renta inicial, la que se viniera percibiendo en el mes de julio de 1954, y como índice correspondiente a la fecha del contrato el mes de marzo de 1954.

2.ª   De la renta actualizada que corresponda a cada período anual calculada con arreglo a lo dispuesto en la regla anterior o en la regla 5.ª, sólo será exigible al arrendatario el porcentaje que resulta de lo dispuesto en las reglas siguientes siempre que este importe sea mayor que la renta que viniera pagando el arrendatario en ese momento incrementada en las cantidades asimiladas a la renta.

En el supuesto de que al aplicar la tabla de porcentajes que corresponda resultase que la renta que estuviera pagando en ese momento fuera superior a la cantidad que corresponda en aplicación de tales tablas, se pasaría a aplicar el porcentaje inmediatamente superior, o en su caso el siguiente o siguientes que correspondan, hasta que la cantidad exigible de la renta actualizada sea superior a la que se estuviera pagando.

3.ª   La renta actualizada absorberá las cantidades asimiladas a la renta desde la primera anualidad de la revisión.

Se consideran cantidades asimiladas a la renta a estos exclusivos efectos, la repercusión al arrendatario del aumento de coste de los servicios y suministros a que se refiere el artículo 102 del texto refundido de la Ley de Arrendamientos Urbanos y la repercusión del coste de las obras a que se refiere el artículo 107 del citado texto legal.

4.ª   A partir del año en que se alcance el 100 por 100 de actualización, la renta que corresponda pagar podrá ser actualizada por el arrendador o por el arrendatario conforme a la variación porcentual experimentada en los doce meses anteriores por el Índice General del Sistema de Índices de Precios de Consumo, salvo cuando el contrato contuviera expreso otro sistema de actualización, en cuyo caso será éste de aplicación.

5.ª   Cuando la renta actualizada calculada de acuerdo con lo dispuesto en la regla 1.ª sea superior a la que resulte de aplicar lo dispuesto en el párrafo siguiente, se tomará como renta revisada esta última.

La renta a estos efectos se determinará aplicando sobre el valor catastral de la finca arrendada vigente en 1994, los siguientes porcentajes:

— El 12 por 100, cuando el valor catastral derivara de una revisión que hubiera surtido efectos con posterioridad a 1989.

— El 24 por 100 para el resto de los supuestos.

Para fincas situadas en el País Vasco se aplicará sobre el valor catastral el porcentaje del 24 por 100; para fincas situadas en Navarra se aplicará sobre el valor catastral el porcentaje del 12 por 100.

6.ª El inquilino podrá oponerse a la actualización de renta comunicándoselo fehacientemente al arrendador en el plazo de los treinta días naturales siguientes a la recepción del requerimiento de éste, en cuyo caso la renta que viniera abonando el inquilino hasta ese momento, incrementada con las cantidades asimiladas a ella, sólo podrá actualizarse anualmente con la variación experimentada por el Índice General Nacional del Sistema de Índices de Precios de Consumo en los doce meses inmediatamente anteriores a la fecha de cada actualización.

Los contratos de arrendamiento respecto de los que el inquilino ejercite la opción a que se refiere esta regla quedarán extinguidos en un plazo de ocho años, aun cuando se produzca una subrogación, contándose dicho plazo a partir de la fecha del requerimiento fehaciente del arrendador.

7.ª No procederá la actualización de renta prevista en este apartado cuando la suma de los ingresos totales que perciba el arrendatario y las personas que con él convivan habitualmente en la vivienda arrendada, no excedan de los límites siguientes:

Número de personas que convivan en la vivienda arrendada	Límite en número de veces el salario mínimo interprofesional
1 o 2	2,5
3 o 4	3
Más de 4	3,5

Los ingresos a considerar serán la totalidad de los obtenidos durante el ejercicio impositivo anterior a aquel en que se promueva por el arrendador la actualización de la renta.

En defecto de acreditación por el arrendatario de los ingresos percibidos por el conjunto de las personas que convivan en la vivienda arrendada, se presumirá que procede la actualización pretendida.

8.ª En los supuestos en que no proceda la actualización, la renta que viniese abonando el inquilino, incrementada en las cantidades asimiladas a ella, podrá actualizarse anualmente a tenor de la variación experimentada por el Índice General de Precios al Consumo en los doce meses inmediatamente anteriores a la fecha de cada actualización.

Disp. Trans. 2.ªD).11.7.ª: Vid. Disp. Final 4.ª de la presente ley.

9.ª La actualización de renta cuando proceda, se realizará en los plazos siguientes:

a) En diez años, cuando la suma de los ingresos totales percibidos por el arrendatario y las personas que con él convivan habitualmente en la vivienda arrendada no exceda de 5,5 veces el salario mínimo interprofesional.

En este caso, los porcentajes exigibles de la renta actualizada serán los siguientes:

Período anual de actualización a partir de la entrada en vigor de la ley	Porcentaje exigible de la renta actualizada
1.º	10
2.º	20
3.º	30
4.º	40
5.º	50
6.º	60
7.º	70
8.º	80
9.º	90
10.º	100

b) En cinco años, cuando la indicada suma sea igual o superior a 5,5 veces el salario mínimo interprofesional.

En este caso, los porcentajes exigibles de la renta actualizada serán el doble de los indicados en la letra a) anterior.

10.ª Lo dispuesto en el presente apartado sustituirá a lo dispuesto para los arrendamientos de vivienda en los números 1 y 4 del artículo 100 del texto refundido de la Ley de Arrendamientos Urbanos de 1964.

3.ª *Contratos de arrendamiento de local de negocio, celebrados antes del 9 de mayo de 1985.—A)* Régimen normativo aplicable.

1. Los contratos de arrendamiento de local de negocio celebrados antes del 9 de mayo de 1985 que subsistan en la fecha de entrada en vigor de la presente ley, continuarán rigiéndose por

---

Disp. Trans. 2.ªD).11.9.ªa): Vid. Disp. Trans. 3.ªC).6.4.ª de la presente ley.

Disp. Trans. 3.ª: Vid. Disp. Trans. 4.ª3 de la presente ley.

Vid. la jurisprudencia citada en nota a la Disp. Trans. 1.ª y, además, STS (Civil) 2872/2016, de 15 de junio, sobre régimen transitorio de arrendamientos urbanos (la jubilación del arrendador en arrendamiento de local de negocio produce la extinción de la relación arrendaticia, aunque antes de la LAU de 1994 se hubiera declarado su invalidez permanente).

Vid. también la STS (Civil) 605/2018, de 6 de noviembre, también la STS (Civil) 605/2018, de 6 de noviembre. El propietario del local presentó demanda de desahucio por expiración del plazo del contrato, considerando que quedó extinguido el 31 de diciembre de 2014. La demandada se opone al entender que, producido el traspaso a su favor en 2002 respecto de un arrendamiento concertado en 1980, se ha de aplicar, conforme a la DT 3.ª LAU 1994, el plazo general ampliado en cinco años, por lo que el contrato se extinguiría el 31 de diciembre de 2019. Según el TS, el traspaso producido a favor de la demandada en 2002 produciría su efecto hasta veinte años después de la entrada en vigor de la citada norma, extinguiéndose el contrato al cumplirse dicho plazo, lo que tuvo lugar el 31 de diciembre de 2014, tal como sostenía el demandante.

las normas del texto refundido de la Ley de Arrendamientos Urbanos de 1964 relativas al contrato de arrendamiento de local de negocio, salvo las modificaciones contenidas en los apartados siguientes de esta disposición transitoria.

B) Extinción y subrogación.

2. Los contratos que en la fecha de entrada en vigor de la presente ley se encuentren en situación de prórroga legal, quedarán extinguidos de acuerdo con lo dispuesto en los apartados 3 a 4 siguientes.

3. Los arrendamientos cuyo arrendatario fuera una persona física se extinguirán por su jubilación o fallecimiento, salvo que se subrogue su cónyuge y continúe la misma actividad desarrollada en el local.

En defecto de cónyuge supérstite que continúe la actividad o en caso de haberse subrogado éste, a su jubilación o fallecimiento, si en ese momento no hubieran transcurrido veinte años a contar desde la aproba-

ción de la ley, podrá subrogarse en el contrato un descendiente del arrendatario que continúe la actividad desarrollada en el local. En este caso, el contrato durará por el número de años suficiente hasta completar veinte años a contar desde la entrada en vigor de la ley.

La primera subrogación prevista en los párrafos anteriores no podrá tener lugar cuando ya se hubieran producido en el arrendamiento dos transmisiones de acuerdo con lo previsto en el artículo 60 del texto refundido de la Ley de Arrendamientos Urbanos. La segunda subrogación prevista no podrá tener lugar cuando ya se hubiera producido en el arrendamiento una transmisión de acuerdo con lo previsto en el citado artículo 60.

El arrendatario actual y su cónyuge, si se hubiera subrogado, podrán traspasar el local de negocio en los términos previstos en el artículo 32 del texto refundido de la Ley de Arrendamientos Urbanos.

Vid. igualmente la STS (Civil) 74/2020, de 4 de febrero, en la que se desestimó la pretensión de extinción del contrato de arrendamiento de local de negocio, celebrado con anterioridad al 9 de mayo de 1985, por subrogación del descendiente del arrendatario. Entendió el TS que los contratos de arrendamiento para uso distinto del de vivienda celebrados con anterioridad a esa fecha, subsistirán a voluntad del arrendatario, con sujeción a prórroga, al menos hasta que se produzca la jubilación o el fallecimiento de éste [DT 3.ª B).3 pár. 1.º]. En un momento en que la contratación se producía con sujeción a una prórroga irrenunciable en los términos de la LAU 1964, la aplicación de la DT 3.ª LAU 1994 impone que el arrendatario continúa siéndolo a su voluntad en los términos establecidos por la ley bajo cuya vigencia se contrató hasta su jubilación o fallecimiento. En el mismo sentido se pronunció en sus SSTS (Civil) 344/2020, de 23 de junio, y 863/2021, de 14 de diciembre.

Este traspaso permitirá la continuación del arrendamiento por un mínimo de diez años a contar desde su realización o por el número de años que quedaren desde el momento en que se realice el traspaso hasta computar veinte años a contar desde la aprobación de la ley.

Cuando en los diez años anteriores a la entrada en vigor de la ley se hubiera producido el traspaso del local de negocio, los plazos contemplados en este apartado se incrementarán en cinco años.

Se tomará como fecha del traspaso, a los efectos de este apartado, la de la escritura a que se refiere el artículo 32 del texto refundido de la Ley de Arrendamientos Urbanos de 1964.

4. Los arrendamientos de local de negocio cuyo arrendatario sea una persona jurídica se extinguirán de acuerdo con las reglas siguientes:

1.ª Los arrendamientos de locales en los que se desarrollen actividades comerciales, en veinte años.

Se consideran actividades comerciales a estos efectos las comprendidas en la División 6 de la tarifa del Impuesto sobre Actividades Económicas.

Se exceptúan los locales cuya superficie sea superior a 2.500 metros cuadrados, en cuyo caso, la extinción se producirá en cinco años.

2.ª Los arrendamientos de locales en los que se desarrollen actividades distintas de aquellas a las que se refiere la regla 1.ª a las que correspondan cuotas según las tarifas del Impuesto sobre Actividades Económicas:

— De menos de 85.000 pesetas, en veinte años.

— Entre 85.001 y 130.000 pesetas, en quince años.

— Entre 130.001 y 190.000 pesetas, en diez años.

— De más de 190.000 pesetas, en cinco años.

Las cuotas que deben ser tomadas en consideración a los efectos dispuestos en el presente apartado son las cuotas mínimas municipales o cuotas mínimas según tarifa, que incluyen, cuando proceda, el complemento de superficie, correspondientes al ejercicio 1994. En aquellas actividades a las que corresponda una bonificación en la cuota del Impuesto sobre Actividades Económicas, dicha bonificación se aplicará a la cuota mínima municipal o cuota mínima según tarifa a los efectos de determinar la cantidad que corresponda.

Los plazos citados en las reglas anteriores se contarán a partir de la entrada en vigor de la presente ley. Cuando en los diez años anteriores a dicha entrada en vigor se hubiera producido el traspaso del local de negocio, los plazos de extinción de los contratos se incrementarán en cinco años. Se tomará como fecha de traspaso la de la escritura a que se refiere el artículo 32 del texto refundido de la Ley de Arrendamientos Urbanos.

Cuando en un local se desarrollen actividades a las que correspondan distintas cuotas, sólo se tomará en consideración a los efectos de este apartado la mayor de ellas.

Incumbe al arrendatario la prueba de la cuota que corresponda a la actividad desarrollada en el local arrendado. En defecto de prueba, el arrendamiento tendrá la mínima de las duraciones previstas en el párrafo primero.

5. Los contratos en los que, en la fecha de entrada en vigor de la presente ley, no haya transcurrido aún el plazo determinado pactado en el contrato durarán el tiempo que reste para que dicho plazo se cumpla. Cuando este período de tiempo sea inferior al que resultaría de la aplicación de las reglas del apartado 4, el arrendatario podrá hacer durar el arriendo el plazo que resulte de la aplicación de dichas reglas.

En los casos previstos en este apartado y en el apartado 4, la tácita reconducción se regirá por lo dispuesto en el artículo 1.566 del Código Civil, y serán aplicables al arrendamiento renovado las normas de la presente ley relativas a los arrendamientos de fincas urbanas para uso distinto del de vivienda.

C) Actualización de la renta.

6. A partir de la entrada en vigor de la presente ley, en la fecha en que se cumpla cada año de vigencia del contrato, la renta de los arrendamientos de locales de negocio podrá ser actualizada, a instancia del arrendador, previo requerimiento fehaciente al arrendatario de acuerdo con las siguientes reglas:

1.ª La renta pactada inicialmente en el contrato que dio origen al arrendamiento deberá mantener con la renta actualizada la misma proporción que el Índice General Nacional del Sistema de Índices de Precios de Consumo o que el Índice General Nacional o Índice General Urbano del Sistema de Índices de Costes de la Vida del mes anterior a la fecha del contrato con respecto al índice correspondiente al mes anterior a la fecha de cada actualización.

En los contratos celebrados con anterioridad al 12 de mayo de 1956, se tomará como renta inicial la revalorizada a que se refiere el artículo 96.10 del cita-

---

Disp. Trans. 3.ª5, párr. 2.º: Vid. art. 1.566 del Código Civil (§ 2).
Disp. Trans. 3.ªC).6: Vid. la actualización de rentas de alquiler por anualidades completas con el IPC (§ 17).

do texto refundido, háyase o no exigido en su día por el arrendador, y como índice correspondiente a la fecha del contrato del del mes de junio de 1964.

2.ª De la renta actualizada que corresponda a cada período anual calculado con arreglo a lo dispuesto en la regla anterior, sólo será exigible al arrendatario el porcentaje que resulte de las tablas de porcentajes previstas en las reglas siguientes en función del período de actualización que corresponda, siempre que este importe sea mayor que la renta que viniera pagando el arrendatario en ese momento incrementada en las cantidades asimiladas a la renta.

En el supuesto de que al aplicar la tabla de porcentajes que corresponda resultase que la renta que estuviera cobrando en ese momento fuera superior a la cantidad que corresponda en aplicación de tales tablas, se pasaría a aplicar el porcentaje inmediatamente superior, o en su caso el siguiente o siguientes que correspondan, hasta que la cantidad exigible de la renta actualizada sea superior a la que se estuviera cobrando sin la actualización.

3.ª En los arrendamientos a los que corresponda, de acuerdo con lo dispuesto en el apartado 4, un período de extinción de cinco o diez años, la revisión de renta se hará de acuerdo con la tabla siguiente:

Actualización a partir de la entrada en vigor de la ley	Porcentaje exigible de la renta actualizada
1.º	10
2.º	20
3.º	35
4.º	60
5.º	100

4.ª En los arrendamientos comprendidos en el apartado 3, y en aquellos a los que corresponda, de acuerdo con lo dispuesto en el apartado 4, un período de extinción de quince o veinte años, la revisión de renta se hará con arreglo a los porcentajes y plazos previstos en la regla 9.ª*a*) del apartado 11 de la disposición transitoria segunda.

5.ª La renta actualizada absorberá las cantidades asimiladas a la renta desde la primera anualidad de la revisión.

Se consideran cantidades asimiladas a la renta a estos exclusivos efectos la repercusión al arrendatario del aumento de coste de los servicios y suministros a que se refiere el artículo 102 del texto refundido de la Ley de Arrendamientos Urbanos y la repercusión del coste de las obras a que se refiere el artículo 107 del citado texto legal.

6.ª   A partir del año en que se alcance el 100 por 100 de actualización, la renta que corresponda pagar podrá ser actualizada por el arrendador o por el arrendatario conforme a la variación porcentual experimentada en los doce meses anteriores por el Índice General del Sistema de Índices de Precios de Consumo, salvo cuando el contrato contuviera expreso otro sistema de actualización, en cuyo caso será éste de aplicación.

7.ª   Lo dispuesto en el presente apartado sustituirá a lo dispuesto para los arrendamientos de locales de negocio en el número 1 del artículo 100 del texto refundido de la Ley de Arrendamientos Urbanos de 1964.

8.ª   Para determinar a estos efectos la fecha de celebración del contrato, se atenderá a aquella en que se suscribió, con independencia de que el arrendatario actual sea el originario o la persona subrogada en su posición.

7.   El arrendatario podrá revisar la renta de acuerdo con lo dispuesto en las reglas 1.ª, 5.ª y 6.ª del apartado anterior en la primera renta que corresponda pagar, a partir del requerimiento de revisión efectuado por el arrendador o a iniciativa propia.

En este supuesto, el plazo mínimo de duración previsto en el apartado 3 y los plazos previstos en el apartado 4, se incrementarán en cinco años.

Lo dispuesto en el párrafo anterior será también de aplicación en el supuesto en que la renta que se estuviera pagando en el momento de entrada en vigor de la ley fuera mayor que la resultante de la actualización prevista en el apartado 7.

8.   La revisión de renta prevista para los contratos a que se refiere el apartado 3 y para aquellos de los contemplados en el apartado 4 que tengan señalado un período de extinción de quince o veinte años, no procederá cuando el arrendatario opte por la no aplicación de la misma.

Para ello, el arrendatario deberá comunicar por escrito al arrendador su voluntad en un plazo de treinta días naturales siguientes a la recepción del requerimiento de éste para la revisión de la renta.

Los contratos de arrendamiento respecto de los que el arrendatario ejercite la opción de no revisión de la renta, se extinguirán cuando venza la quinta anualidad contada a partir de la entrada en vigor de la presente ley.

D)   Otros derechos del arrendador.

9.   Para las anualidades del contrato que se inicien a partir de la entrada en vigor de esta ley, y hasta que se produzca la extinción del mismo, será también de aplicación a estos contratos lo previsto en el apartado

10 de la disposición transitoria segunda.

E)   Otros derechos del arrendatario.

10.   El arrendatario tendrá derecho a una indemnización de una cuantía igual a dieciocho mensualidades de la renta vigente al tiempo de la extinción del arrendamiento cuando antes del transcurso de un año desde la extinción del mismo, cualquier persona comience a ejercer en el local la misma actividad o una actividad afín a la que aquél ejercitaba. Se considerarán afines las actividades típicamente aptas para beneficiarse, aunque sólo sea en parte, de la clientela captada por la actividad que ejerció el arrendatario.

11.   Extinguido el contrato de arrendamiento conforme a lo dispuesto en los apartados precedentes, el arrendatario tendrá derecho preferente para continuar en el local arrendado si el arrendador pretendiese celebrar un nuevo contrato con distinto arrendatario antes de haber transcurrido un año a contar desde la extinción legal del arrendamiento.

A tal efecto, el arrendador deberá notificar fehacientemente al arrendatario su propósito de celebrar un nuevo contrato de arrendamiento, la renta ofrecida, las condiciones esenciales del contrato y el nombre, domicilio y circunstancias del nuevo arrendatario.

El derecho preferente a continuar en el local arrendado conforme a las condiciones ofrecidas deberá ejercitarse por el arrendatario en el plazo de treinta días naturales a contar desde el siguiente al de la notificación, procediendo en este plazo a la firma del contrato.

El arrendador, transcurrido el plazo de treinta días naturales desde la notificación sin que el arrendatario hubiera procedido a firmar el contrato de arrendamiento propuesto, deberá formalizar el nuevo contrato de arrendamiento en el plazo de ciento veinte días naturales a contar desde la notificación al arrendatario cuyo contrato se extinguió.

Si el arrendador no hubiese hecho la notificación prevenida u omitiera en ella cualquiera de los requisitos exigidos o resultaran diferentes la renta pactada, la persona del nuevo arrendatario o las restantes condiciones esenciales del contrato, tendrá derecho el arrendatario cuyo contrato se extinguió a subrogarse, por ministerio de la ley, en el nuevo contrato de arrendamiento en el plazo de sesenta días naturales desde que el arrendador le remitiese fehacientemente copia legalizada del nuevo contrato celebrado seguido a tal efecto, estando legitimado para ejercitar la acción de desahucio por el procedimiento establecido para el ejercicio de la acción de retracto.

El arrendador está obligado a remitir al arrendatario cuyo contrato se hubiera extinguido, copia del nuevo contrato celebrado dentro del año siguiente a la extinción, en el plazo de quince días desde su celebración.

El ejercicio de este derecho preferente será incompatible con la percepción de la indemnización prevista en el apartado anterior, pudiendo el arrendatario optar entre uno y otro.

12.   La presente disposición transitoria se aplicará a los contratos de arrendamiento de local de negocio para oficina de farmacia celebrados antes del 9 de mayo de 1985 y que subsistan el 31 de diciembre de 1999.

4.ª   *Contratos de arrendamiento asimilados celebrados con anterioridad al 9 de mayo de 1985.*—1.   Los contratos de arrendamientos asimilados a los de inquilinato a que se refiere el artículo 4.2 del texto refundido de la Ley de Arrendamientos Urbanos de 1964 y los asimilados a los de local de negocio a que se refiere el artículo 5.2 del mismo texto legal, celebrados antes del 9 de mayo de 1985 y que subsistan a la entrada en vigor de la presente ley, continuarán rigiéndose por las normas del citado texto refundido que les sean de aplicación, salvo las modificaciones contenidas en los apartados siguientes de esta disposición transitoria.

2.   Los arrendamientos asimilados al inquilinato se regirán por lo estipulado en la disposición transitoria tercera. A estos efectos, los contratos celebrados por la Iglesia Católica y por Corporaciones que no persigan ánimo de lucro, se entenderán equiparados a aquellos de los mencionados en la regla 2.ª del apartado 4 a los que corresponda un plazo de extinción de quince años. Los demás se entenderán equiparados a aquellos de los mencionados en la citada regla 2.ª a los que corresponda un plazo de extinción de diez años.

3.   Los arrendamientos asimilados a los de local de negocio se regirán por lo estipulado en la disposición transitoria tercera para los arrendamientos de local a que se refiere la regla 2.ª del apartado 4 a los que corresponda una cuota superior a 190.000 pesetas.

4.   Los arrendamientos de fincas urbanas en los que se desarrollen actividades profesionales se regirán por lo dispuesto en el apartado anterior.

5.ª   *Arrendamientos de viviendas de protección oficial.*—

Disp. Trans. 3.ª12: Apartado añadido por la Disp. Adic. 8.ª de la Ley 55/1999, de 29 de diciembre, de Medidas Fiscales, Administrativas y del Orden Social (*BOE* n.º 312, de 30 de diciembre de 1999; corrección de errores en *BOE* n.º 54, de 3 de marzo de 2000).

das de protección oficial que subsistan a la entrada en vigor de la presente ley continuarán rigiéndose por la normativa que les viniera siendo de aplicación.

6.ª *Procesos judiciales.—* 1. El Título V de la presente ley será aplicable a los litigios relativos a los contratos de arrendamiento de finca urbana que subsistan a la fecha de entrada en vigor de esta ley.

2. Se exceptúa lo establecido respecto al valor de la demanda y a la conformidad de las sentencias, que será inmediatamente aplicable a los recursos de casación en los litigios sobre contratos de arrendamientos de local de negocio en los que la sentencia de la Audiencia Provincial se haya dictado después de la entrada en vigor de la presente ley.

7.ª *Aplicación de las medidas en zonas tensionadas.—* 1. La regulación establecida en

el apartado 7 del artículo 17 se aplicará a los contratos que se formalicen desde la entrada en vigor de la Ley 12/2023, de 24 de mayo, por el derecho a la vivienda, y una vez se encuentre aprobado el referido sistema de índices de precios de referencia, de acuerdo con lo previsto en la disposición adicional primera de la Ley 12/2023, de 24 de mayo, por el derecho a la vivienda y lo establecido en la disposición adicional segunda del Real Decreto-ley 7/2019, de 1 de marzo, de medidas urgentes en materia de vivienda y alquiler.

2. La resolución del Departamento ministerial competente en materia de vivienda que apruebe el referido sistema de índices de precios de referencia se realizará por ámbitos territoriales, considerando las bases de datos, sistemas y metodologías desarrolladas por las distintas Comunidades Autónomas y asegurando en todo caso la coordinación técnica.

DISPOSICIÓN DEROGATORIA

Única. *Disposiciones que se derogan.—*Quedan derogados, sin perjuicio de lo previsto en las disposiciones transitorias de la presente ley, el Decreto 4.104/ 1964, de 24 de diciembre, por el

---

Disp. Trans. 6.ª1: Los arts. 38 a 40, que constituían el contenido completo del citado Título V, fueron derogados por la Disp. Derog. única.2.6.º de la Ley 1/2000, de 7 de enero, de Enjuiciamiento Civil (*BOE* n.º 7, de 8 de enero; correcciones de errores en *BOE* n.º 90, de 14 de abril de 2000, y n.º 180, de 28 de julio de 2001).
Disp. Trans. 7.ª: Añadida por la Disp. Final 1.ª6 de la Ley 12/2023, de 24 de mayo, del derecho a la vivienda (§ 16).

que se aprueba el texto refundido de la Ley de Arrendamientos Urbanos de 1964; los artículos 8 y 9 del Real Decreto-ley 2/1985, de 30 de abril, sobre Medidas de Política Económica, y cuantas disposiciones de igual o inferior rango se opongan a lo establecido en esta ley.

También queda derogado el Decreto de 11 de marzo de 1949. Esta derogación producirá sus efectos en el ámbito territorial de cada Comunidad Autónoma cuando se dicten las disposiciones a que se refiere la disposición adicional tercera de la presente ley.

DISPOSICIONES FINALES

1.ª *Naturaleza de la ley.*—La presente ley se dicta al amparo del artículo 149.1.8.ª de la Constitución.

2.ª *Entrada en vigor.*—La presente ley entrará en vigor el día 1 de enero de 1995.

El apartado 3 de la disposición transitoria segunda entrará en vigor el día siguiente al de la publicación de la presente ley en el *Boletín Oficial del Estado.*

Los traspasos de local de negocio producidos a partir de la fecha señalada en el párrafo anterior se considerarán producidos a partir de la entrada en vigor de la ley.

3.ª *Publicación por el Gobierno de los Índices de Precios al Consumo a que se refiere esta ley.*—El Gobierno, en el plazo de un mes desde la entrada en vigor de la presente ley, publicará en el *Boletín Oficial del Estado* una relación de los Índices de Precios al Consumo desde el año 1954 hasta la entrada en vigor de la misma.

Disp. Final 1.ª: El art. 149.1.8.ª de la Constitución Española (*BOE* n.º 311.1, de 29 de diciembre de 1978) dispone lo siguiente:

«*Art. 149.* 1. El Estado tiene competencia exclusiva sobre las siguientes materias: »[…]

»8.ª Legislación civil, sin perjuicio de la conservación, modificación y desarrollo por las Comunidades Autónomas de los derechos civiles, forales o especiales, allí donde existan. En todo caso, las reglas relativas a la aplicación y eficacia de las normas jurídicas, relaciones jurídico-civiles relativas a las formas de matrimonio, ordenación de los registros e instrumentos públicos, bases de las obligaciones contractuales, normas para resolver los conflictos de leyes y determinación de las fuentes del derecho, con respeto, en este último caso, a las normas de derecho foral o especial.»

Disp. Final 3.ª: Vid. la actualización de rentas de alquiler por anualidades completas con el IPC (§ 17).

Una vez publicada la relación a que se refiere el párrafo anterior, el Instituto Nacional de Estadística, al anunciar mensualmente las modificaciones sucesivas del Índice de Precios al Consumo, hará constar también la variación de la proporción con el índice base de 1954.

4.ª *Compensaciones por vía fiscal.*—El Gobierno procederá, transcurrido un año a contar desde la entrada en vigor de la ley, a presentar a las Cortes Generales un proyecto de ley mediante el que se arbitre un sistema de beneficios fiscales para compensar a los arrendadores, en contratos celebrados con anterioridad al 9 de mayo de 1985 que subsistan a la entrada en vigor de la ley, mientras el contrato siga en vigor, cuando tales arrendadores no disfruten del derecho a la revisión de la renta del contrato por aplicación de la regla 7.ª del apartado 11 de la disposición transitoria segunda de esta ley.

II. OTRAS DISPOSICIONES RELACIONADAS CON LOS ARRENDAMIENTOS URBANOS

§ 2. CÓDIGO CIVIL

(*BOE* n.º 206, de 25 de julio de 1889)

....

LIBRO IV

De las obligaciones y contratos

....

TÍTULO PRIMERO

De las obligaciones

....

CAPÍTULO III

DE LAS DIVERSAS ESPECIES DE OBLIGACIONES

SECCIÓN 1.ª

De las obligaciones puras y de las condicionales

....

Art. 1.124. La facultad de resolver las obligaciones se entiende implícita en las recíprocas, para el caso de que uno de los obligados no cumpliere lo que le incumbe.

El perjudicado podrá escoger entre exigir el cumplimiento o la resolución de la obligación, con el resarcimiento de daños y abono de intereses en ambos casos. También podrá pedir la resolución, aun después de haber optado por el cumplimiento, cuando éste resultare imposible.

El Tribunal decretará la resolución que se reclame, a no haber causas justificadas que le autoricen para señalar plazo.

Esto se entiende sin perjuicio de los derechos de terceros adquirentes, con arreglo a los artículos 1.295 y 1.298 y a las disposiciones de la Ley Hipotecaria.

....

TÍTULO IV

Del contrato de compra y venta

....

CAPÍTULO VI

DE LA RESOLUCIÓN DE LA VENTA

....

SECCIÓN 1.ª

Del retracto convencional

....

Art. 1.518.   El vendedor no podrá hacer uso del derecho de retracto sin reembolsar al comprador el precio de la venta, y además:

1.º   Los gastos del contrato y cualquier otro pago legítimo hecho para la venta.

2.º   Los gastos necesarios y útiles hechos en la cosa vendida.

....

TÍTULO VI

Del contrato de arrendamiento

CAPÍTULO PRIMERO

DISPOSICIONES GENERALES

Art. 1.542.   El arrendamiento puede ser de cosas, o de obras o servicios.

Art. 1.543.   En el arrendamiento de cosas, una de las partes se obliga a dar a la otra el goce o uso de una cosa por tiempo determinado y precio cierto.

Art. 1.544.   En el arrendamiento de obras o servicios, una de las partes se obliga a ejecutar una obra o a prestar a la otra un servicio por precio cierto.

Art. 1.545. Los bienes fungibles que se consumen con el uso no pueden ser materia de este contrato.

CAPÍTULO II

DE LOS ARRENDAMIENTOS DE FINCAS RÚSTICAS Y URBANAS

SECCIÓN 1.ª

Disposiciones generales

Art. 1.546. Se llama arrendador al que se obliga a ceder el uso de la cosa, ejecutar la obra o prestar el servicio, y arrendatario al que adquiere el uso de la cosa o el derecho a la obra o servicio que se obliga a pagar.

Art. 1.547. Cuando hubiese comenzado la ejecución de un contrato de arrendamiento verbal y faltare la prueba del precio convenido, el arrendatario devolverá al arrendador la cosa arrendada, abonándole, por el tiempo que la haya disfrutado, el precio que se regule.

Art. 1.548. Los progenitores o tutores, respecto de los bienes de los menores, y los administradores de bienes que no tengan poder especial, no podrán dar en arrendamiento las cosas por término que exceda de seis años.

Art. 1.549. Con relación a terceros, no surtirán efecto los arrendamientos de bienes raíces que no se hallen debidamente inscritos en el Registro de la Propiedad.

Art. 1.550. Cuando en el contrato de arrendamiento de cosas no se prohíba expresamente, podrá el arrendador subarrendar en todo o en parte la cosa arrendada, sin perjuicio de su responsabilidad al cumplimiento del contrato para con el arrendador.

Art. 1.551. Sin perjuicio de su obligación para con el subarrendador, queda el subarrendatario obligado a favor del arrendador por todos los actos que se refieran al uso y conservación de la cosa arrendada en la forma

---

Art. **1.547:** Vid. art. 37 de la Ley de Arrendamientos Urbanos (§ 1).

Art. **1.548:** Redactado conforme al art. 2.º de la Ley 14/1975, de 2 de mayo, sobre reforma de determinados artículos del Código Civil y del Código de Comercio sobre la situación jurídica de la mujer casada y los derechos y deberes de los cónyuges (*BOE* n.º 107, de 5 de mayo). Modificado por el art. 2.59 de la Ley 8/2021, de 2 de junio, por la que se reforma la legislación civil y procesal para el apoyo a las personas con discapacidad en el ejercicio de su capacidad jurídica (*BOE* n.º 132, de 3 de junio).

Art. **1.549:** Vid. arts. 14 y 29 de la Ley de Arrendamientos Urbanos (§ 1).

Art. **1.550:** Vid. arts. 8, 27 y 35 de la Ley de Arrendamientos Urbanos (§ 1).

Art. **1.551:** Vid. art. 8 de la Ley de Arrendamientos Urbanos (§ 1).

pactada entre el arrendador y el arrendatario.

Art. 1.552. El subarrendatario queda también obligado para con el arrendador por el importe del precio convenido en el subarriendo que se halle debiendo al tiempo del requerimiento, considerando no hechos los pagos adelantados, al no haberlos verificado con arreglo a la costumbre.

Art. 1.553. Son aplicables al contrato de arrendamiento las disposiciones sobre saneamiento contenidas en el título de la compraventa.

En los casos en que proceda la devolución del precio, se hará la disminución proporcional al tiempo que el arrendatario haya disfrutado de la cosa.

SECCIÓN 2.ª

De los derechos y obligaciones del arrendador y del arrendatario

Art. 1.554. El arrendador está obligado:

1.º A entregar al arrendatario la cosa objeto del contrato.

2.º A hacer en ella durante el arrendamiento todas las reparaciones necesarias a fin de conservarla en estado de servir para el uso a que ha sido destinada.

3.º A mantener al arrendatario en el goce pacífico del arrendamiento por todo el tiempo del contrato.

Art. 1.555. El arrendatario está obligado:

1.º A pagar el precio del arrendamiento en los términos convenidos.

2.º A usar de la cosa arrendada como un diligente padre de familia, destinándola al uso pactado; y, en defecto de pacto, al que se infiera de la naturaleza de la cosa arrendada según la costumbre de la tierra.

3.º A pagar los gastos que ocasione la escritura del contrato.

Art. 1.556. Si el arrendador o el arrendatario no cumplieren las obligaciones expresadas en los artículos anteriores, podrán pedir la rescisión del contrato y la indemnización de daños y

---

Art. 1.552: Vid. art. 8 de la Ley de Arrendamientos Urbanos (§ 1).
Art. 1.554.1.º: Vid. arts. 2 y 9 de la Ley de Arrendamientos Urbanos (§ 1).
Art. 1.554.2.º: Vid. arts. 21, 23, 24 y 26 de la Ley de Arrendamientos Urbanos (§ 1).
Art. 1.554.3.º: Vid. art. 27.3 de la Ley de Arrendamientos Urbanos (§ 1).
Art. 1.555.1.º: Vid. arts. 17 y 27 de la Ley de Arrendamientos Urbanos (§ 1).
Art. 1.556: Vid. arts. 26 a 28 y 35 de la Ley de Arrendamientos Urbanos (§ 1).

perjuicios, o sólo esto último, dejando el contrato subsistente.

Art. 1.557. El arrendador no puede variar la forma de la cosa arrendada.

Art. 1.558. Si durante el arrendamiento es necesario hacer alguna reparación urgente en la cosa arrendada que no pueda diferirse hasta la conclusión del arriendo, tiene el arrendatario obligación de tolerar la obra, aunque le sea muy molesta, y aunque durante ella se vea privado de una parte de la finca.

Si la reparación dura más de cuarenta días, debe disminuirse el precio del arriendo a proporción del tiempo y de la parte de la finca de que el arrendatario se vea privado.

Si la obra es de tal naturaleza que hace inhabitable la parte que el arrendatario y su familia necesitan para su habitación, puede éste rescindir el contrato.

Art. 1.559. El arrendatario está obligado a poner en conocimiento del propietario, en el más breve plazo posible, toda usurpación o novedad dañosa que otro haya realizado o abierta-

mente prepare en la cosa arrendada.

También está obligado a poner en conocimiento del dueño, con la misma urgencia, la necesidad de todas las reparaciones comprendidas en el número segundo del artículo 1.554.

En ambos casos será responsable el arrendatario de los daños y perjuicios que por su negligencia se ocasionaren al propietario.

Art. 1.560. El arrendador no está obligado a responder de la perturbación de mero hecho que un tercero causare en el uso de la finca arrendada; pero el arrendatario tendrá acción directa contra el perturbador.

No existe perturbación de hecho cuando el tercero, ya sea la Administración, ya un particular, ha obrado en virtud de un derecho que le corresponde.

Art. 1.561. El arrendatario debe devolver la finca, al concluir el arriendo, tal como la recibió, salvo lo que hubiese perecido o se hubiera menoscabado por el tiempo o por causa inevitable.

Art. 1.562. A falta de expresión del estado de la finca al

Art. 1.557: Vid. arts. 21, 22 y 26 de la Ley de Arrendamientos Urbanos (§ 1).
Art. 1.558: Vid. arts. 21, 22 y 26 de la Ley de Arrendamientos Urbanos (§ 1).
Art. 1.559: Vid. arts. 21 y 30 de la Ley de Arrendamientos Urbanos (§ 1).

tiempo de arrendarla, la ley presume que el arrendatario la recibió en buen estado, salvo prueba en contrario.

Art. 1.563.   El arrendatario es responsable del deterioro o pérdida que tuviere la cosa arrendada, a no ser que pruebe haberse ocasionado sin culpa suya.

Art. 1.564.   El arrendatario es responsable del deterioro causado por las personas de su casa.

Art. 1.565.   Si el arrendamiento se ha hecho por tiempo determinado, concluye el día prefijado sin necesidad de requerimiento.

Art. 1.566.   Si al terminar el contrato, permanece el arrendatario disfrutando quince días de la cosa arrendada con aquiescencia del arrendador, se entiende que hay tácita reconducción por el tiempo que establecen los artículos 1.577 y 1.581, a menos que haya precedido requerimiento.

Art. 1.567.   En el caso de la tácita reconducción, cesan respecto de ella las obligaciones otorgadas por un tercero para la seguridad del contrato principal.

Art. 1.568.   Si se pierde la cosa arrendada o alguno de los contratantes falta al cumplimien-

---

Art. 1.563: Vid. arts. 27.2.*d*) de la Ley de Arrendamientos Urbanos (§ 1).

Art. 1.565: Vid. arts. 9, 10, 13 y 14 de la Ley de Arrendamientos Urbanos (§ 1).

Art. 1.566: El art. 1.577 citado dispone lo siguiente:

«*Art. 1.577.*   El arrendamiento de un predio rústico, cuando no se fija su duración, se entiende hecho por todo el tiempo necesario para la recolección de los frutos que toda la finca arrendada diere en un año o pueda dar por una vez, aunque pasen dos o más años para obtenerlos.

El de tierras labrantías, divididas en dos o más hojas, se entiende por tantos años cuantas sean éstas.»

Vids. arts. 10, 27 y 28 de la Ley de Arrendamientos Urbanos (§ 1).

Art. 1.568: Los citados arts. 1.182, 1.183 y 1.101 del Código Civil establecen lo siguiente:

«*Art. 1.182.*   Quedará extinguida la obligación que consista en entregar una cosa determinada cuando ésta se perdiere o destruyere sin culpa del deudor y antes de haberse éste constituido en mora.

»*Art. 1.183.*   Siempre que la cosa se hubiese perdido en poder del deudor, se presumirá que la pérdida ocurrió por su culpa y no por caso fortuito, salvo prueba en contrario, y sin perjuicio de lo dispuesto en el artículo 1.096.»

«*Art. 1.101.*   Quedan sujetos a la indemnización de los daños y perjuicios causados los que en el cumplimiento de sus obligaciones incurrieren en dolo, negligencia o morosidad, y los que de cualquier modo contravinieren al tenor de aquéllas.»

Vid. art. 1.124 del Código Civil (§ 2) y arts. 21.1 y 28.*a*) de la Ley de Arrendamientos Urbanos (§1).

to de lo estipulado, se observará respectivamente lo dispuesto en los artículos 1.182 y 1.183 y en los 1.101 y 1.124.

Art. 1.569. El arrendador podrá desahuciar judicialmente al arrendatario por alguna de las causas siguientes:

1.ª Haber expirado el término convencional o el que se fija para la duración de los arrendamientos en los artículos 1.577 y 1.581.

2.ª Falta de pago en el precio convenido.

3.ª Infracción de cualquiera de las condiciones estipuladas en el contrato.

4.ª Destinar la cosa arrendada a usos o servicios no pactados que la hagan desmerecer, o no sujetarse en su uso a lo que se ordena en el número segundo del artículo 1.555.

Art. 1.570. Fuera de los casos mencionados en el artículo anterior, tendrá el arrendatario derecho a aprovechar los términos establecidos en los artículos 1.577 y 1.581.

Art. 1.571. El comprador de una finca arrendada tiene derecho a que termine el arriendo vigente al verificarse la venta, salvo pacto en contrario y lo dispuesto en la Ley Hipotecaria.

Si el comprador usare de este derecho, el arrendatario podrá exigir que se le deje recoger los frutos de la cosecha que corresponda al año agrícola corriente y que el vendedor le indemnice los daños y perjuicios que se le causen.

Art. 1.572. El comprador con pacto de retraer no puede usar de la facultad de desahuciar al arrendatario hasta que haya concluido el plazo para usar del retracto.

Art. 1.573. El arrendatario tendrá, respecto de las mejoras útiles y voluntarias, el mismo derecho que se concede al usufructuario.

Art. 1.574. Si nada se hubiere pactado sobre el lugar y tiempo del pago del arrendamiento,

---

Art. 1.571: Vid. Disp. Adic. 2.ª de la Ley de Arrendamientos Urbanos (§ 1).

Art. 1.572: Vid. arts. 13, 14, 25, 29 y 31 de la Ley de Arrendamientos Urbanos (§ 1).

Art. 1.572: Vid. arts. 19, 22, 23 y 30 de la Ley de Arrendamientos Urbanos (§ 1).

Art. 1.574: El art. 1.171 citado dispone lo siguiente:

«*Art. 1.171.* El pago deberá ejecutarse en el lugar que hubiese designado la obligación.

»No habiéndose expresado y tratándose de entregar una cosa determinada, deberá hacerse el pago donde ésta existía en el momento de constituirse la obligación.

»En cualquier otro caso, el lugar del pago será el del domicilio del deudor.»

se estará, en cuanto al lugar, a lo dispuesto en el artículo 1.171; y, en cuanto al tiempo, a la costumbre de la tierra.

....

SECCIÓN 4.ª

*Disposiciones especiales
para el arrendamiento
de predios urbanos*

Art. 1.580.   En defecto de pacto especial, se estará a la costumbre del pueblo para las reparaciones de los predios urbanos que deban ser de cuenta del propietario. En caso de duda se entenderán de cargo de éste.

Art. 1.581.   Si no se hubiese fijado plazo al arrendamiento, se entiende hecho por años cuando se ha fijado un alquiler anual, por meses cuando es mensual, por días cuando es diario.

En todo caso cesa el arrendamiento, sin necesidad de requerimiento especial, cumplido el término.

Art. 1.582.   Cuando el arrendador de una casa, o de parte de ella, destinada a la habitación de una familia, o de una tienda, o almacén, o establecimiento industrial, arrienda también los muebles, el arrendamiento de éstos se entenderá por el tiempo que dure el de la finca arrendada.

....

Art. 1.580: Vid. arts. 21 a 24, 27.3 y 30 de la Ley de Arrendamientos Urbanos (§ 1).
Art. 1.581: Vid. art. 9.2 de la Ley de Arrendamientos Urbanos (§ 1).
Vid. la STS (Civil) 530/2018, de 26 de septiembre, sobre duración del contrato. El TS indica que el alquiler fijado por años comporta que el plazo de tácita reconducción sea de un año, aunque la renta se pague por mensualidades anticipadas.
Art. 1.582: Vid. arts. 2 y 7 de la Ley de Arrendamientos Urbanos (§ 1).

§ 3. LEY HIPOTECARIA, APROBADA POR DECRETO DE 8 DE FEBRERO DE 1946

(*BOE* n.º 58, de 27 de febrero de 1946)

....

TÍTULO II

De la forma y efectos de la inscripción

Art. 34. El tercero que de buena fe adquiera a título oneroso algún derecho de persona que en el Registro aparezca con facultades para transmitirlo, será mantenido en su adquisición, una vez que haya inscrito su derecho, aunque después se anule o resuelva el del otorgante por virtud de causas que no consten en el mismo Registro.

La buena fe del tercero se presume siempre mientras no se pruebe que conocía la inexactitud del Registro.

Los adquirentes a título gratuito no gozarán de más protección registral que la que tuviere su causante o transferente.

....

§ 4. REAL DECRETO LEGISLATIVO 1/1993, DE 24 DE SEPTIEMBRE, POR EL QUE SE APRUEBA EL TEXTO REFUNDIDO DE LA LEY DEL IMPUESTO SOBRE TRANSMISIONES PATRIMONIALES Y ACTOS JURÍDICOS DOCUMENTADOS

(*BOE* n.º 251, de 20 de octubre de 1993)

....

TÍTULO IV

Disposiciones comunes

BENEFICIOS FISCALES

Art. 45. Los beneficios fiscales aplicables en cada caso a las tres modalidades de gravamen a que se refiere el artículo 1 de la presente Ley serán los siguientes:

I. [...]

B) Estarán exentas:

[...]

26. Los arrendamientos de vivienda para uso estable y permanente a los que se refiere el artículo 2 de la Ley 29/1994, de 24 de noviembre, de Arrendamientos Urbanos.

....

Art. 45.I.B).26: Artículo modificado por el art. 5.º del Real Decreto-ley 7/2019, de 1 de marzo, de medidas urgentes en materia de vivienda y alquiler (§ 13). Vid. art. 2 de la Ley de Arrendamientos Urbanos (§ 1).

§ 5. ORDEN DE 20 DE DICIEMBRE DE 1994, POR LA QUE SE DICTAN NORMAS PARA LA ELABORACIÓN DEL CENSO DE CONTRATOS DE ARRENDAMIENTO DE VIVIENDAS

(*BOE* n.º 310, de 28 de diciembre de 1994)

La disposición adicional sexta de la Ley 29/1994, de 24 de noviembre, de Arrendamientos Urbanos, establece que el Gobierno procederá, a través del Ministerio de Obras Públicas, Transportes y Medio Ambiente, en el plazo de un año a partir de la entrada en vigor de dicha Ley, a elaborar un censo de los contratos de arrendamientos de viviendas sujetos a ella y subsistentes a su entrada en vigor.

Por imperativo de esta disposición adicional, el citado censo, que deberá comprender los datos identificativos del arrendador y del arrendatario, de la fecha, duración y renta del contrato, y de la existencia o no de cláusulas de revisión, se ha de elaborar, bien a instancia de los arrendadores, para quienes se establece la obligación de remitir tales datos al citado Ministerio en el plazo máximo de tres meses, a partir de la entrada en vigor de la Ley, bien a solicitud de los arrendatarios, a los que se reconoce igualmente la facultad de solicitar la inclusión en el censo de sus respectivos contratos, dando cuenta, por escrito, al arrendador de los datos remitidos, con la consecuencia de que el incumplimiento por los arrendadores de aquella obligación les privará del derecho a los beneficios fiscales a que se refiere la disposición final cuarta de la Ley.

En su consecuencia, esta Orden tiene por objeto establecer las prescripciones adecuadas para facilitar a arrendadores y arrendatarios el cumplimiento de dicha obligación o el ejercicio de su derecho, y la elaboración del censo creado por la Ley.

En su virtud, dispongo:

Artículo 1.º 1. El cumplimiento por los arrendadores de la obligación de remitir al Ministerio de Obras Públicas, Transportes y Medio Ambiente los datos de los contratos de arrendamientos de viviendas a los que se refiere la disposición adicional sexta de la Ley 29/1994, de 24 de noviembre, de Arrendamientos Urbanos, en el plazo establecido por dicha disposición, para su inclusión en el censo creado por ésta, y el ejercicio por los arrendatarios de la facultad de solicitar la inclusión en el mencionado censo que les reconoce la misma disposición adicional, se realizará con arreglo al modelo oficial de impreso que se incluye como anexo.

2.   El impreso oficial, comprensivo de los datos identificativos del arrendador, del arrendatario, de la vivienda objeto del contrato, de su renta, de la existencia o no de cláusulas de revisión en el mismo, de su duración y de su fecha, estará a disposición de los interesados en las Direcciones Provinciales y Especiales en Ceuta y Melilla, del Ministerio de Obras Públicas, Transportes y Medio Ambiente.

3.   Las Direcciones Provinciales y Especiales podrán suministrar a los entes u órganos de otras Administraciones Públicas que lo soliciten, ejemplares del citado impreso a efectos de facilitar el cumplimiento de la obligación o el ejercicio del derecho establecidos por la Ley.

4.   Si los interesados no pudieran obtener los impresos en los citados órganos podrán formalizar la solicitud utilizando copia del impreso anexo a esta orden.

Art. 2.º   1.   Los arrendadores de viviendas a que se refiere el apartado anterior, deberán presentar las correspondientes declaraciones dentro del plazo máximo de tres meses, a contar desde el día 1 de enero de 1995.

2.   Los arrendatarios, dando cuenta por escrito al arrendador de los datos remitidos de conformidad con lo dispuesto en la Ley, tendrán derecho a solicitar la inclusión en el censo de sus respectivos contratos, que se practicará en la forma que se indica para la declaración citada por los arrendadores.

Art. 3.º   1.   Las declaraciones y solicitudes de inclusión en el censo, se presentarán en el Registro General del Ministerio de Obras Públicas, Transportes y Medio Ambiente, en los de sus Direcciones Provinciales y Especiales en Ceuta y Melilla, o en cualquiera de los siguientes:

En los Registros de cualquier órgano administrativo, que pertenezca a la Administración General del Estado, a la de cualquier Administración de las Comunidades Autónomas, o a la de alguna de las entidades que integran la Administración Local.

En las oficinas de Correos, en la forma reglamentariamente establecida.

En las representaciones diplomáticas u oficinas consulares de España en el extranjero.

En cualquier otro que establezcan las disposiciones vigentes.

2. El Registro de la Administración Pública en el que se presente la declaración por triplicado, consignará en ella la fecha de presentación, y devolverá al interesado uno de los ejemplares sellado.

Art. 4.º Los arrendadores que deban presentar más de veinte declaraciones podrán hacerlo en soporte informático, previo acuerdo sobre las características de éste con los servicios correspondientes de la Dirección General para la Vivienda, el Urbanismo y la Arquitectura.

Art. 5.º Las Direcciones Provinciales y Especiales del Ministerio de Obras Públicas, Transportes y Medio Ambiente, una vez recibidos los formularios o soportes informáticos, deberán enviarlos a la Dirección General para la Vivienda, el Urbanismo y la Arquitectura, remitiendo la totalidad de los recibidos, a más tardar, el 1 de abril de 1995.

Art. 6.º Una vez elaborado el censo, la Dirección General para la Vivienda, el Urbanismo y la Arquitectura expedirá, a solicitud de los interesados, las correspondientes certificaciones de inclusión del contrato en el censo.

Art. 7.º La Secretaría de Estado de Medio Ambiente y Vivienda y el Director general para la Vivienda, el Urbanismo y la Arquitectura podrán dictar las resoluciones necesarias para el desarrollo y aplicación de esta Orden.

Art. 8.º Esta Orden entrará en vigor el día 1 de enero de 1995.

ANEXO

Ministerio de Obras Públicas, Transportes y Medio Ambiente

Secretaría de Estado de Medio Ambiente y Vivienda

Dirección General para la Vivienda, el Urbanismo y la Arquitectura

DIRECCION PROVINCIAL DE: ....

1000000

CENSO DE ARRENDAMIENTOS DE VIVIENDAS

Ley 29/1994, de 24 de noviembre, de Arrendamientos Urbanos

DATOS DEL ARRENDADOR

NIF ⬚⬚⬚⬚⬚⬚⬚⬚⬚
Apellidos y nombre o razón social ⬚⬚⬚⬚⬚⬚⬚⬚⬚⬚⬚⬚⬚⬚⬚⬚⬚⬚⬚⬚⬚⬚⬚⬚⬚

Calle/Plaza/Avda. ⬚⬚⬚⬚⬚⬚
Nombre de la vía pública ⬚⬚⬚⬚⬚⬚⬚⬚⬚⬚⬚⬚⬚⬚⬚⬚⬚⬚⬚⬚⬚   Número ⬚⬚⬚⬚ Esc. ⬚⬚ Piso ⬚⬚ Pta. ⬚⬚

Cd. Postal ⬚⬚⬚⬚⬚
Municipio ⬚⬚⬚⬚⬚⬚⬚⬚⬚⬚   Provincia ⬚⬚⬚⬚⬚⬚⬚⬚⬚   País ⬚⬚⬚⬚

DATOS DEL ARRENDATARIO Y DE LA VIVIENDA ARRENDADA

Datos del Arrendatario

NIF ⬚⬚⬚⬚⬚⬚⬚⬚⬚
Apellidos y nombre o razón social ⬚⬚⬚⬚⬚⬚⬚⬚⬚⬚⬚⬚⬚⬚⬚⬚⬚⬚⬚⬚⬚⬚⬚⬚⬚

Calle/Plaza/Avda. ⬚⬚⬚⬚⬚⬚
Nombre de la vía pública ⬚⬚⬚⬚⬚⬚⬚⬚⬚⬚⬚⬚⬚⬚⬚⬚⬚⬚⬚⬚⬚   Número ⬚⬚⬚⬚ Esc. ⬚⬚ Piso ⬚⬚ Pta. ⬚⬚

Cd. Postal ⬚⬚⬚⬚⬚
Municipio ⬚⬚⬚⬚⬚⬚⬚⬚⬚⬚   Provincia ⬚⬚⬚⬚⬚⬚⬚⬚⬚   País ⬚⬚⬚⬚

Datos de la Vivienda Arrendada   (Rellenar si no coincide con el domicilio del arrendatario)

Calle/Plaza/Avda. ⬚⬚⬚⬚⬚⬚
Nombre de la vía pública ⬚⬚⬚⬚⬚⬚⬚⬚⬚⬚⬚⬚⬚⬚⬚⬚⬚⬚⬚⬚⬚   Número ⬚⬚⬚⬚ Esc. ⬚⬚ Piso ⬚⬚ Pta. ⬚⬚

Cd. Postal ⬚⬚⬚⬚⬚
Municipio ⬚⬚⬚⬚⬚⬚⬚⬚⬚⬚   Provincia ⬚⬚⬚⬚⬚⬚⬚⬚⬚

Referencia Catastral

Referencia Catastral de la vivienda arrendada (1) ⬚⬚⬚⬚⬚⬚⬚⬚⬚⬚⬚⬚   (1) La que figura en el Recibo del Impuesto de Bienes Inmuebles

Ejemplar para la ADMINISTRACION (Archivo)

DATOS DEL CONTRATO

RENTA
☐ Mensual
☐ Trimestral
☐ Semestral
☐ Anual

Renta Inicial ⬚⬚⬚⬚⬚⬚ Pts.
Renta actual(2) ⬚⬚⬚⬚⬚⬚ Pts.
Renta actual(3) ⬚⬚⬚⬚⬚⬚ Pts.
(2)Incluidas cantidades asimiladas
(3)Excluidas cantidades asimiladas

¿EXISTE CLAUSULA DE REVISION?
SI ☐
NO ☐
FECHA DEL CONTRATO ⬚⬚⬚⬚⬚⬚

DURACION DEL CONTRATO
Definida ☐
No Definida ☐
Si Definida, indicar número de años ⬚⬚

El abajo firmante, en calidad de (*) o REPRESENTANTE del mismo, declara que son ciertos los datos consignados en el presente formulario.

Fecha ⬚⬚⬚⬚ 1 9 9 5   Firma

(*) arrendador, arrendatario.

Recibido por la Administración.

Fecha ⬚⬚⬚⬚ 1 9 9 5   Sello

INSTRUCCIONES

1. Este formulario deberá cumplimentarse a máquina o utilizando bolígrafo, sobre superficie dura, con letras mayúsculas.
2. LUGAR DE PRESENTACIÓN, en el Registro del Ministerio de Obras Públicas, Transportes y Medio Ambiente, de sus Direcciones Provinciales y especiales de Ceuta y Melilla o en cualquiera de las formas establecidas en el artículo 38.4 de la Ley 30/1992 de 26 de noviembre, sobre Régimen Jurídico de las Administraciones Públicas y del Procedimiento Administrativo Común.
3. PLAZO DE PRESENTACIÓN, tres meses a contar desde el 1 de enero de 1995, fecha de entrada en vigor de la Ley de Arrendamientos Urbanos.

Ministerio de Obras Públicas, Transportes
y Medio Ambiente

Secretaría de Estado de Medio Ambiente
y Vivienda

Dirección General para la Vivienda,
el Urbanismo y la Arquitectura

DIRECCION PROVINCIAL DE: ....

1000000

CENSO DE ARRENDAMIENTOS DE VIVIENDAS

Ley 29/1994, de 24 de noviembre,
de Arrendamientos Urbanos

DATOS DEL ARRENDADOR

NIF ☐☐☐☐☐☐☐☐☐☐☐ Apellidos y nombre o razón social ☐☐☐☐☐☐☐☐☐☐☐☐☐☐☐☐☐☐☐☐☐☐☐☐

Calle/Plaza/Avda. ☐☐☐☐☐ Nombre de la vía pública ☐☐☐☐☐☐☐☐☐☐☐☐☐☐☐☐☐☐ Número ☐☐☐ Esc. ☐☐ Piso ☐☐ Pta. ☐☐

Cd. Postal ☐☐☐☐☐ Municipio ☐☐☐☐☐☐☐☐☐ Provincia ☐☐☐☐☐☐☐☐ País ☐☐☐☐☐☐

DATOS DEL ARRENDATARIO Y DE LA VIVIENDA ARRENDADA

Datos del Arrendatario

NIF ☐☐☐☐☐☐☐☐☐☐☐ Apellidos y nombre o razón social ☐☐☐☐☐☐☐☐☐☐☐☐☐☐☐☐☐☐☐☐☐☐☐☐

Calle/Plaza/Avda. ☐☐☐☐☐ Nombre de la vía pública ☐☐☐☐☐☐☐☐☐☐☐☐☐☐☐☐☐☐ Número ☐☐☐ Esc. ☐☐ Piso ☐☐ Pta. ☐☐

Cd. Postal ☐☐☐☐☐ Municipio ☐☐☐☐☐☐☐☐☐ Provincia ☐☐☐☐☐☐☐☐ País ☐☐☐☐☐☐

Datos de la Vivienda Arrendada　　　(Rellenar si no coincide con el domicilio del arrendatario)

Calle/Plaza/Avda. ☐☐☐☐☐ Nombre de la vía pública ☐☐☐☐☐☐☐☐☐☐☐☐☐☐☐☐☐☐ Número ☐☐☐ Esc. ☐☐ Piso ☐☐ Pta. ☐☐

Cd. Postal ☐☐☐☐☐ Municipio ☐☐☐☐☐☐☐☐☐ Provincia ☐☐☐☐☐☐☐☐

Referencia Catastral

Referencia Catastral de la vivienda arrendada (1) ☐☐☐☐☐☐☐☐☐☐☐☐☐ (1) La que figura en el Recibo del Impuesto de Bienes Inmuebles

Ejemplar para la ADMINISTRACION (Proceso de Datos)

DATOS DEL CONTRATO

RENTA	Renta inicial	¿EXISTE CLAUSULA DE REVISION?	DURACION DEL CONTRATO
☐ Mensual	☐☐☐☐☐☐☐ Pts.	SI ☐	Definida ☐
☐ Trimestral	Renta actual(2)	NO ☐	No Definida ☐
☐ Semestral	☐☐☐☐☐☐☐ Pts.		Si Definida, indicar
☐ Anual	Renta actual(3)	FECHA DEL CONTRATO	número de años
	☐☐☐☐☐☐☐ Pts.	☐☐☐☐☐☐	☐☐
	(2)Incluidas cantidades asimiladas		
	(3)Excluidas cantidades asimiladas		

El abajo firmante, en calidad de (*)
o REPRESENTANTE del mismo, declara que son ciertos los datos consignados en el presente formulario.

Fecha ☐☐☐☐ 1995　　　Firma

(*) arrendador, arrendatario.

Recibido por la Administración.

Fecha ☐☐☐☐ 1995　　　Sello

INSTRUCCIONES

1. Este formulario deberá cumplimentarse a máquina o utilizando bolígrafo, sobre superficie dura, con letras mayúsculas.
2. LUGAR DE PRESENTACION, en el Registro del Ministerio de Obras Públicas, Transportes y Medio Ambiente, de sus Direcciones Provinciales y especiales de Ceuta y Melilla o en cualquiera de las formas establecidas en el artículo 38.4 de la Ley 30/1992 de 26 de noviembre, sobre Régimen Jurídico de las Administraciones Públicas y del Procedimiento Administrativo Común.
3. PLAZO DE PRESENTACION, Una mes a contar desde el 1 de enero de 1995, fecha de entrada en vigor de la Ley de Arrendamientos Urbanos.

Ministerio de Obras Públicas, Transportes
y Medio Ambiente

Secretaría de Estado de Medio Ambiente
y Vivienda

Dirección General para la Vivienda,
el Urbanismo y la Arquitectura

DIRECCION PROVINCIAL DE: ....

1000000

CENSO DE ARRENDAMIENTOS DE VIVIENDAS

Ley 29/1994, de 24 de noviembre,
de Arrendamientos Urbanos

DATOS DEL ARRENDADOR

NIF

Apellidos y nombre o razón social

Calle/Plaza/Avda.   Nombre de la vía pública   Número   Esc.   Piso   Pta.

Cd. Postal   Municipio   Provincia   País

DATOS DEL ARRENDATARIO Y DE LA VIVIENDA ARRENDADA

Datos del Arrendatario

NIF

Apellidos y nombre o razón social

Calle/Plaza/Avda.   Nombre de la vía pública   Número   Esc.   Piso   Pta.

Cd. Postal   Municipio   Provincia   País

Datos de la Vivienda Arrendada   (Rellenar si no coincide con el domicilio del arrendador)

Calle/Plaza/Avda.   Nombre de la vía pública   Número   Esc.   Piso   Pta.

Cd. Postal   Municipio   Provincia

Referencia Catastral

Referencia Catastral de la vivienda arrendada (1)   (1) La que figura en el Recibo del Impuesto de Bienes Inmuebles

DATOS DEL CONTRATO

RENTA	Renta inicial	¿EXISTE CLAUSULA DE REVISION?	DURACION DEL CONTRATO
☐ Mensual	☐☐☐☐☐☐☐ Pts.	SI ☐	Definida ☐
☐ Trimestral	Renta actual(2)	NO ☐	No Definida ☐
☐ Semestral	☐☐☐☐☐☐☐ Pts.		Si Definida, indicar
☐ Anual	Renta actual(3)	FECHA DEL CONTRATO	número de años
	☐☐☐☐☐☐☐ Pts.		
	(2)Incluidas cantidades asimiladas		
	(3)Excluidas cantidades asimiladas		

El abajo firmante, en calidad de (*)
o REPRESENTANTE del mismo, declara que son ciertos los datos
consignados en el presente formulario.

Fecha ☐☐☐☐1995   Firma

(*) arrendador, arrendatario.

Recibido por la Administración.

Fecha ☐☐☐☐1995   Sello

Ejemplar para el INTERESADO

INSTRUCCIONES

1. Este formulario deberá cumplimentarse a máquina o utilizando bolígrafo, sobre superficie dura, con letras mayúsculas.
2. LUGAR DE PRESENTACION, en el Registro del Ministerio de Obras Públicas, Transportes y Medio Ambiente, de sus Direcciones Provinciales y especiales de Ceuta y Melilla o en cualquiera de los lugares establecidos en el artículo 38.4 de la Ley 30/1992 de 26 de noviembre, sobre Régimen Jurídico de las Administraciones Públicas y del Procedimiento Administrativo Común.
3. PLAZO DE PRESENTACION, tres meses a contar desde el 1 de enero de 1995, fecha de entrada en vigor de la Ley de Arrendamientos Urbanos.

§ 6. LEY 15/1995, DE 30 DE MAYO, SOBRE LÍMITES DEL DOMINIO SOBRE INMUEBLES PARA ELIMINAR BARRERAS ARQUITECTÓNICAS A LAS PERSONAS CON DISCAPACIDAD

(*BOE* n.º 129, de 31 de mayo de 1995)

EXPOSICIÓN DE MOTIVOS

El artículo 49 de la Constitución Española establece como uno de los principios que han de regir la política social y económica de los poderes públicos, el de llevar a cabo una política de integración de las personas con discapacidad amparándolas especialmente para el disfrute de los derechos que el Título I otorga a todos los ciudadanos. Entre estos derechos, el artículo 47 consagra el de disfrutar de una vivienda digna y adecuada. En consonancia con ambos preceptos constitucionales, la Ley 13/1982, de 7 de abril, de Integración Social de los Minusválidos, se ocupa de la movilidad y de las barreras arquitectónicas.

Dentro de este marco constitucional, y haciendo uso de la facultad que el artículo 33 de la Constitución le concede de delimitar el contenido del derecho de propiedad, en atención a su función social, el legislador ha dado ya buena muestra de su decidida voluntad de facilitar la movilidad de las personas minusválidas mediante la progresiva eliminación de las barreras arquitectónicas. En esta línea cabe citar la Ley 3/1990, de 21 de junio, que modifica la Ley 49/1960, de 21 de julio, de Propiedad Horizontal, suavizando el régimen de adopción de acuerdos por las juntas de propietarios para la realización de obras de supresión de barreras arquitectónicas, y la Ley 29/1994, de 24 de noviembre, de Arrendamientos Urbanos, que en su artículo 24 faculta a los arrendatarios con minusvalía a efectuar reformas en el interior de la vivienda para mejorar su habitabilidad.

La presente Ley pretende dar un paso más en este camino, ampliando el ámbito de la protección y estableciendo un procedimiento que tiene como objetivo, que el interesado y el propietario o la comunidad o mancomunidad de propietarios lleguen a un acuerdo sobre la forma de ejecución de las obras de adaptación.

Artículo 1.º 1. La presente Ley tiene por objeto, de acuerdo con la función social que ha de cumplir la propiedad, hacer efectivo a las personas minusválidas el derecho de los españoles a disfrutar de una vivienda digna y adecuada, de conformidad con los artículos 47 y 49 de la Constitución Española y, en consecuencia, con lo establecido en la Ley 13/1982, de 7 de abril, de Integración Social de los Minusválidos.

2. Las obras de adecuación de fincas urbanas ocupadas por personas minusválidas que impliquen reformas en su interior, si están destinadas a usos distintos del de la vivienda, o modificación de elementos comunes del edificio que sirvan de paso necesario entre la finca urbana y la vía pública, tales como escaleras, ascensores, pasillos, portales o cualquier otro elemento arquitectónico, o las necesarias para la instalación de dispositivos electrónicos que favorezcan su comunicación con el exterior, se realizarán de acuerdo con lo prevenido en la presente Ley.

3. Los derechos que esta Ley reconoce a las personas con mi-

nusvalía física podrán ejercitarse por los mayores de setenta años sin que sea necesario que acrediten su discapacidad con certificado de minusvalía.

Art. 2.º 1. Serán beneficiarios de las medidas previstas en la presente Ley, quienes, padeciendo una minusvalía de las descritas en el artículo siguiente, sean titulares de fincas urbanas en calidad de propietarios, arrendatarios, subarrendatarios o usufructuarios, o sean usuarios de las mismas.

2. A los efectos de esta Ley se considera usuario al cónyuge, a la persona que conviva con el titular de forma permanente en análoga relación de afectividad, con independencia de su orientación sexual, y a los familiares que con él convivan.

Igualmente se considerarán usuarios a los trabajadores minusválidos vinculados por una relación laboral con el titular.

3. Quedan exceptuadas del ámbito de aplicación de esta Ley las obras de adecuación del interior de las viviendas instadas por los arrendatarios de las mismas que tengan la condición de minusválidos o que convivan con personas que ostenten dicha condición en los términos del artículo 24 de la Ley 29/1994, de 24 de noviembre, de Arrendamientos Urbanos, que se regirán por ésta.

Art. 3.º 1. Los titulares y usuarios a los que se refiere el artículo anterior tendrán derecho a promover y llevar a cabo las obras de adecuación de la finca urbana y de los accesos a la misma desde la vía pública, siempre que concurran los siguientes requisitos:

a) Ser el titular o el usuario de la vivienda minusválido con disminución permanente para andar, subir escaleras o salvar barreras arquitectónicas, se precise o no el uso de prótesis o de silla de ruedas.

b) Ser necesarias las obras de reforma en el interior de la finca urbana o en los pasos de comunicación con la vía pública para salvar barreras arquitectónicas, de modo que se permita su adecuado y fácil uso por minusválidos, siempre que las obras no afecten a la estructura o fábrica del edificio, que no menoscaben la resistencia de los materiales empleados en la construcción y que sean razonablemente compatibles con las características arquitectónicas e históricas del edificio.

2. El cumplimiento de los requisitos establecidos en el párrafo anterior se acreditará mediante las correspondientes certificaciones oficiales del Registro Civil o de la autoridad administrativa competente. La certificación de la condición de minusválido será acreditada por la Administración competente.

Art. 4.º 1. El titular o, en su caso, el usuario notificará por escrito al propietario, a la comunidad o a la mancomunidad de propietarios, la necesidad de ejecutar las obras de adecuación por causa de minusvalía. Se acompañará al escrito de notificación las certificaciones a que se refiere el artículo anterior, así como el proyecto técnico detallado de las obras a realizar.

2. En el caso de que el usuario sea trabajador minusválido por cuenta ajena y las obras hayan de realizarse en el interior del centro de trabajo, la notificación a que se refiere el párrafo anterior se realizará, además, al empresario.

Art. 5.º En el plazo máximo de sesenta días el propietario, la comunidad o la mancomunidad de propietarios y, en su caso, el empresario comunicarán por escrito al solicitante su consentimiento o su oposición razonada a la ejecución de las obras; también podrán proponer las soluciones alternativas que estimen pertinentes. En este último supuesto, el solicitante deberá comunicar su conformidad o disconformidad con anterioridad al ejercicio de las acciones previstas en el artículo siguiente.

Transcurrido dicho plazo sin efectuar la expresada comunicación, se entenderá consentida la ejecución de las obras de adecuación, que podrán iniciarse una vez obtenidas las autorizaciones administrativas precisas.

La oposición comunicada fuera de plazo carecerá de eficacia y no impedirá la realización de las obras.

Art. 6.º 1. Comunicada en el tiempo y forma señalados la oposición a la ejecución de las obras de adecuación, o no aceptadas las soluciones alternativas propuestas, el titular o usuario de la finca urbana podrá acudir en defensa de su derecho a la jurisdicción civil.

El procedimiento se sustanciará por los trámites del juicio verbal.

Acreditados los requisitos establecidos en la presente Ley, mediante las oportunas certificaciones, el juez dictará sentencia reconociendo el derecho a ejecutar las obras en beneficio de las personas discapacitadas, pudiendo, no obstante, declarar procedente alguna o parte de las alternativas propuestas por la parte demandada.

2. Las sentencias dictadas en estos juicios verbales serán recurribles conforme al régimen establecido en la Ley de Enjuiciamiento Civil, con la única salvedad de que el recurso de apelación se interpondrá en un solo efecto.

Art. 7.º Los gastos que originen las obras de adecuación de la finca urbana o de sus elementos comunes correrán a cargo del solicitante de las mismas, sin perjuicio de las ayudas, exenciones o subvenciones que pueda obtener, de conformidad con la legislación vigente.

Las obras de adecuación realizadas quedarán en beneficio de la propiedad de la finca urbana.

No obstante, en el caso de reformas en el interior, el propietario podrá exigir su reposición al estado anterior.

DISPOSICIÓN ADICIONAL

Única. Las obras de adaptación en el interior de las viviendas, que pretendan realizar los usufructuarios con minusvalías y las personas mayores de setenta años sean o no minusválidas, se someterán al régimen previsto en el artículo 24 de la Ley 29/1994, de 24 de noviembre, de Arrendamientos Urbanos.

DISPOSICIÓN FINAL

Única. La presente Ley se dicta al amparo del artículo 149.1.8.ª de la Constitución y será de aplicación en defecto de las normas dictadas por las Comunidades Autónomas en ejercicio de sus competencias en materia de Derecho Civil, foral o especial, de conformidad con lo establecido en los Estatutos de Autonomía.

§ 7. REAL DECRETO 297/1996, DE 23 DE FEBRERO, SOBRE INSCRIPCIÓN EN EL REGISTRO DE LA PROPIEDAD DE LOS CONTRATOS DE ARRENDAMIENTOS URBANOS

(*BOE* n.º 64, de 14 de marzo de 1996)

El apartado 2 de la disposición adicional segunda de la Ley 29/1994, de 24 de noviembre, de Arrendamientos Urbanos, dispone que se establecerán reglamentariamente los requisitos de acceso de los contratos de arrendamientos urbanos al Registro de la Propiedad.

En el desarrollo de esta disposición adicional se ha tenido en cuenta que no hay motivos ni bases legales bastantes para estimar alterados los principios generales de nuestro ordenamiento inmobiliario registral, que exigen, como regla, la titulación pública de los derechos inscribibles y su reflejo en el Registro por medio del asiento principal de inscripción. Por lo demás, se ha estimado que el fomento de esta inscripción por medio de las normas facilitadoras de este Real Decreto debe alcanzar a todos los arrendamientos urbanos, sean de vivienda o de uso distinto a ésta, a cuyo fin se ha incluido una reducción de los aranceles notariales y registrales del 25 por 100.

En su virtud, a propuesta del Ministro de Justicia e Interior, de acuerdo con el Consejo de Estado y previa deliberación del Consejo de Ministros en su reunión del día 23 de febrero de 1996, dispongo

Artículo 1.º *Ámbito de aplicación.*—El presente Real Decreto será de aplicación exclusivamente a la inscripción en el Registro de la Propiedad de los arrendamientos urbanos celebrados a partir del día 1 de enero de 1995.

Art. 2.º *Títulos inscribibles.*—Serán títulos suficientes para practicar la inscripción del arrendamiento en el Registro de la Propiedad la escritura pública notarial o la elevación a escritura pública del documento privado de este contrato.

Art. 3.º *Descripción de la finca.*—1. Cuando la finca arrendada conste inscrita bajo folio registral independiente, se consignarán por el Notario, incluso si no aparecen reflejados en el documento privado del contrato, todos los datos sobre la población, calle, número y situación dentro del edificio de la finca arrendada, superficie y linderos de ésta. Se consignarán también los datos de inscripción en el Registro de la Propiedad y, en su caso, el número correlativo que tuviere asignado la finca arrendada en la propiedad horizontal, así como la cuota de comunidad correspondiente a la misma cuando se haya pactado que los gastos generales sean a cuenta del arrendatario.

2. Si la finca arrendada no coincide con la que tiene abierto folio registral y es una parte de ésta, se describirá aquélla con las mismas circunstancias expresadas en el apartado anterior, pero no será necesario describir el resto del edificio o vivienda.

Art. 4.º *Otros datos del título.*—Se harán constar en éste, además de la identidad de los contratantes, la duración pactada, la renta inicial del contrato y las demás cláusulas que las partes hubieran libremente acordado.

Art. 5.º *Modificaciones posteriores.*—Los títulos señalados en el artículo 2 permitirán la inscripción en el Registro de la Propiedad de los subarriendos, cesiones, subrogaciones, prórrogas y cualesquiera otras modificaciones de los arrendamientos inscritos.

Art. 6.º *Inscripción en el Registro.*—1. El contrato inicial y sus modificaciones serán objeto de asiento de inscripción en el folio registral abierto a la finca arrendada.

2. No será obstáculo que suspenda la inscripción del contrato la circunstancia de que la finca arrendada no forme folio registral independiente en el Registro, siempre que el edificio en su conjunto o la totalidad de la finca figuren inscritos a nombre del arrendador. Bastará en este caso, sin necesidad de segregación o de constitución previa de la propiedad horizontal, que la finca arrendada haya quedado suficientemente delimitada con expresión de su superficie, situación y linderos. La inscripción se practicará entonces en el folio abierto para la totalidad del edificio o de la finca.

No obstante, cuando a juicio del Registrador, la claridad de los asientos así lo requiera, o cuando lo solicite el presentante, la inscripción del arrendamiento de parte de la finca registral se practicará en folio independiente, bajo el mismo número y el de orden correlativo que le corresponda. La apertura del nuevo folio se hará constar por nota de referencia al margen de la inscripción de dominio.

Art. 7.º *Cancelación.—* 1. Conforme a lo dispuesto en el artículo 353, apartado 3, del Reglamento Hipotecario, se cancelarán de oficio por el Registrador de la Propiedad las inscripciones de los arrendamientos urbanos de duración inferior a cinco años, cuando hayan transcurrido ocho años desde la fecha inicial del contrato y no conste la prórroga convencional de éste.

2. Por el mismo procedimiento se cancelarán de oficio las inscripciones de los demás arrendamientos urbanos, una vez que haya transcurrido el plazo pactado y no conste en el Registro la prórroga del contrato.

3. La copia del acta notarial por la que el arrendatario notifica al arrendador su voluntad de no renovar el contrato, en los

casos comprendidos en el párrafo primero del artículo 10 de la Ley 29/1994, será título suficiente para la cancelación del arrendamiento.

4. Del mismo modo podrá cancelarse la inscripción en los supuestos comprendidos en dicho párrafo primero del artículo 10 de la Ley 29/1994, mediante la presentación de la copia del acta notarial por la que el arrendador notifique al arrendatario su voluntad de no renovar el contrato, siempre que la notificación se haya hecho en tiempo oportuno y personalmente por el Notario en la forma prevenida por el artículo 202 del Reglamento Notarial.

Art. 8.º *Reducción de aranceles.—*Los contratos de arrendamiento de fincas urbanas que se destinen a vivienda o a usos distintos del de vivienda, así como sus modificaciones, se beneficiarán de una reducción del 25 por 100 de los honorarios notariales y registrales que resulten de aplicación conforme al número 2 de sus respectivos aranceles.

DISPOSICIONES FINALES

1.ª *Normativa supletoria.—* En todo lo no previsto en este Real Decreto seguirán aplicables las normas notariales y registrales en vigor.

2.ª *Entrada en vigor.—*El presente Real Decreto entrará en vigor el mismo día de su publicación en el *Boletín Oficial del Estado.*

§ 8.   LEY 1/2000, DE 7 DE ENERO, DE ENJUICIAMIENTO CIVIL

(*BOE* n.º 7, de 8 de enero de 2000; correcciones de errores en *BOE* n.º 90, de 14 de abril de 2000, y n.º 180, de 28 de julio de 2001)

....

LIBRO PRIMERO

De las disposiciones generales relativas a los juicios civiles

TÍTULO PRIMERO

De la comparecencia y actuación en juicio

....

CAPÍTULO IV

DEL PODER DE DISPOSICIÓN DE LAS PARTES SOBRE EL PROCESO Y SOBRE SUS PRETENSIONES

....

Art. 22.   *Terminación del proceso por satisfacción extraprocesal o carencia sobrevenida de objeto. Caso especial de enervación del desahucio.*—[…]

4.   Los procesos de desahucio de finca urbana o rústica por falta de pago de las rentas o cantidades debidas por el arrendatario terminarán mediante decreto dictado al efecto por el letrado de la Administración de Justicia si, requerido aquél en los términos previstos en el apartado 5 del artículo 438, paga al ac-

---

Art. 22.4: Redactado conforme al art. 2.ºuno de la Ley 4/2013, de 4 de junio, de medidas de flexibilización y fomento del mercado del alquiler de viviendas (§ 11). Modificado por el artículo 103.3 del Real Decreto-ley 6/2023, de 19 de diciembre, por el que se aprueban medidas urgentes para la ejecución del Plan de Recuperación, Transformación y Resiliencia en materia de servicio público de justicia, función pública, régimen local y mecenazgo (*BOE* n.º 303, de 20 de diciembre 2023).

tor o pone a su disposición en el Tribunal o notarialmente, dentro del plazo conferido en el requerimiento, el importe de las cantidades reclamadas en la demanda y el de las que adeude en el momento de dicho pago enervador del desahucio. Si el demandante se opusiera a la enervación por no cumplirse los anteriores requisitos, se citará a las partes a la vista prevenida en el artículo 443 de esta Ley, tras la cual el Juez dictará sentencia por la que declarará enervada la acción o, en otro caso, estimará la demanda habiendo lugar al desahucio.

Lo dispuesto en el párrafo anterior no será de aplicación cuando el arrendatario hubiera enervado el desahucio en una ocasión anterior, excepto que el cobro no hubiera tenido lugar por causas imputables al arrendador, ni cuando el arrendador hubiese requerido de pago al arrendatario por cualquier medio fehaciente con, al menos, treinta días de antelación a la presentación de la demanda y el pago no se hubiese efectuado al tiempo de dicha presentación.

5. La resolución que declare enervada la acción de desahucio condenará al arrendatario al pago de las costas devengadas, salvo que las rentas y cantidades debidas no se hubiesen cobrado por causas imputables al arrendador.

....

TÍTULO II

De la jurisdicción y de la competencia

....

CAPÍTULO II

De las reglas para determinar la competencia

....

SECCIÓN 2.ª

De la competencia territorial

....

Art. 52. *Competencia territorial en casos especiales.*—1. No se aplicarán los fueros estableci-

---

Art. 22.5: Redactado conforme al art. 2.º dos de la Ley 19/2009, de 23 de noviembre, de medidas de fomento y agilización procesal del alquiler y de la eficiencia energética de los edificios (*BOE* n.º 283, de 24 de noviembre).

dos en los artículos anteriores y se determinará la competencia de acuerdo con lo establecido en el presente artículo en los casos siguientes:

7.º En los juicios sobre arrendamientos de inmuebles y en los de desahucio, será competente el tribunal del lugar en que esté sita la finca.

....

....

TÍTULO V

De las actuaciones judiciales

....

CAPÍTULO V

DE LOS ACTOS DE COMUNICACIÓN JUDICIAL

....

dará traslado a las Administraciones Públicas competentes en materia de vivienda, asistencia social, evaluación e información de situaciones de necesidad social y atención inmediata a personas en situación o riesgo de exclusión social, por si procediera su actuación.

....

Art. 150. *Notificación de resoluciones y diligencias de ordenación.*—[...]

4. Cuando la notificación de la resolución contenga fijación de fecha para el lanzamiento de quienes ocupan una vivienda, se

Art. 164. *Comunicación edictal.*— Cuando, practicadas en su caso las averiguaciones a que se refiere el artículo 156, no pudiere conocerse el domicilio del

---

Art. 150.4: El apartado 4 se añade por el art. único.1 de la Ley 5/2018, de 11 de junio, de modificación de la Ley 1/2000, de 7 de enero, de Enjuiciamiento Civil, en relación a la ocupación ilegal de viviendas (*BOE* n.º 142, de 12 de junio). Este apartado fue modificado por la Disp. Final 5.ª1 de la Ley 12/2023, de 24 de mayo, del derecho a la vivienda (§ 16). Vid. arts. 1.º y 1bis, Disp. Trans. 1.ª del Real Decreto-ley 11/2020, de 31 de marzo, por el que se adoptan medidas urgentes complementarias en el ámbito social y económico para hacer frente al COVID-19 (§ 14).

Art. 164: Redactado conforme al art. 2.ºdos de la Ley 4/2013, de 4 de junio, de medidas de flexibilización y fomento del mercado del alquiler de viviendas (§ 11). Modificado por el artículo 103.30 del Real Decreto-ley 6/2023, de 19 de diciembre, por el que se aprueban medidas urgentes para la ejecución del Plan de Recuperación, Transformación y Resiliencia en materia de servicio público de justicia, función pública, régimen local y mecenazgo (*BOE* n.º 303, de 20 de diciembre 2023).

destinatario de la comunicación, o cuando no pudiere hallársele ni efectuarse la comunicación con todos sus efectos, conforme a lo establecido en los artículos anteriores, o cuando así se acuerde en el caso a que se refiere el apartado 2 del artículo 157, el letrado o letrada de la Administración de Justicia, consignadas estas circunstancias, mandará que se haga la comunicación, a través del Tablón Edictal Judicial Único, salvaguardando en todo caso los derechos e intereses de menores, así como otros derechos y libertades que pudieran verse afectados por la publicidad de los mismos.

En todo caso en la comunicación o publicación a que se refiere el párrafo anterior, en atención al superior interés de los menores y para preservar su intimidad, deberán omitirse los datos personales, nombres y apellidos, domicilio, o cualquier otro dato o circunstancia que directa o indirectamente pudiera permitir su identificación.

En los procesos de desahucio de finca urbana o rústica por falta de pago de rentas o cantidades debidas o por expiración legal o contractual del plazo y en los procesos de reclamación de estas rentas o cantidades debidas, cuando no pudiere hallarse al arrendatario ni efectuarle la comunicación al arrendatario en

los domicilios designados en el párrafo segundo del apartado 3 del artículo 155, ni hubiese comunicado de forma fehaciente con posterioridad al contrato un nuevo domicilio al arrendador, al que éste no se hubiese opuesto, se procederá, sin más trámites, a realizar la comunicación a través del Tablón Edictal Judicial Único.

....

CAPÍTULO VIII

DE LAS RESOLUCIONES PROCESALES

SECCIÓN 2.ª

De los requisitos internos de la sentencia y de sus efectos

....

Art. 220.   *Condenas a futuro.*—[…]

2.   En los casos de reclamaciones de rentas periódicas, cuando la acción de reclamación se acumule a la acción de desahucio por falta de pago o por expiración legal o contractual del plazo, y el demandante lo hubiere interesado expresamente en su escrito de demanda, la sentencia, el auto o el decreto incluirán la condena a satisfacer también las rentas debidas que se devenguen

---

Art. 220.2: Redactado conforme al art. 2.ºtres de la Ley 4/2013, de 4 de junio, de medidas de flexibilización y fomento del mercado del alquiler de viviendas (§ 11).

con posterioridad a la presentación de la demanda hasta la entrega de la posesión efectiva de la finca, tomándose como base de la liquidación de las rentas fu-turas, el importe de la última mensualidad reclamada al presentar la demanda.

....

LIBRO II

De los procesos declarativos

TÍTULO PRIMERO

De las disposiciones comunes a los procesos declarativos

CAPÍTULO PRIMERO

DE LAS REGLAS PARA DETERMINAR EL PROCESO CORRESPONDIENTE

....

Art. 249. *Ámbito del juicio ordinario.*—1. Se decidirán en el juicio ordinario, cualquiera que sea su cuantía:

....

6.º Las que versen sobre cualesquiera asuntos relativos a arrendamientos urbanos o rústicos de bienes inmuebles, salvo que se trate de reclamaciones de rentas o cantidades debidas por el arrendatario o del desahucio por falta de pago o por extinción del plazo de la relación arrendaticia, o salvo que sea posible hacer una valoración de la cuantía del objeto del procedimiento, en cuyo caso el proceso será el que corresponda a tenor de las reglas generales de esta ley.

....

Art. 250. *Ámbito del juicio verbal.*—1. Se decidirán en juicio verbal, cualquiera que sea su cuantía, las demandas siguientes:

Art. 249.1.6.º: Ordinal redactado conforme al art. 2.ºsiete de la Ley 19/2009, de 23 de noviembre, de medidas de fomento y agilización procesal del alquiler y de la eficiencia energética de los edificios (*BOE* n.º 283, de 24 de noviembre) y modificado por el art. 2.º1 del Real Decreto-ley 7/2019, de 1 de marzo, de medidas urgentes en materia de vivienda y alquiler (§ 13), y por el artículo 103.43 del Real Decreto-ley 6/2023, de 19 de diciembre, por el que se aprueban medidas urgentes para la ejecución del Plan de Recuperación, Transformación y Resiliencia en materia de servicio público de justicia, función pública, régimen local y mecenazgo (*BOE* n.º 303, de 20 de diciembre 2023).

1.º   Las que versen sobre reclamación de cantidades por impago de rentas y cantidades debidas y las que, igualmente, con fundamento en el impago de la renta o cantidades debidas por el arrendatario, o en la expiración del plazo fijado contractual o legalmente, pretendan que el dueño, usufructuario o cualquier otra persona con derecho a poseer una finca rústica o urbana dada en arrendamiento, ordinario o financiero o en aparcería, recuperen la posesión de dicha finca.

2.º   Las que pretendan la recuperación de la plena posesión de una finca rústica o urbana, cedida en precario, por el dueño, usufructuario o cualquier otra persona con derecho a poseer dicha finca.

[…]

4.º   Las que pretendan la tutela sumaria de la tenencia o de la posesión de una cosa o derecho por quien haya sido despojado de ellas o perturbado en su disfrute.

Podrán pedir la inmediata recuperación de la plena posesión de una vivienda o parte de ella, siempre que se hayan visto privados de ella sin su consentimiento, la persona física que sea propietaria o poseedora legítima por otro título, las entidades sin ánimo de lucro con derecho a poseerla y las entidades públicas propietarias o poseedoras legítimas de vivienda social.

....

TÍTULO III

Del juicio verbal

Art. 437. *Forma de la demanda. Acumulación objetiva y subjetiva de acciones.*— […]

3.   Si en la demanda se solicitase el desahucio de finca urbana por falta de pago de las rentas

Art. 250.1.1.º: Ordinal redactado conforme al art. 2.ºocho de la Ley 19/2009, de 23 de noviembre, de medidas de fomento y agilización procesal del alquiler y de la eficiencia energética de los edificios (*BOE* n.º 283, de 24 de noviembre). Modificado por el artículo 103.44 del Real Decreto-ley 6/2023, de 19 de diciembre, por el que se aprueban medidas urgentes para la ejecución del Plan de Recuperación, Transformación y Resiliencia en materia de servicio público de justicia, función pública, régimen local y mecenazgo (*BOE* n.º 303, de 20 de diciembre 2023).

Art. 250.1.2º: Modificado por el artículo 103.44 del Real Decreto-ley 6/2023, de 19 de diciembre, por el que se aprueban medidas urgentes para la ejecución del Plan de Recuperación, Transformación y Resiliencia en materia de servicio público de justicia, función pública, régimen local y mecenazgo (*BOE* n.º 303, de 20 de diciembre 2023).

Art. 250.1.4º: Apartado modificado por el art. único.2 de la Ley 5/2018, de 11 de junio, de modificación de la Ley 1/2000, de 7 de enero, de Enjuiciamiento Civil, en relación a la ocupación ilegal de viviendas (*BOE* n.º 142, de 12 de junio de 2018).

Art. 437.3: Añadido por la disposición final 3.5 de la Ley 23/2003, de 10 de julio, de Garantías en la Venta de Bienes de Consumo (*BOE* n.º 165, de 11 de julio de 2003). Modificado

o cantidades debidas al arrendador, o por expiración legal o contractual del plazo, el demandante podrá anunciar en ella que asume el compromiso de condonar al arrendatario todo o parte de la deuda y de las costas, con expresión de la cantidad concreta, condicionándolo al desalojo voluntario de la finca dentro del plazo que se indique por el arrendador, que no podrá ser inferior al plazo de quince días desde que se notifique la demanda. Igualmente, podrá interesarse en la demanda que se tenga por solicitada la ejecución del lanzamiento en la fecha y hora que se fije por el juzgado a los efectos señalados en el apartado 3 del artículo 549.

3 bis.   Cuando se solicitase en la demanda la recuperación de la posesión de una vivienda o parte de ella a la que se refiere el párrafo segundo del numeral 4.º del apartado 1 del artículo 250, aquélla podrá dirigirse genéricamente contra los desconocidos ocupantes de la misma, sin perjuicio de la notificación que de ella se realice a quien en concreto se encontrare en el inmueble al tiempo de llevar a cabo dicha notificación. A la demanda se deberá acompañar el título en que el actor funde su derecho a poseer.

4.   No se admitirá en los juicios verbales la acumulación objetiva de acciones, salvo las excepciones siguientes:

[…]

3.ª   La acumulación de las acciones en reclamación de rentas o cantidades análogas vencidas y no pagadas, cuando se trate de juicios de desahucios de finca por falta de pago o por expiración legal o contractual del plazo, con independencia de la cantidad que se reclame. Asimismo, también podrán acumularse las acciones ejercitadas contra el fiador o avalista solidario previo requerimiento de pago no satisfecho.

Art. 438. *Admisión de la demanda y contestación. Reconvención.*—[…]

5.   En los casos de demandas en las que se ejercite la pretensión

por el apartado 3 por el art. 2.11 de la Ley 19/2009, de 23 de noviembre, de medidas de fomento y agilización procesal del alquiler y de la eficiencia energética de los edificios (*BOE* n.º 283, de 24 de noviembre de 2009).

Art. 437.3bis: Apartado añadido por el apartado 3 bis por el art. único.3 de la Ley 5/2018, de 11 de junio, de modificación de la Ley 1/2000, de 7 de enero, de Enjuiciamiento Civil, en relación a la ocupación ilegal de viviendas (*BOE* n.º 142, de 12 de junio de 2018).

Art. 438: Redactado conforme al art. único.cincuenta de la Ley 42/2015, de 5 de octubre, de reforma de la Ley 1/2000, de 7 de enero, de Enjuiciamiento Civil (*BOE* n.º 239, de 6 de octubre). Los apartados 5 a 8 han sido añadidos por el artículo 103.74 del Real Decreto-ley 6/2023, de 19 de diciembre, por el que se aprueban medidas urgentes para la ejecución del Plan de Recuperación, Transformación y Resiliencia en materia de servicio público de justicia, función pública, régimen local y mecenazgo (*BOE* n.º 303, de 20 de diciembre 2023).

de desahucio por falta de pago de rentas o cantidades debidas, acumulando o no la pretensión de condena al pago de las mismas, el letrado o letrada de la Administración de Justicia, tras la admisión, y previamente a la vista que se señale, requerirá a la persona demandada para que, en el plazo de diez días, desaloje el inmueble, pague al actor o, en caso de pretender la enervación, pague la totalidad de lo que deba o ponga a disposición de aquel en el tribunal o notarialmente el importe de las cantidades reclamadas en la demanda y el de las que adeude en el momento de dicho pago enervador del desahucio; o en otro caso comparezca ante éste y alegue sucintamente, formulando oposición, las razones por las que, a su entender, no debe, en todo o en parte, la cantidad reclamada o las circunstancias relativas a la procedencia de la enervación.

Si el demandante ha expresado en su demanda que asume el compromiso a que se refiere el apartado 3 del artículo 437, se le pondrá de manifiesto en el requerimiento, y la aceptación de este compromiso equivaldrá a un allanamiento con los efectos del artículo 21.

Además, el requerimiento expresará el día y la hora que se hubieran señalado para que tengan lugar la eventual vista en caso de oposición del demandando, para la que servirá de citación, y el día y la hora exactos para la práctica del lanzamiento en caso de que no hubiera oposición. Asimismo, se expresará que en caso de solicitar asistencia jurídica gratuita el demandado, deberá hacerlo en los tres días siguientes a la práctica del requerimiento, así como que la falta de oposición al requerimiento supondrá la prestación de su consentimiento a la resolución del contrato de arrendamiento que le vincula con el arrendador.

El requerimiento se practicará en la forma prevista en el artículo 161, teniendo en cuenta las previsiones contenidas en apartado 3 del artículo 155 y en el último párrafo del artículo 164, apercibiendo al demandado de que, de no realizar ninguna de las actuaciones citadas, se procederá a su inmediato lanzamiento, sin necesidad de notificación posterior, así como de los demás extremos comprendidos en el apartado siguiente de este mismo artículo.

Si el demandado no atendiere el requerimiento de pago o no compareciere para oponerse o allanarse, el letrado o letrada de la Administración de Justicia dictará decreto dando por terminado el juicio de desahucio y se procederá al lanzamiento en el día y la hora fijadas.

Si el demandado atendiere el requerimiento en cuanto al desalojo del inmueble sin formular oposición ni pagar la cantidad que se reclamase, el letrado o letrada de la Administración de Justicia lo hará constar, y dictará decreto dando por terminado el procedimiento, y dejando sin efecto la diligencia de lanzamiento, a no ser que la parte demandante interese su mantenimiento para que se levante acta sobre el estado en que se encuentre la finca, dando traslado a la parte demandante para que inste el despacho de ejecución en cuanto a la cantidad reclamada, bastando para ello con la mera solicitud.

En los dos supuestos anteriores, el decreto dando por terminado el juicio de desahucio impondrá las costas al demandado e incluirá las rentas debidas que se devenguen con posterioridad a la presentación de la demanda hasta la entrega de la posesión efectiva de la finca, tomándose como base de la liquidación de las rentas futuras el importe de la última mensualidad reclamada al presentar la demanda. Si el demandado formulara oposición, se celebrará la vista en la fecha señalada.

6.   En todos los casos de desahucio, también se apercibirá al demandado en el requerimiento que se le realice que, de no comparecer a la vista, se declarará el desahucio sin más trámites y que queda citado para recibir la notificación de la sentencia que se dicte el sexto día siguiente al señalado para la vista, presencialmente o a través de sede electrónica. Igualmente, en la resolución que se dicte teniendo por opuesto al demandado se fijará día y hora exacta para que tenga lugar, en su caso, el lanzamiento, que deberá verificarse antes de treinta días desde la fecha señalada para la vista, advirtiendo al demandado que, si la sentencia fuese condenatoria y no se recurriera, se procederá al lanzamiento en el día y la hora fijadas, sin necesidad de notificación posterior.

En todos los casos de desahucio y en todos los decretos o resoluciones judiciales que tengan como objeto el señalamiento del lanzamiento, independientemente de que este se haya intentado llevar a cabo con anterioridad, se deberá incluir el día y hora exacta en que tendrá lugar el mismo.

7.   Tratándose de un caso de recuperación de la posesión de una vivienda a que se refiere el párrafo segundo del numeral 4.º del apartado 1 del artículo 250, si el demandado o demandados no contestaran a la parte demanda en el plazo legalmente previsto, se procederá de inmediato a dictar sentencia. La sentencia estimatoria de la pretensión permitirá su ejecución, previa solicitud del demandante, sin necesidad de que transcurra el plazo de veinte días previsto en el artículo 548.

8. El demandado, en su escrito de contestación, deberá pronunciarse, necesariamente, sobre la pertinencia de la celebración de la vista. Igualmente, el demandante deberá pronunciarse sobre ello, en el plazo de tres días desde el traslado del escrito de contestación. Si ninguna de las partes la solicitase y el tribunal no considerase procedente su celebración, dictará sentencia sin más trámites.

En todo caso, bastará con que una de las partes lo solicite para que el Letrado de la Administración de Justicia señale día y hora para su celebración, dentro de los cinco días siguientes. No obstante, en cualquier momento posterior, previo a la celebración de la vista, cualquiera de las partes podrá apartarse de su solicitud por considerar que la discrepancia afecta a cuestión o cuestiones meramente jurídicas. En este caso se dará traslado a la otra parte por el plazo de tres días y, transcurridos los cuales, si no se hubieren formulado alegaciones o manifestado oposición, quedarán los autos conclusos para dictar sentencia si el tribunal así lo considera.

Art. 439. *Inadmisión de la demanda en casos especiales.*— […]

3. No se admitirán las demandas de desahucio de finca urbana por falta de pago de las rentas o cantidades debidas por el arrendatario si el arrendador no indicare las circunstancias concurrentes que puedan permitir o no, en el caso concreto, la enervación del desahucio.

[…]

6. En los casos de los números 1.º, 2.º, 4.º y 7.º del apartado 1 del artículo 250, no se admitirán las demandas, que pretendan la recuperación de la posesión de una finca, en que no se especifique:

a) Si el inmueble objeto de las mismas constituye vivienda habitual de la persona ocupante.

b) Si concurre en la parte demandante la condición de gran tenedora de vivienda, en los términos que establece el artículo 3.k) de la Ley 12/2023, de 24 de mayo, por el derecho a la vivienda.

En el caso de indicarse que no se tiene la condición de gran tenedor, a efectos de corroborar tal extremo, se deberá adjuntar a la demanda certificación del Registro de la Propiedad en el que consten la relación de propiedades a nombre de la parte actora.

c) En el caso de que la parte demandante tenga la condición de gran tenedor, si la parte demandada se encuentra o no en

---

Art. 439.6 y 7: Apartados añadidos por la Disp. Final 5.ª2 de la Ley 12/2023, de 24 de mayo, del derecho a la vivienda (§ 16).

situación de vulnerabilidad económica.

Para acreditar la concurrencia o no de vulnerabilidad económica se deberá aportar documento acreditativo, de vigencia no superior a tres meses, emitido, previo consentimiento de la persona ocupante de la vivienda, por los servicios de las Administraciones autonómicas y locales competentes en materia de vivienda, asistencia social, evaluación e información de situaciones de necesidad social y atención inmediata a personas en situación o riesgo de exclusión social que hayan sido específicamente designados conforme la legislación y normativa autonómica en materia de vivienda.

El requisito exigido en esta letra c) también podrá cumplirse mediante:

1.º La declaración responsable emitida por la parte actora de que ha acudido a los servicios indicados anteriormente, en un plazo máximo de cinco meses de antelación a la presentación de la demanda, sin que hubiera sido atendida o se hubieran iniciado los trámites correspondientes en el plazo de dos meses desde que presentó su solicitud, junto con justificante acreditativo de la misma.

2.º El documento acreditativo de los servicios competentes que indiquen que la persona ocupante no consiente expresa-mente el estudio de su situación económica en los términos previstos en la legislación y normativa autonómica en materia de vivienda. Este documento no podrá tener una vigencia superior a tres meses.

7. En los casos de los números 1.º, 2.º, 4.º y 7.º del apartado 1 del artículo 250, en el caso de que la parte actora tenga la condición de gran tenedora en los términos previstos por el apartado anterior, el inmueble objeto de demanda constituya vivienda habitual de la persona ocupante y la misma se encuentre en situación de vulnerabilidad económica conforme lo previsto igualmente en el apartado anterior, no se admitirán las demandas en las que no se acredite que la parte actora se ha sometido al procedimiento de conciliación o intermediación que a tal efecto establezcan las Administraciones Públicas competentes, en base al análisis de las circunstancias de ambas partes y de las posibles ayudas y subvenciones existentes en materia de vivienda conforme a lo dispuesto en la legislación y normativa autonómica en materia de vivienda.

El requisito anterior podrá acreditarse mediante alguna de las siguientes formas:

1.º La declaración responsable emitida por la parte actora de que ha acudido a los servicios indicados anteriormente, en un plazo máximo de cinco meses de antelación a la presentación de la demanda, sin que hubiera sido atendida o se hubieran iniciado los trámites correspondientes en el plazo de dos meses desde que presentó su solicitud, junto con justificante acreditativo de la misma.

2.º El documento acreditativo de los servicios competentes que indique el resultado del procedimiento de conciliación o intermediación, en el que se hará constar la identidad de las partes, el objeto de la controversia y si alguna de las partes ha rehusado participar en el procedimiento, en su caso. Este documento no podrá tener una vigencia superior a tres meses.

En el caso de que la empresa arrendadora sea una entidad pública de vivienda el requisito anterior se podrá sustituir, en su caso, por la previa concurrencia de la acción de los servicios específicos de intermediación de la propia entidad, que se acreditará en los mismos términos del apartado anterior.

Art. 440. *Citación para la vista.*— Contestada la demanda y, en su caso, la reconvención o el crédito compensable, o transcurridos los plazos correspondientes, el letrado o letrada de la Administración de Justicia, cuando haya de celebrarse vista de acuerdo con lo expresado en el artículo 438, citará a las partes a tal fin dentro de los cinco días siguientes.

La vista habrá de tener lugar dentro del plazo máximo de un mes. En la citación se fijará el día y hora en el que haya de celebrarse la vista, y se informará a las partes de la posibilidad de recurrir a una negociación para intentar solucionar el conflicto, incluido el recurso a una mediación, en cuyo caso aquéllas indicarán en la vista o antes de ella su decisión al respecto y las razones de la misma.

En la citación se hará constar que la vista no se suspenderá por inasistencia del demandado y se advertirá a los litigantes que, si

---

Art. 440: Rúbrica redactada conforme al art. único.cincuenta y uno de la Ley 42/2015, de 5 de octubre, de reforma de la Ley 1/2000, de 7 de enero, de Enjuiciamiento Civil (*BOE* n.º 239, de 6 de octubre). Se modifica por el art. 103.76 del Real Decreto-ley 6/2023, de 19 de diciembre, por el que se aprueban medidas urgentes para la ejecución del Plan de Recuperación, Transformación y Resiliencia en materia de servicio público de justicia, función pública, régimen local y mecenazgo (*BOE* n.º 303, de 20 de diciembre de 2023).

Art. 440.3 y 4: Apartados redactados conforme al art. 2.ºcuatro de la Ley 4/2013, de 4 de junio, de medidas de flexibilización y fomento del mercado del alquiler de viviendas (§ 11) y modificados por el art. 2.º2 del Real Decreto-ley 7/2019, de 1 de marzo, de medidas urgentes en materia de vivienda y alquiler (§ 13).

Vid. art. 1.º y Disp. Trans. 1.ª del Real Decreto-ley 11/2020, de 31 de marzo, por el que se adoptan medidas urgentes complementarias en el ámbito social y económico para hacer frente al COVID-19 (§ 14).

no asistieren y se hubiere admitido su interrogatorio, podrán considerarse admitidos los hechos del interrogatorio conforme a lo dispuesto en el artículo 304. Asimismo, se prevendrá a la parte demandante y demandada de lo dispuesto en el artículo 442, para el caso de que no comparecieren a la vista.

La citación indicará también a las partes que, en el plazo de los cinco días siguientes a la recepción de la citación, deben indicar las personas que, por no poderlas presentar ellas mismas, han de ser citadas por el Letrado de la Administración de Justicia a la vista para que declaren en calidad de parte, testigos o peritos. A tal fin, facilitarán todos los datos y circunstancias precisos para llevar a cabo la citación. En el mismo plazo de cinco días podrán las partes pedir respuestas escritas a cargo de personas jurídicas o entidades públicas, por los trámites establecidos en el artículo 381. En el supuesto que alguna de las partes hubiera anunciado la presentación de una prueba pericial conforme al artículo 337.1, dicho plazo de cinco días empezará a contar desde

que se tenga por aportado el referido dictamen o haya transcurrido el plazo para su presentación.

Art. 441.   *Casos especiales en la tramitación inicial del juicio verbal.*—[…]

1 bis.   Cuando se trate de una demanda de recuperación de la posesión de una vivienda o parte de ella que se tramite según lo previsto en el artículo 250.1.4.º, la notificación se hará a quien se encuentre habitando aquélla. Se podrá hacer además a los ignorados ocupantes de la vivienda. A efectos de proceder a la identificación del receptor y demás ocupantes, quien realice el acto de comunicación podrá ir acompañado de los agentes de la autoridad.

Si el demandante hubiera solicitado la inmediata entrega de la posesión de la vivienda, en el decreto de admisión a trámite de la demanda se requerirá a sus ocupantes para que aporten, en el plazo de cinco días desde la notificación de aquella, título que justifique su situación posesoria.

Si no se aportara justificación suficiente, el tribunal ordenará mediante auto el desalojo de los ocupantes y la inmediata entrega

---

Art. 440.5: Apartado añadido por la Disp. Final 5.ª3 de la Ley 12/2023, de 24 de mayo, del derecho a la vivienda (§ 16).
Art. 441.1 bis: Apartado añadido por el art. único.4 de la Ley 5/2018, de 11 de junio, de modificación de la Ley de Enjuiciamiento Civil en relación a la ocupación ilegal de viviendas (*BOE* n.º 142, de 12 de junio), y modificado por la Disp. Final 5.ª4 de la Ley 12/2023, de 24 de mayo, del derecho a la vivienda (§ 16).

de la posesión de la vivienda al demandante, siempre que el título que se hubiere acompañado a la demanda fuere bastante para la acreditación de su derecho a poseer y sin perjuicio de lo establecido en los apartados 5, 6 y 7 de este mismo artículo si ha sido posible la identificación del receptor de la notificación o demás ocupantes de la vivienda.

Contra el auto que decida sobre el incidente no cabrá recurso alguno y se llevará a efecto contra cualquiera de los ocupantes que se encontraren en ese momento en la vivienda.

[…]

5.   En los casos de los números 1.º, 2.º, 4.º y 7.º del apartado 1 del artículo 250, siempre que el inmueble objeto de la controversia constituya la vivienda habitual de la parte demandada, se informará a esta, en el decreto de admisión a trámite de la demanda, de la posibilidad de acudir a las Administraciones Públicas autonómicas y locales competentes en materia de vivienda, asistencia social, evaluación e información de situaciones de necesidad social y atención inmediata a personas en situación o riesgo de exclusión social. La información deberá comprender los datos exactos de identificación de dichas Administraciones y el modo de tomar contacto con ellas,

a efectos de que puedan apreciar la posible situación de vulnerabilidad de la parte demandada.

Sin perjuicio de lo dispuesto en el párrafo anterior, se comunicará inmediatamente y de oficio por el Juzgado la existencia del procedimiento a las Administraciones autonómicas y locales competentes en materia de vivienda, asistencia social, evaluación e información de situaciones de necesidad social y atención inmediata a personas en situación o riesgo de exclusión social, a fin de que puedan verificar la situación de vulnerabilidad y, de existir esta, presentar al Juzgado propuesta de alternativa de vivienda digna en alquiler social a proporcionar por la Administración competente para ello y propuesta de medidas de atención inmediata a adoptar igualmente por la Administración competente, así como de las posibles ayudas económicas y subvenciones de las que pueda ser beneficiaria la parte demandada.

En caso de que estas Administraciones Públicas confirmasen que el hogar afectado se encuentra en situación de vulnerabilidad económica y, en su caso, social, se notificará al órgano judicial a la mayor brevedad y en todo caso en el plazo máximo de diez días.

En los casos previstos por los apartados 6 y 7 del artículo 439,

---

Art. 441.5: Apartado modificado por la DF 5.ª4 de la Ley 12/2023, de 24 de mayo, por el derecho a la vivienda (*BOE* n.º 124, de 25 de mayo de 2023).

cuando la parte actora sea una gran tenedora de vivienda y hubiera presentado junto con la demanda documento acreditativo de la vulnerabilidad de la parte demandada, en el oficio a las Administraciones públicas competentes se hará constar esta circunstancia a efectos de que efectúen directamente, en el mismo plazo, la propuesta de medidas de atención inmediata a adoptar, así como de las posibles ayudas económicas y subvenciones de las que pueda ser beneficiaria la parte demandada y las causas, que, en su caso, han impedido su aplicación con anterioridad.

Recibida dicha comunicación o transcurrido el plazo, el letrado o letrada de la Administración de Justicia dará traslado a las partes para que en el plazo de cinco días puedan instar lo que a su derecho convenga, procediendo a suspender la fecha prevista para la celebración de la vista o para el lanzamiento, de ser necesaria tal suspensión por la inmediatez de las fechas.

6. Presentados los escritos de las partes o transcurrido el plazo concedido para ello, el tribunal resolverá por auto, a la vista de la información recibida de las Administraciones Públicas competentes y de las alegaciones de las partes, sobre si suspende el proceso para que se adopten las medidas propuestas por las Administraciones públicas, durante un plazo máximo de suspensión de dos meses si el demandante es una persona física o de cuatro meses si se trata de una persona jurídica.

Una vez adoptadas las medidas por las Administraciones Públicas competentes o transcurrido el plazo máximo de suspensión previsto en el párrafo anterior, se alzará ésta automáticamente y continuará el procedimiento por todos sus trámites.

7. El tribunal tomará la decisión previa valoración ponderada y proporcional del caso concreto, apreciando las situaciones de vulnerabilidad que pudieran concurrir también en la parte actora y cualquier otra circunstancia acreditada en autos.

A estos efectos, en particular, el tribunal para apreciar la situación de vulnerabilidad económica podrá considerar el hecho de que el importe de la renta, si se trata de un juicio de desahucio por falta de pago, más el de los suministros de electricidad, gas, agua y telecomunicaciones suponga más del 30 por 100 de los ingresos de la unidad familiar y que el conjunto de dichos ingresos no alcance:

a) Con carácter general, el límite de 3 veces el Indica-

Art. 441.6 y 7: Apartados añadidos por la Disp. Final 5.ª4 de la Ley 12/2023, de 24 de mayo, del derecho a la vivienda (§ 16).

dor Público de Renta de Efectos Múltiples mensual (en adelante IPREM).

b) Este límite se incrementará en 0,3 veces el IPREM por cada hijo a cargo en la unidad familiar. El incremento aplicable por hijo a cargo será de 0,35 veces el IPREM por cada hijo en el caso de unidad familiar monoparental o en el caso de cada hijo con discapacidad igual o superior al 33 por 100.

c) Este límite se incrementará en 0,2 veces el IPREM por cada persona mayor de 65 años miembro de la unidad familiar o personas en situación de dependencia a cargo.

d) En caso de que alguno de los miembros de la unidad familiar tenga declarada discapacidad igual o superior al 33 por 100, situación de dependencia o enfermedad que le incapacite acreditadamente de forma permanente para realizar una actividad laboral, el límite previsto en la letra *a)* será de 5 veces el IPREM, sin perjuicio de los incrementos acumulados por hijo a cargo.

A estos mismos efectos, el tribunal para apreciar la vulnerabilidad social podrá considerar el hecho de que, entre quienes ocupen la vivienda, se encuentren personas dependientes de conformidad con lo dispuesto en el apartado 2 del artículo 2 de la Ley 39/2006, de 14 de diciembre, de Promoción de la Autonomía Personal y Atención a las personas en situación de dependencia, víctimas de violencia sobre la mujer o personas menores de edad.

Art. 447.   *Sentencia. Ausencia de cosa juzgada en casos especiales.*—1.   Practicadas las pruebas, el tribunal podrá conceder a las partes un turno de palabra para formular oralmente conclusiones. A continuación, se dará por terminada la vista y el tribunal dictará sentencia dentro de los diez días siguientes. Se exceptúan los juicios verbales en que se pida el desahucio de finca urbana, en que la sentencia se dictará en los cinco días siguientes, convocándose en el acto de la vista a las partes a la sede del tribunal para recibir la notificación si no estuvieran representadas por procurador o no debiera realizarse por medios telemáticos, que tendrá lugar el día más próximo posible dentro de los cinco siguientes al de la sentencia.

Sin perjuicio de lo anterior, en las sentencias de condena por allanamiento a que se refieren los

---

Art. 447.1 y 2: Apartados redactados conforme al art. 2.°catorce de la Ley 19/2009, de 23 de noviembre, de medidas de fomento y agilización procesal del alquiler y de la eficiencia energética de los edificios (*BOE* n.° 283, de 24 de noviembre), salvo el párr. 1.° del apdo. 1, redactado conforme al art. único.cincuenta y seis de la Ley 42/2015, de 5 de octubre, de reforma de la Ley 1/2000, de 7 de enero, de Enjuiciamiento Civil (*BOE* n.° 239, de 6 de octubre).

apartados 3 de los artículos 437 y 440, en previsión de que no se verifique por el arrendatario el desalojo voluntario en el plazo señalado, se fijará con carácter subsidiario día y hora en que tendrá lugar, en su caso, el lanzamiento directo del demandado, que se llevará a término sin necesidad de ulteriores trámites en un plazo no superior a quince días desde la finalización de dicho período voluntario. Del mismo modo, en las sentencias de condena por incomparecencia del demandado, se procederá al lanzamiento en la fecha fijada sin más trámite.

2.   No producirán efectos de cosa juzgada las sentencias que pongan fin a los juicios verbales sobre tutela sumaria de la posesión ni las que decidan sobre la pretensión de desahucio o recuperación de finca, rústica o urbana, dada en arrendamiento, por impago de la renta o alquiler o por expiración legal o contractual del plazo, y sobre otras pretensiones de tutela que esta Ley califique como sumarias.

3.   Carecerán también de efectos de cosa juzgada las sentencias que se dicten en los juicios verbales en que se pretenda la efectividad de derechos reales inscritos frente a quienes se opongan a ellos o perturben su ejercicio, sin disponer de título inscrito.

4.   Tampoco tendrán efectos de cosa juzgada las resoluciones judiciales a las que, en casos determinados, las leyes nieguen esos efectos.

....

TÍTULO V

De la rebeldía y de la rescisión de sentencias firmes y nueva audiencia al demandado rebelde

....

Art. 497.   *Régimen de notificaciones.*— 1.   La resolución que declare la rebeldía se notificará al demandado en forma electrónica cuando tenga obligación legal o contractual de relacionarse con la Administración de Justicia por dichos medios. En los demás casos, por correo, si su domicilio fuere conocido y, si no

---

Art. 497: Redactado conforme al artículo 103.96 del Real Decreto-ley 6/2023, de 19 de diciembre, por el que se aprueban medidas urgentes para la ejecución del Plan de Recuperación, Transformación y Resiliencia en materia de servicio público de justicia, función pública, régimen local y mecenazgo (*BOE* n.º 303, de 20 de diciembre 2023).

lo fuere, mediante edictos. Hecha esta notificación, no se llevará a cabo ninguna otra, excepto la de la resolución que ponga fin al proceso.

2.   La sentencia o resolución que ponga fin al proceso se notificará al demandado personalmente, en la forma prevista en el artículo 161 de esta ley. Pero si el demandado se hallare en paradero desconocido, la notificación se hará publicando un extracto de la misma en el Tablón Edictal Judicial Único.

Lo mismo será de aplicación para las sentencias dictadas en apelación o en casación.

....

LIBRO III

De la ejecución forzosa y de las medidas cautelares

....

TÍTULO III

De la ejecución: disposiciones generales

....

CAPÍTULO III

DEL DESPACHO DE LA EJECUCIÓN

....

Art. 549.   *Demanda ejecutiva. Contenido.*—[…]

3.   En la sentencia condenatoria de todos los tipos de desahucio, o en los decretos que pongan fin al referido desahucio si no hubiera oposición al requerimiento, la solicitud de su ejecución en la demanda de desahucio será suficiente para la ejecución directa de dichas resoluciones, sin necesidad de ningún otro trámite para proceder al lanzamiento en el día y hora exacta señalados en la propia sentencia o en el día y hora exacta que se hubiera fijado al ordenar la realización del requerimiento al demandado.

Art. 549.3: Redactado conforme al art. 2.ºseis de la Ley 4/2013, de 4 de junio, de medidas de flexibilización y fomento del mercado del alquiler de viviendas (§ 11). Apartado modificado por la Disp. Final 5.ª5 de la Ley 12/2023, de 24 de mayo, del derecho a la vivienda (§ 16) y por el artículo 103.103 del Real Decreto-ley 6/2023, de 19 de diciembre, por el que se aprueban medidas urgentes para la ejecución del Plan de Recuperación, Transformación y Resiliencia en materia de servicio público de justicia, función pública, régimen local y mecenazgo (*BOE* n.º 303, de 20 de diciembre 2023).

4. El plazo de espera legal al que se refiere el artículo anterior no será de aplicación en la ejecución de resoluciones de condena de desahucio por falta de pago de rentas o cantidades debidas, o por expiración legal o contractual del plazo, que se regirá por lo previsto en tales casos.

No obstante, cuando se trate de vivienda habitual, con carácter previo al lanzamiento deberá haberse procedido en los términos de los apartados 5, 6 y 7 del artículo 441 de esta ley.

....

TÍTULO V

De la ejecución no dineraria

....

CAPÍTULO II

DE LA EJECUCIÓN POR DEBERES DE ENTREGAR COSAS

....

Art. 703. *Entrega de bienes inmuebles.*—1. Si el título dispusiere la transmisión o entrega de un bien inmueble, una vez dictado el auto autorizando y despachando la ejecución, el secretario judicial responsable de la misma ordenará de inmediato lo que proceda según el contenido de la condena y, en su caso, dispondrá lo necesario para adecuar el Registro al título ejecutivo.

Si en el inmueble que haya de entregarse hubiere cosas que no sean objeto del título, el secretario judicial requerirá al ejecutado para que las retire dentro del plazo que señale. Si no las retirare, se considerarán bienes abandonados a todos los efectos.

En los casos de desahucio por falta de pago de rentas o cantidades debidas, o por expiración legal o contractual del plazo, para evitar demoras en la práctica del lanzamiento, previa autorización del secretario judicial, bastará con la presencia de un único funcionario con categoría de Gestor, que podrá solicitar el auxilio, en su caso, de la fuerza pública.

....

Art. 549.4: Apartado modificado por el art. 2.º4 del Real Decreto-ley 7/2019, de 1 de marzo, de medidas urgentes en materia de vivienda y alquiler (§ 13). Apartado modificado por la Disp. Final 5.ª5 de la Ley 12/2023, de 24 de mayo, del derecho a la vivienda (§ 16).

Art. 703.1: Redactado conforme al art. 2.ºsiete de la Ley 4/2013, de 4 de junio, de medidas de flexibilización y fomento del mercado del alquiler de viviendas (§ 11).

§ 9.   REAL DECRETO LEGISLATIVO 2/2004, DE 5 DE MARZO, POR EL QUE SE APRUEBA EL TEXTO REFUNDIDO DE LA LEY REGULADORA DE LAS HACIENDAS LOCALES

(*BOE* n.º 59, de 9 de marzo de 2004)

....

TÍTULO II

Recursos de los municipios

CAPÍTULO II

TRIBUTOS PROPIOS

SECCIÓN 3.ª

Impuestos

Subsección 2.ª

Impuesto sobre Bienes Inmuebles

Art. 63. *Sujeto pasivo.*— 1. Son sujetos pasivos, a título de contribuyentes, las personas naturales y jurídicas y las entidades a que se refiere el artículo 35.4 de la Ley 58/2003, de 17 de diciembre, General Tributaria, que ostenten la titularidad del derecho que, en cada caso, sea constitutivo del hecho imponible de este impuesto.

En el caso de bienes inmuebles de características especiales, cuando la condición de contribuyente recaiga en uno o en varios concesionarios, cada uno de ellos lo será por su cuota, que se determinará en razón a la parte del valor catastral que corresponda a la superficie concedida y a la construcción directamente vinculada a cada concesión. Sin perjuicio del deber de los concesionarios de formalizar las declaraciones a que se refiere el artículo 76 de esta Ley, el ente u organismo público al que se halle afectado o adscrito el inmueble o aquel a cuyo cargo se encuentre su administración y gestión, estará obligado a suministrar anualmente al Ministerio de Economía y Hacienda la información relativa a dichas concesiones en los términos y demás condiciones que se determinen por orden.

Para esa misma clase de inmuebles, cuando el propietario tenga la condición de contribuyente en razón de la superficie no afectada por las concesiones, actuará como sustituto del mismo el ente u organismo público al que se refiere el párrafo anterior, el cual no podrá repercutir en el contribuyente el importe de la deuda tributaria satisfecha.

2. Lo dispuesto en el apartado anterior será de aplicación sin perjuicio de la facultad del sujeto pasivo de repercutir la carga tributaria soportada conforme a las normas de derecho común.

Las Administraciones Públicas y los entes u organismos a que se refiere el apartado anterior repercutirán la parte de la cuota líquida del impuesto que corresponda en quienes, no re-

uniendo la condición de sujetos pasivos, hagan uso mediante contraprestación de sus bienes demaniales o patrimoniales, los cuales estarán obligados a soportar la repercusión. A tal efecto la cuota repercutible se determinará en razón a la parte del valor catastral que corresponda a la superficie utilizada y a la construcción directamente vinculada a cada arrendatario o cesionario del derecho de uso. Lo dispuesto en este párrafo no será de aplicación en el supuesto de alquiler de inmueble de uso residencial con renta limitada por una norma jurídica.

....

Art. 72.   *Tipo de gravamen. Recargo por inmuebles urbanos de uso residencial desocupados con carácter permanente.—*
1. El tipo de gravamen mínimo y supletorio será el 0,4 por 100 cuando se trate de bienes inmuebles urbanos y el 0,3 por 100 cuando se trate de bienes inmuebles rústicos, y el máximo será el 1,10 por 100 para los urbanos y 0,90 por 100 para los rústicos.
2. El tipo de gravamen aplicable a los bienes inmuebles de características especiales, que tendrá carácter supletorio, será

Art. 63.2: Apartado modificado por el art. 4.º1 del Real Decreto-ley 7/2019, de 1 de marzo, de medidas urgentes en materia de vivienda y alquiler (§ 13).

del 0,6 por 100. Los ayuntamientos podrán establecer para cada grupo de ellos existentes en el municipio un tipo diferenciado que, en ningún caso, será inferior al 0,4 por 100 ni superior al 1,3 por 100.

3. Los ayuntamientos respectivos podrán incrementar los tipos fijados en el apartado 1 con los puntos porcentuales que para cada caso se indican, cuando concurra alguna de las circunstancias siguientes. En el supuesto de que sean varias, se podrá optar por hacer uso del incremento previsto para una sola, algunas o todas ellas:

Puntos porcentuales	Bienes urbanos	Bienes rústicos
A) Municipios que sean capital de provincia o Comunidad Autónoma	0,07	0,06
B) Municipios en los que se preste servicio de transporte público colectivo de superficie	0,07	0,05
C) Municipios cuyos ayuntamientos presten más servicios de aquellos a los que están obligados según lo dispuesto en el artículo 26 de la Ley 7/1985, de 2 de abril	0,06	0,06
D) Municipios en los que los terrenos de naturaleza rústica representan más del 80 por 100 de la superficie total del término	0,00	0,15

4. Dentro de los límites resultantes de lo dispuesto en los apartados anteriores, los ayuntamientos podrán establecer, para los bienes inmuebles urbanos, excluidos los de uso residencial, tipos diferenciados atendiendo a los usos establecidos en la normativa catastral para la valoración de las construcciones. Cuando los inmuebles tengan atribuidos varios usos se aplicará el tipo correspondiente al uso de la edificación o dependencia principal.

Dichos tipos solo podrán aplicarse, como máximo, al 10 por 100 de los bienes inmuebles urbanos del término municipal que, para cada uso, tenga mayor valor

---

Art. 72.4: Apartado modificado por el art. 4.º2 del Real Decreto-ley 7/2019, de 1 de marzo, de medidas urgentes en materia de vivienda y alquiler (§ 13) y por la Disp. Final 3.ª de la Ley 12/2023, de 24 de mayo, del derecho a la vivienda (§ 16).

catastral, a cuyo efecto la ordenanza fiscal del impuesto señalará el correspondiente umbral de valor para todos o cada uno de los usos, a partir del cual serán de aplicación los tipos incrementados.

Tratándose de inmuebles de uso residencial que se encuentren desocupados con carácter permanente, los ayuntamientos podrán exigir un recargo de hasta el 50 por 100 de la cuota líquida del impuesto.

A estos efectos tendrá la consideración de inmueble desocupado con carácter permanente aquel que permanezca desocupado, de forma continuada y sin causa justificada, por un plazo superior a dos años, conforme a los requisitos, medios de prueba y procedimiento que establezca la ordenanza fiscal, y pertenezcan a titulares de cuatro o más inmuebles de uso residencial.

El recargo podrá ser de hasta el 100 por 100 de la cuota líquida del impuesto cuando el período de desocupación sea superior a tres años, pudiendo modularse en función del período de tiempo de desocupación.

Además, los ayuntamientos podrán aumentar el porcentaje de recargo que corresponda con arreglo a lo señalado anteriormente en hasta 50 puntos porcentuales adicionales en caso de inmuebles pertenecientes a titulares de dos o más inmuebles de uso residencial que se encuentren desocupados en el mismo término municipal.

En todo caso se considerarán justificadas las siguientes causas: el traslado temporal por razones laborales o de formación, el cambio de domicilio por situación de dependencia o razones de salud o emergencia social, inmuebles destinados a usos de vivienda de segunda residencia con un máximo de cuatro años de desocupación continuada, inmuebles sujetos a actuaciones de obra o rehabilitación, u otras circunstancias que imposibiliten su ocupación efectiva, que la vivienda esté siendo objeto de un litigio o causa pendiente de resolución judicial o administrativa que impida el uso y disposición de la misma o que se trate de inmuebles cuyos titulares, en condiciones de mercado, ofrezcan en venta, con un máximo de un año en esta situación, o en alquiler, con un máximo de seis meses en esta situación. En el caso de inmuebles de titularidad de alguna Administración Pública, se considerará también como causa justificada ser objeto el inmueble de un procedimiento de venta o de puesta en explotación mediante arrendamiento.

El recargo, que se exigirá a los sujetos pasivos de este tributo, se devengará el 31 de diciembre y se liquidará anualmente por los ayuntamientos, una vez constatada la desocupación del inmueble en tal fecha, juntamente con el acto administrativo por el que esta se declare.

La declaración municipal como inmueble desocupado con carácter permanente exigirá la previa audiencia del sujeto pasivo y la acreditación por el Ayuntamiento de los indicios de desocupación, a regular en dicha ordenanza, dentro de los cuales podrán figurar los relativos a los datos del padrón municipal, así como los consumos de servicios de suministro.

5.   Por excepción, en los municipios en los que entren en vigor nuevos valores catastrales de inmuebles rústicos y urbanos, resultantes de procedimientos de valoración colectiva de carácter general, los ayuntamientos podrán establecer, durante un período máximo de seis años, tipos de gravamen reducidos, que no podrán ser inferiores al 0,1 por 100 para los bienes inmuebles urbanos ni al 0,075 por 100, tratándose de inmuebles rústicos.

6.   Los ayuntamientos que acuerden nuevos tipos de gravamen, por estar incurso el municipio respectivo en procedimientos de valoración colectiva de carácter general, deberán aprobar dichos tipos provisionalmente con anterioridad al inicio de las notificaciones individualizadas de los nuevos valores y, en todo caso, antes del 1 de julio del año inmediatamente anterior a aquel en que deban surtir efecto. De este acuerdo se dará traslado a la Dirección General del Catastro dentro de dicho plazo.

7.   En los supuestos a los que se refiere el apartado 3 del artículo 66 de esta ley, los ayuntamientos aplicarán a los bienes inmuebles rústicos y urbanos que pasen a formar parte de su término municipal el tipo de gravamen vigente en el municipio de origen, salvo que acuerden establecer otro distinto.

....

Art. 74.   *Bonificaciones potestativas.*—[…]

6.   Los ayuntamientos mediante ordenanza fiscal podrán establecer una bonificación de hasta el 95 por 100 en la cuota íntegra del impuesto para los bienes inmuebles de uso residencial destinados a alquiler de vivienda con renta limitada por una norma jurídica.

....

Art. 72.6: Se amplía, con vigencia exclusiva para el ejercicio 2023, el plazo previsto en este apartado hasta el 31 de julio de 2023, según se establece en la Disp. Trans. 3.ª de la Ley 31/2022, de 23 de diciembre, de Presupuestos Generales del Estado para el año 2023 (*BOE* n.º 308, de 24 de diciembre).

Art. 74.6: Apartado modificado por el art. 4.º3 del Real Decreto-ley 7/2019, de 1 de marzo, de medidas urgentes en materia de vivienda y alquiler (§ 13).

§ 10.   LEY 35/2006, DE 28 DE NOVIEMBRE, DEL IMPUESTO SOBRE LA RENTA DE LAS PERSONAS FÍSICAS

(*BOE* n.º 285, de 29 de noviembre de 2006)

....

TÍTULO III

Determinación de la base imponible

....

CAPÍTULO II

DEFINICIÓN Y DETERMINACIÓN
DE LA RENTA GRAVABLE

....

SECCIÓN 2.ª

Rendimientos del capital

....

Subsección 1.ª

*Rendimientos del capital
inmobiliario*

....

Art. 23.   *Gastos deducibles y reducciones.*—[…]

2.   En los supuestos de arrendamiento de bienes inmuebles destinados a vivienda, el rendimiento neto positivo calculado con arreglo a lo dispuesto en el apartado anterior, se reducirá:

a)   En un 90 por 100 cuando se hubiera formalizado por el mismo arrendador un nuevo contrato de arrendamiento sobre una vivienda situada en una zona de mercado residencial tensionado, en el que la renta inicial se hubiera rebajado en más de un 5 por 100 en relación con la última renta del anterior contrato de arrendamiento de la misma vivienda, una vez aplicada, en su caso, la cláusula de actualización anual del contrato anterior.

b) En un 70 por 100 cuando no cumpliéndose los requisitos señalados en la letra *a)* anterior, se produzca alguna de las circunstancias siguientes:

1.º Que el contribuyente hubiera alquilado por primera vez la vivienda, siempre que ésta se encuentre situada en una zona de mercado residencial tensionado y el arrendatario tenga una edad comprendida entre 18 y 35 años. Cuando existan varios arrendatarios de una misma vivienda, esta reducción se aplicará sobre la parte del rendimiento neto que proporcionalmente corresponda a los arrendatarios que cumplan los requisitos previstos en esta letra.

2.º Cuando el arrendatario sea una Administración Pública o entidad sin fines lucrativos a las que sea de aplicación el régimen especial regulado en el título II de la Ley 49/2002, de 23 de diciembre, de régimen fiscal de las entidades sin fines lucrativos y de los incentivos fiscales al mecenazgo, que destine la vivienda al alquiler social con una renta mensual inferior a la establecida en el programa de ayudas al alquiler del plan estatal de vivienda, o al alojamiento de personas en situación de vulnerabilidad económica a que se refiere la Ley 19/2021, de 20 de diciembre, por la que se establece el ingreso mínimo vital, o cuando la vivienda esté acogida a algún programa público de vivienda o calificación en virtud del cual la Administración competente establezca una limitación en la renta del alquiler.

c) En un 60 por 100 cuando, no cumpliéndose los requisitos de las letras anteriores, la vivienda hubiera sido objeto de una actuación de rehabilitación en los términos previstos en el apartado 1 del artículo 41 del Reglamento del Impuesto que hubiera finalizado en los dos años anteriores a la fecha de la celebración del contrato de arrendamiento.

d) En un 50 por 100, en cualquier otro caso.

Los requisitos señalados deberán cumplirse en el momento de celebrar el contrato de arrendamiento, siendo la reducción aplicable mientras se sigan cumpliendo los mismos.

Art. 23.2: El apartado 2 de este precepto ha sido modificado por el art. 69.1 de la Ley 39/2010, de 22 de diciembre, de Presupuestos Generales del Estado para el año 2011 (*BOE* n.º 311, de 23 de diciembre); por el art. 1.13 de la Ley 26/2014, de 27 de noviembre, por la que se modifica la Ley del Impuesto sobre la Renta de las Personas Físicas (*BOE* n.º 288, de 28 de noviembre); por el art. 3.2 de la Ley 11/2021, de 9 de julio, de medidas de prevención y lucha contra el fraude fiscal (*BOE* n.º 164, de 10 de julio); y por la Disp. Final 2.1 de la Ley 12/2023, de 24 de mayo, por el derecho a la vivienda (§ 16). Esta última modificación entró en vigor el 1 de enero de 2024, según la Disp. Final 9 de dicha Ley.

Estas reducciones sólo resultarán aplicables sobre los rendimientos netos positivos que hayan sido calculados por el contribuyente en una autoliquidación presentada antes de que se haya iniciado un procedimiento de verificación de datos, de comprobación limitada o de inspección que incluya en su objeto la comprobación de tales rendimientos.

En ningún caso resultarán de aplicación las reducciones respecto de la parte de los rendimientos netos positivos derivada de ingresos no incluidos o de gastos indebidamente deducidos en la autoliquidación del contribuyente y que se regularicen en alguno de los procedimientos citados en el párrafo anterior, incluso cuando esas circunstancias hayan sido declaradas o aceptadas por el contribuyente durante la tramitación del procedimiento. Tampoco resultarán de aplicación las reducciones en relación con aquellos contratos de arrendamiento que incumplan lo dispuesto en el apartado 6 del artículo 17 de la Ley de Arrendamientos Urbanos.

Las zonas de mercado residencial tensionado a las que podrá resultar de aplicación lo previsto en este apartado serán las recogidas en la resolución que, de acuerdo con lo dispuesto en la legislación estatal en materia de vivienda, apruebe el Ministerio de Transportes, Movilidad y Agenda urbana.

....

DISPOSICIONES TRANSITORIAS

38.ª *Reducción aplicable a determinados arrendamientos de viviendas.*—A los rendimientos netos positivos de capital inmobiliario derivados de contratos de arrendamiento de vivienda que se hubieran celebrado con anterioridad a la entrada en vigor de la Ley 12/2023, de 24 de mayo, por el derecho a la vivienda, les resultará de aplicación la reducción prevista en el apartado 2 del artículo 23 de esta ley en su redacción vigente a 31 de diciembre de 2021.

....

Disp. Trans. 38.ª: Añadida por la Disp. Final 2.ª2 de la Ley 12/2023, de 24 de mayo, por el derecho a la vivienda (§ 16). Esta modificación entró en vigor el 1 de enero de 2024, según la Disp. Final 9.ª de dicha Ley.

§ 11. LEY 4/2013, DE 4 DE JUNIO, DE MEDIDAS DE FLEXIBILIZACIÓN Y FOMENTO DEL MERCADO DEL ALQUILER DE VIVIENDAS

(*BOE* n.º 134, de 5 de junio de 2013)

PREÁMBULO

I

El mercado inmobiliario español se caracteriza por una alta tasa de propiedad y un débil mercado del alquiler. En España, el porcentaje de población que habita en una vivienda en alquiler se encuentra apenas en el 17 por 100, frente a la media de la Unión Europea que está muy próxima al 30 por 100. Esto le sitúa como el país europeo con mayor índice de vivienda por cada 1.000 habitantes y también como uno de los que posee menor parque de viviendas en alquiler.

En el marco económico actual, las implicaciones negativas que tiene esta característica del mercado de la vivienda sobre la economía y la sociedad españolas son patentes y afectan, tanto a la movilidad de los trabajadores como a la existencia de un elevado número de viviendas en propiedad, vacías y sin ningún uso.

La realidad, por tanto, es que el mercado de alquiler no es una alternativa eficaz al mercado de la propiedad en España, puesto que, o bien la oferta de viviendas en alquiler es insuficiente, o bien no es competitiva por estar sujeta a rentas muy elevadas. Además, nuestro mercado arrendaticio se caracteriza fundamentalmente por las relaciones personales entre arrendador y arrendatario, situándonos aún lejos de un verdadero mercado profesionalizado de alquiler.

De ahí que la búsqueda de mecanismos de flexibilización y dinamización de este mercado deba moverse en un marco que consiga atraer al mismo, al mayor número posible de las viviendas actualmente vacías y sin ningún uso, en manos de propietarios privados.

II

Esta Ley tiene, por tanto, el objetivo fundamental de flexibilizar el mercado del alquiler para lograr la necesaria dinamización del mismo, por medio de la búsqueda del necesario equilibrio entre las necesidades de vivienda en alquiler y las garantías que deben ofrecerse a los arrendadores para su puesta a disposición del mercado arrendaticio. Tal objetivo se busca mediante la modificación de un conjunto de preceptos de la Ley 29/1994, de 24 de noviembre, de Arrendamientos Urbanos, que supone la actuación sobre los siguientes aspectos fundamentales:

— El régimen jurídico aplicable, reforzando la libertad de pactos y dando prioridad a la voluntad de las partes, en el marco de lo establecido en el título II de la Ley.

— La duración del arrendamiento, reduciéndose de cinco a tres años la prórroga obligatoria y de tres a uno la prórroga tácita, con objeto de dinamizar el mercado del alquiler y dotarlo de mayor flexibilidad. De esta forma, arrendadores y arrendatarios podrán adaptarse con mayor facilidad a eventuales cambios en sus circunstancias personales.

— La recuperación del inmueble por el arrendador, para destinarlo a vivienda permanente en determinados supuestos, que requiere que hubiera transcurrido al menos el primer año de duración del contrato, sin necesidad de previsión expresa en el mismo, dotando de mayor flexibilidad al arrendamiento.

— La previsión de que el arrendatario pueda desistir del contrato en cualquier momento, una vez que hayan transcurrido al menos seis meses y lo comunique al arrendador con una antelación mínima de treinta días. Se reconoce la posibilidad de que las partes puedan pactar una indemnización para el caso de desistimiento.

Asimismo, es preciso normalizar el régimen jurídico del arrendamiento de viviendas para que la protección de los derechos, tanto del arrendador como del arrendatario, no se consiga a costa de la seguridad del tráfico jurídico, como sucede en la actualidad.

La consecución de esta finalidad exige que el arrendamiento de viviendas regulado por la Ley 29/1994, de 24 de noviembre, de Arrendamientos Urbanos, se someta al régimen general establecido por nuestro sistema de seguridad del tráfico jurídico inmobiliario y, en consecuencia, en primer lugar, que los arrendamientos no inscritos sobre fincas urbanas no puedan surtir efectos frente a terceros adquirentes que inscriban su derecho y, en segundo lugar, que el tercero adquirente de una vivienda que reúna los requisitos exigidos por el artículo 34 de la Ley Hipotecaria, no pueda resultar perjudicado por la existencia de un arrendamiento no inscrito. Todo ello, sin mengua alguna de los derechos ni del arrendador, ni del arrendatario.

Por último, en los últimos años se viene produciendo un aumento cada vez más significativo del uso del alojamiento privado para el turismo, que podría estar dando cobertura a situaciones de intrusismo y competencia desleal, que van en contra de la calidad de los destinos turísticos; de ahí que la reforma de la Ley propuesta los excluya específicamente para que queden regulados por la normativa sectorial específica o, en su defecto, se les aplique el régimen de los arrendamientos de temporada, que no sufre modificación.

III

Esta Ley opera una reforma de determinados preceptos de la Ley 1/2000, de 7 de enero, deEnjuiciamiento Civil, al objeto de abordar las cuestiones más puntuales que están generando problemas en los procesos de desahucio después de las últimas reformas de la anterior Legislatura. En concreto, se vincula el lanzamiento a la falta de oposición del demandado, de tal modo que si éste no atendiere el requerimiento de pago o no compareciere para oponerse o allanarse, el secretario judicial dictará decreto dando por terminado el juicio y producirá el lanzamiento, frente al sistema actual que impide señalar el lanzamiento hasta que no se sepa si la vista se ha celebrado o no. Estas modificaciones obligan a efectuar el ajuste de otros artículos de la Ley de Enjuiciamiento Civil.

Artículo 1.º *Modificación de la Ley 29/1994, de 24 de noviembre, de Arrendamientos Urbanos.*—Los artículos 4, 5, 7, 9 a 11, 13 a 20, 23 a 25, 27, 35 y 36 de la Ley 29/1994, de 24 de noviembre, de Arrendamientos Urbanos, quedan modificados como sigue: […]

Art. 1.º: Se omite la modificación de la Ley 29/1994, de 24 de noviembre, de Arrendamientos Urbanos, ya que los cambios introducidos figuran ya incorporados en el texto de dicha Ley (§ 1).

Art. 2.º *Modificación de la Ley 1/2000, de 7 de enero, de Enjuiciamiento Civil.*—Los artículos 22, 164, 220, 440, 497, 549 y 703 de la Ley 1/2000, de 7 de enero, de Enjuiciamiento Civil, quedan modificados como sigue: [...]

Art. 3.º *Registro de sentencias firmes de impagos de rentas de alquiler.*—1.   Se crea un Registro de sentencias firmes de impagos de rentas de alquiler. Por real decreto se regulará su organización y funcionamiento.

2.   Con la finalidad de ofrecer información sobre el riesgo que supone arrendar inmuebles a personas que tienen precedentes de incumplimiento de sus obligaciones de pago de renta en contratos de arrendamiento y que, por dicho motivo, hayan sido condenadas por sentencia firme en un procedimiento de desahucio del artículo 250.1.1.º o del artículo 438 de la Ley 1/2000, de 7 de enero, de Enjuiciamiento Civil, el secretario judicial correspondiente remitirá dicha información al Registro de sentencias firmes de impagos de rentas de alquiler.

3.   En el mismo sentido, los órganos de arbitraje competentes deberán poner en conocimiento de dicho Registro los datos relativos a aquellas personas que hayan sido declaradas responsables del impago de rentas de arrendamientos, por medio de laudo arbitral dictado al efecto.

4.   Tendrán acceso a la información obrante en el Registro, los propietarios de inmuebles que deseen suscribir contratos de arrendamiento sobre los mismos, sean personas físicas o jurídicas. A tales efectos deberán presentar una propuesta de contrato de arrendamiento en la que se identifique al eventual arrendatario, limitándose la información a la que tendrá derecho, a los datos que consten en el Registro, relacionados exclusivamente con dicho arrendatario.

5.   Las personas incluidas en el Registro podrán instar la cancelación de la inscripción cuando en el proceso correspondiente hubieran satisfecho la deuda por la que fueron condenadas. No obstante, la constancia en el citado Registro tendrá una duración máxima de seis años, procediéndose a su cancelación auto-

---

Art. 2.º: Se omite la modificación de la Ley 1/2000, de 7 de enero, de Enjuiciamiento Civil, ya que los cambios introducidos figuran ya incorporados en el texto de dicha Ley (§ 8).

mática a la finalización de dicho plazo.

6. La inscripción a la que se refiere este artículo estará, en todo caso, sujeta a lo establecido en la Ley Orgánica 15/1999, de 13 de diciembre, de Protección de Datos de Carácter Personal.

DISPOSICIONES ADICIONALES

1.ª *Transmisión de información sobre contratos de arrendamiento de vivienda.*—Con la finalidad de definir, proponer y ejecutar la política del Gobierno relativa al acceso a la vivienda, el Ministerio de Fomento podrá articular instrumentos de colaboración que le permitan obtener información acerca de la localización de las viviendas, de los contratos de arrendamiento sobre las mismas de los que se tenga constancia a través de los Registradores de la Propiedad, de los registros administrativos de contratos de arrendamiento o de depósitos de fianzas de las Comunidades Autónomas y del Consejo General del Notariado, así como de aquellos

datos de carácter estadístico que consten en la Administración Tributaria derivados del acceso a beneficios fiscales de arrendadores y arrendatarios. En ningún caso, dicha información contendrá datos de carácter personal protegidos por la legislación en materia de protección de datos.

2.ª *Régimen aplicable a las ayudas de los Planes Estatales de Vivienda y Renta Básica de Emancipación.*—A partir de la entrada en vigor de esta Ley será de aplicación el siguiente régimen a las ayudas de subsidiación de préstamos, Ayudas Estatales Directas a la Entrada y subvenciones reguladas en los Planes Estatales de Vivienda cuyos efectos se mantengan a la entrada en vigor de esta Ley y a las ayudas de Renta Básica de Emancipación establecidas por el Real Decreto 1.472/2007, de 2 de noviembre:

a) Se mantienen las ayudas de subsidiación de préstamos convenidos que se vinieran percibiendo.

Asimismo se mantienen las ayudas de subsidiación de prés-

Art. 3.º6: Vid. Ley Orgánica 3/2018, de 5 de diciembre, de Protección de Datos Personales y Garantía de los Derechos Digitales (*BOE* n.º 294, de 6 de diciembre).

Disp. Adic. 2.ª: El Real Decreto 1.472/2007, de 2 de noviembre, por el que se regula la renta básica de emancipación de los jóvenes, ha sido derogado por el Real Decreto-ley 20/2011, de 30 de diciembre, de medidas urgentes en materia presupuestaria, tributaria y financiera para la corrección del déficit público (*BOE* n.º 315, de 31 de diciembre de 2011; corrección de errores en *BOE* n.º 8, de 10 de enero de 2012).

tamos convenidos reconocidas, con anterioridad al 15 de julio de 2012, que cuenten con la conformidad del Ministerio de Fomento al préstamo, siempre que éste se formalice por el beneficiario en el plazo máximo de dos meses desde la entrada en vigor de esta Ley.

Quedan suprimidas y sin efectos el resto de ayudas de subsidiación al préstamo reconocidas dentro del marco de los Planes Estatales de Vivienda.

No se admitirán nuevos reconocimientos de ayudas de subsidiación de préstamos que procedan de concesiones, renovaciones, prórrogas, subrogaciones o de cualquier otra actuación protegida de los planes estatales de vivienda.

b)   Las Ayudas Estatales Directas a la Entrada que subsisten

---

Disp. Adic. 2.ªb): La Disp. Trans. 1.ª del Real Decreto 1.713/2010, de 17 de diciembre, por el que se modifica el Real Decreto 2.066/2008, de 12 de diciembre, por el que se regula el Plan Estatal de Vivienda y Rehabilitación 2009-2012 (*BOE* n.º 307, de 18 de diciembre), establece lo siguiente:

«*Disp. Trans. 1.ª   Aplicación de subvenciones a situaciones anteriores a la entrada en vigor de este real decreto.*—1.   Los promotores de vivienda calificadas como protegidas para arrendamiento, que obtengan un préstamo, cuya concesión se comunique al Ministerio de Fomento con anterioridad a la entrada en vigor de este real decreto, tendrán derecho a las cuantías de las subvenciones y subsidiación de préstamos establecidas en el Real Decreto 2.066/2008, antes de su modificación a través de este real decreto.

»2.   Los promotores de alojamientos protegidos cuya promoción y financiación hayan sido objeto de acuerdos suscritos en Comisiones Bilaterales de Seguimiento celebradas con anterioridad a la entrada en vigor de este real decreto, tendrán derecho a las cuantías de las subvenciones establecidas en el Real Decreto 2.066/2008, antes de su modificación a través de este real decreto.

»3.   Los promotores de áreas de urbanización no prioritarias que hubieran tenido resolución positiva por parte del Ministerio de Fomento con anterioridad a la entrada en vigor de este real decreto, así como los de áreas de urbanización prioritarias cuya financiación quedara comprometida mediante acuerdo de Comisión Bilateral de seguimiento anterior a la fecha de entrada en vigor de este real decreto, tendrán derecho a las subvenciones establecidas en el Real Decreto 2.066/2008, antes de su modificación a través de este real decreto.

»4.   Sin perjuicio de la supresión de la AEDE a partir de la entrada en vigor de este real decreto, podrán obtener dicha ayuda estatal, con arreglo a la normativa anterior al mismo:

»*a)*   Los adquirentes, de viviendas protegidas financiadas en el marco del vigente Plan Estatal de Vivienda y rehabilitación 2009-2012 que se subroguen en el préstamo convenido del promotor de las viviendas protegidas, siempre que dicho préstamo hubiera sido notificado al Ministerio de Fomento con anterioridad a la entrada en vigor de este real decreto.

»*b)*   Los adquirentes que obtengan préstamo directo convenido para la adquisición de las viviendas protegidas financiadas con o sin préstamo convenido al promotor, siempre que la concesión de dicho préstamo directo se notifique al Ministerio de Fomento con anterioridad a la entrada en vigor de este real decreto y que no se sobrepasen los objetivos convenidos del período 2010.

»*c)*   Los adquirentes de viviendas usadas, en el marco del vigente Plan, que obtengan préstamos convenidos que hayan sido notificados al Ministerio de Fomento con anterioridad conforme a la disposición transitoria primera del Real Decreto 1.713/2010, de 17 de diciembre, sólo podrán obtenerse cuando cuenten con la conformidad expresa del Ministerio de Fomento a la entrada en vigor de esta Ley, y siempre que el beneficiario formalice el préstamo en un plazo de dos meses desde la entrada en vigor de la misma.

c) Se mantienen las ayudas del programa de inquilinos, ayudas a las áreas de rehabilitación integral y renovación urbana, rehabilitación aislada y programa RENOVE, acogidas a los Planes Estatales de Vivienda hasta que sean efectivas las nuevas líneas de ayudas del Plan Estatal de Fomento del Alquiler de viviendas, la rehabilitación edificatoria y la regeneración y renovación urbanas, 2013-2016. Se suprimen y quedan sin efecto el resto de subvenciones acogidas a los Planes Estatales de Vivienda.

d) Las ayudas de Renta Básica de Emancipación reguladas en el Real Decreto 1.472/2007,

---

a la entrada en vigor de este real decreto y que no se sobrepasen los objetivos convenidos del período 2010.

»*d)* Los adjudicatarios de viviendas calificadas como protegidas en el marco del Plan Estatal de Vivienda y Rehabilitación 2009-2012, correspondientes a promociones en régimen de cooperativa, así como los promotores individuales para uso propio, siempre que:

»La calificación provisional se hubiera obtenido con anterioridad a la entrada en vigor de este Real Decreto.

»El titular de la promoción obtenga préstamo convenido antes de la finalización de este Plan, sin exceder el cupo anual que corresponda de objetivos convenidos entre el Ministerio de Fomento y cada una de las Comunidades Autónomas y Ciudades de Ceuta y Melilla.

»5. A los efectos de lo previsto en los puntos 1 y 4 de esta disposición transitoria, se considera como convenido aquel préstamo concedido por una entidad de crédito colaboradora en la financiación del Plan, cuya concesión sea notificada al Ministerio de Fomento antes de la entrada en vigor de este real decreto, y que reciba conformidad por parte del Ministerio de Fomento, incluso después de su entrada en vigor.

»La notificación al Ministerio de Fomento de las concesiones de préstamos, a que se refiere esta disposición transitoria, se entenderá de conformidad con el sistema de comunicaciones establecido entre dicho Ministerio y las entidades de crédito colaboradoras para aplicación del Plan.»

Disp. Adic. 2.ªd): El Real Decreto 1.472/2007, de 2 de noviembre, por el que se regula la renta básica de emancipación de los jóvenes, ha sido derogado por el Real Decreto-ley 20/2011, de 30 de diciembre, de medidas urgentes en materia presupuestaria, tributaria y financiera para la corrección del déficit público (*BOE* n.º 315, de 31 de diciembre de 2011; corrección de errores en *BOE* n.º 8, de 10 de enero de 2012). Además de este último Real Decreto-ley 20/2011, vid. el Real Decreto-ley 20/2012, de 13 de julio, de medidas para garantizar la estabilidad presupuestaria y de fomento de la competitividad (*BOE* n.º 168, de 14 de julio; corrección de errores en *BOE* n.º 172, de 19 de julio), cuyo art. 36 establece lo siguiente:

«Art. 36. *Renta básica de emancipación.*—1. A partir de la entrada en vigor de este Real Decreto-ley, la cuantía mensual de la ayuda para facilitar el pago de los gastos relacionados con el alquiler de la vivienda habitual, prevista en el artículo 3.1.*a)* del Real Decreto de 2 de noviembre, que subsisten a la supresión realizada por el Real Decreto-ley 20/2011, de 30 de diciembre, y por el Real Decreto-ley 20/2012, de 13 de julio, se mantienen hasta que sean efectivas las nuevas líneas de ayudas, del Plan Estatal de Fomento del Alquiler de viviendas, la rehabilitación edificatoria y la regeneración y renovación urbanas, 2013-2016.

DISPOSICIONES TRANSITORIAS

1.ª *Régimen de los contratos de arrendamiento celebrados con anterioridad a la entrada en vigor de esta Ley.*—Los contratos de arrendamiento sometidos a la Ley 29/1994, de 24 de noviembre, de Arrendamientos Urbanos, celebrados con anterioridad a la entrada en vigor de esta Ley, continuarán rigiéndose por lo establecido en el régimen jurídico que les era de aplicación.

Sin perjuicio de ello, cuando las partes lo acuerden y no resulte contrario a las previsiones legales, los contratos preexistentes podrán adaptarse al régimen jurídico establecido en esta Ley.

2.ª *Régimen de los procesos en tramitación a la entrada en vigor de esta Ley.*—A los procesos que estuvieran en trámite a la entrada en vigor de la presente ley no serán de aplicación las modificaciones introducidas en el artículo segundo. Estos procesos se sustanciarán, hasta que recaiga decreto o sentencia, conforme a la legislación procesal anterior.

DISPOSICIONES FINALES

1.ª *Título competencial.*— Esta Ley se aprueba al amparo de lo dispuesto en el artículo 149.1.1.ª, 6.ª, 8.ª y 13.ª de la Constitución, que atribuye al Es-

---

1.472/2007, por el que se regula la renta básica de emancipación, en los términos previstos en el Real Decreto-Ley 20/2011, de 30 de diciembre, de medidas urgentes en materia presupuestaria, tributaria y financiera para la corrección del déficit público, será de 147 euros.

»Asimismo, los beneficiarios cuya resolución se haya extinguido por alguna de las causas establecidas legalmente, no podrán reanudar el derecho acreditando el cumplimiento actual de los requisitos requeridos para su reconocimiento aunque no hubieran agotado anteriormente el período máximo previsto. De igual manera, no tendrán derecho al cobro de la ayuda aquellas solicitudes que habiéndose presentado con anterioridad al 31 de diciembre de 2011 no hayan obtenido resolución favorable o no haya sido comunicada al Ministerio de Fomento con anterioridad a la entrada en vigor del presente Real Decreto-ley.

»2.   La percepción de la ayuda para facilitar el pago de los gastos relacionados con el alquiler de la vivienda habitual será incompatible con otras ayudas o subvenciones establecidas para los inquilinos en la normativa autonómica.».

tado la competencia sobre regulación de las condiciones básicas que garantizan la igualdad en el ejercicio de derechos constitucionales, legislación procesal, legislación civil, ordenación de los registros e instrumentos públicos y bases y coordinación de la planificación general de la actividad económica.

2.ª *Adaptación del Real Decreto 297/1996, de 23 de febrero, sobre inscripción en el Registro de la Propiedad de los contratos de arrendamientos urbanos.*—En el plazo de seis meses desde la entrada en vigor de esta Ley, el Gobierno adaptará la regulación contenida en el Real Decreto 297/1996, de 23 de febrero, sobre inscripción en el Registro de la Propiedad de los contratos de arrendamientos urbanos, a las previsiones de la misma, en especial en lo concerniente a las condiciones de cancelación de la inscripción de los arrendamientos y a la modificación de los aranceles notariales y registrales aplicables.

3.ª *Desarrollo normativo.*—Se autoriza al Gobierno para que, en el ámbito de sus competencias, dicte las disposiciones reglamentarias y medidas necesarias para el desarrollo y aplicación de esta Ley.

4.ª *Entrada en vigor.*—La presente Ley entrará en vigor el día siguiente al de su publicación en el *Boletín Oficial del Estado*.

Disp. Final 2.ª: Vid. Real Decreto 297/1996, de 23 de febrero, sobre inscripción en el Registro de la Propiedad de los Contratos de Arrendamientos Urbanos (§ 7).

§ 12. LEY 2/2015, DE 30 DE MARZO, DE DESINDEXACIÓN DE LA ECONOMÍA ESPAÑOLA

(*BOE* n.º 77, de 31 de marzo de 2015)

....

Disp. Trans. *Régimen de revisión de los valores monetarios.—*[…]
4. Las modificaciones del texto de la Ley 29/1994, de 24 de noviembre, de Arrendamientos Urbanos, que son consecuencia de la entrada en vigor de esta Ley serán de aplicación exclusivamente a los contratos que se perfeccionen con posterioridad a su entrada en vigor.

....

ANEXO

Elaboración de la tasa de variación anual del Índice de Garantía de Competitividad

Para la elaboración de la tasa de variación anual del Índice de Garantía de Competitividad en el mes t se seguirá aplicará la siguiente fórmula:

TV IGCt=TV IPCA UEMt − α×(TV IPCA ESPt,1999 − TV IPCA UEMt, 1999)

Donde:

TV IGC$_t$ es la tasa de variación interanual del Índice de Garantía de Competitividad en el mes t.

TV IPCA UEM$_t$ es la tasa de variación interanual del Índice de Precios al Consumo Armonizado de la Zona Euro, publicado por Eurostat, en el mes t.

TV IPCA ESP$_{t,1999}$ es la tasa de variación del Índice de Precios al Consumo Armonizado de España, publicado por Eurostat, entre el mes t y el mismo mes de 1999.

TV IPCA UEM$_{t,1999}$ es la tasa de variación del Índice de Precios al Consumo Armonizado de la Zona Euro, publicado por Eurostat, entre el mes t y el mismo mes de 1999.

α es un parámetro que toma el valor 0,25. Cada cinco años, la Ley de Presupuestos Generales del Estado, podrá revisar el valor de alfa, dentro del intervalo situado entre 0,2 y 0,35.

Para realizar las revisiones periódicas se utilizará la tasa de variación del IGC, expresada con dos decimales, en el plazo correspondiente, utilizando el último mes con datos disponibles.

Cuando la tasa de variación del IGC sea negativa se considerará que el valor de revisión será cero, y cuando exceda el límite superior del objetivo a medio plazo de inflación del Banco Central Europeo (2 por 100), se considerará éste como valor de referencia para las revisiones. Se tomará como valor cuantitativo de dicho objetivo el 2 por 100. Por Orden del Ministerio de Economía y Competitividad se podrá modificar este valor para recoger los cambios que pueda sufrir la definición del objetivo a medio plazo del Banco Central Europeo.

Cuando los períodos de revisión periódica sean distintos a un año, se tomará como tasa de revisión máxima aquella que, siendo anualizada, se corresponda con el referido límite.

§ 13.   REAL DECRETO-LEY 7/2019, DE 1 DE MARZO, DE MEDIDAS URGENTES EN MATERIA DE VIVIENDA Y ALQUILER

(*BOE* n.º 55, de 5 de marzo de 2019)

I

España afronta retos importantes en materia de vivienda que, en la actualidad, se ligan de manera especial a la dificultad del acceso a la misma en régimen de alquiler. La reforma liberalizadora de 2013, además de no dar los resultados esperados en lo relativo al incremento de la oferta de vivienda y la moderación de los precios, ha situado al arrendatario de una vivienda como residencia habitual en una posición de debilidad que no responde a las condiciones mínimas de estabilidad y seguridad con las que se debe dotar al inquilino de una vivienda en posesión de justo título.

En este contexto, el Estado debe reforzar la cooperación con las Administraciones territoriales que tienen la responsabilidad de ejercer en sus respectivos ámbitos la competencia directa en materia de vivienda, adoptando una serie de medidas urgentes que contribuyan a mejorar el marco normativo para aumentar la oferta de vivienda en alquiler, equilibrando la posición jurídica del propietario y el inquilino en la relación arrendaticia, estableciendo los necesarios estímulos económicos y fiscales, y teniendo la meta de garantizar el ejercicio del derecho constitucional a la vivienda.

En este sentido, cabe recordar que el artículo 47 de la Constitución Española proclama el derecho a disfrutar de una vivienda digna y adecuada y, a nivel internacional, la Declaración Universal de Derechos Humanos de Naciones Unidas en su artículo 25 sitúa la vivienda como objeto de un derecho fundamental de las personas, tan elemental y básico como el alimento, el vestido o la asistencia médica.

Ante este reto, la necesidad de adaptar el marco normativo ha llevado a diferentes agentes sociales y políticos a impulsar modificaciones en la regulación, algunas de las cuales se encuentran actualmente en tramitación parlamentaria, y en las que se destaca la urgencia y se describe la gravedad de la situación que viven actualmente muchos hogares ante el problema de la vivienda.

Por todo ello, es preciso subrayar que el requisito de extraordinaria necesidad y la urgencia de las medidas se apoyan y justifican en sólidos motivos. La grave situación de vulnerabilidad económica y social de un gran número de familias y hogares para afrontar los pagos de una vivienda en el mercado constituye el primer motivo de urgencia. Según datos de Eurostat, en el año 2017, más del 42 por 100 de los hogares españoles destinaban más del 40 por 100 de sus ingresos al pago del alquiler. Ello supone que España se sitúa 17 puntos porcentuales por encima del valor medio de la Unión Europea y, si no se adoptan las medidas oportunas, previsiblemente irá en aumento, ya que el precio de los alquileres se ha incrementado en los últimos tres años en más de un 15 por 100 y, en algunas localizaciones, el incremento duplica el registrado en el conjunto de España.

Este desigual y heterogéneo comportamiento del mercado del alquiler de vivienda pone de manifiesto la existencia de diversos factores que inciden en esta evolución, y que constituyen el segundo motivo que justifica la urgencia y extraordinaria necesidad de las medidas. Se observa que el incremento de los precios del mercado de la vivienda ha sido particularmente intenso en entornos territoriales de fuerte dinámica inmobiliaria caracterizados por una mayor actividad turística desarrollada sobre el parque de viviendas existente. Ello se pone de manifiesto si se analiza la evolución de los precios en los últimos años: las provincias en las que los precios de la vivienda se han incrementado con mayor intensidad han sido Madrid, Barcelona, Las Palmas, Baleares, Málaga y Santa Cruz de Tenerife. No cabe duda de que, aunque pueden existir diversos factores que explican este incremento de los precios, el fenómeno creciente del alquiler turístico de vivienda a través de plataformas p2p incide en un contexto en el que, además, la demanda de vivienda en alquiler está creciendo con intensidad. Si se analiza la evolución del alquiler en España de los últimos años, se observa que ha pasado de representar el régimen de tenencia del 20,3 por 100 de la población en el año 2011, al 22,9 por 100 en el año 2017, según los últimos datos de Eurostat, lo que supone un incremento del 12,8 por 100 y puede representar alrededor de 700.000 viviendas más en alquiler en este período.

Esta tendencia contrasta con la mayor estabilidad de la media de la Unión Europea, en la que el alquiler ha aumentado ligeramente del 29,6 por 100 en 2011 al 30,0 por 100 en 2017.

El tercer motivo que justifica la urgencia y necesidad de las medidas es la escasez del parque de vivienda social, que en España ofrece cobertura a menos del 2,5 por 100 de los hogares, una cifra que contrasta con los porcentajes sensiblemente superiores al 15 por 100 registrados en algunos de los principales países de nuestro entorno, como Francia, Reino Unido, Suecia, Países Bajos, Austria o Dinamarca. Ello se debe a diferentes causas, entre las que se encuentra la orientación, durante décadas y casi en exclusiva, de las políticas públicas hacia modelos de vivienda protegida en régimen de propiedad. En este escenario, es urgente revertir esta dinámica y eliminar determinadas barreras normativas y de financiación que dificultan el desarrollo de promociones de vivienda en alquiler social por parte de las distintas Administraciones Públicas, con objeto de dotar al conjunto de la sociedad de un instrumento al servicio del cumplimiento efectivo del derecho constitucional a la vivienda, que es especialmente necesario para aquellas personas y hogares que tienen más dificultades para acceder al mercado por sus escasos medios económicos.

Y, en relación con estas situaciones de especial vulnerabilidad que viven muchas familias y hogares después de años de profunda crisis económica caracterizada por una intensa destrucción y precarización del empleo, se formula el cuarto motivo que justifica la urgencia y extraordinaria necesidad de las medidas. El número de desahucios vinculados a contratos de alquiler está creciendo a un ritmo anual muy próximo al 5 por 100. Esta negativa evolución de los lanzamientos practicados como consecuencia de procedimientos derivados de la Ley de Arrendamientos Urbanos contrasta con la reducción progresiva de los lanzamientos derivados de ejecuciones hipotecarias y con la evolución y crecimiento general de la economía y del empleo en nuestro país. Ante esta situación, es urgente adoptar medidas para corregir los efectos de la reforma practicada en la regulación de los contratos de arrendamiento en 2013, ampliando los plazos legales e introduciendo en el procedimiento de desahucio mecanismos que sirvan para responder a la grave situación que viven los hogares más vulnerables, estableciendo plazos y garantías en el proceso.

Además, resulta necesario en este punto avanzar en el cumplimiento de nuestros compromisos con los acuerdos internacionales sobre derechos sociales en una materia que no admite demora. En este sentido, cabe recordar el Dictamen del Comité de Derechos Económicos, Sociales y Culturales del Consejo Económico y Social de Naciones Unidas, adoptado el 20 de junio de 2017, en el que, entre otros aspectos, instaba al Gobierno de España a asegurar que su legislación y su aplicación sea conforme con las obligaciones establecidas en el Pacto Internacional de Derechos Económicos, Sociales y Culturales. Y, en particular, señalaba la obligación de adoptar las medidas necesarias para superar los problemas de falta de coordinación entre las decisiones judiciales y las acciones de los servicios sociales en los procedimientos de desahucio de la vivienda habitual cuando afecta a hogares especialmente vulnerables.

Finalmente, el quinto motivo que ampara la urgencia de las medidas es la necesidad de responder desde el ámbito de la vivienda a las deficiencias en materia de accesibilidad que sufren diariamente las personas con discapacidad y movilidad reducida, en un contexto demográfico marcado por un progresivo y alarmante envejecimiento de la población: se prevé que, en la próxima década, la población mayor de 65 años superará sobradamente los 10 millones de personas. Por ello, es urgente atender a la dramática situación que viven muchos hogares en el seno de comunidades de propietarios, que se encuentran afectados por barreras y condicionantes físicos que les impiden el ejercicio de sus derechos.

Teniendo en cuenta lo anteriormente expuesto, y sin perjuicio de que futuras iniciativas legislativas puedan completar la regulación en materia de vivienda, abordando los aspectos estructurales, los principios generales y las garantías que aseguren la igualdad en el ejercicio de este derecho en el conjunto del Estado, resulta imprescindible la adopción urgente de una norma con rango de ley que permita la modificación de diferentes disposiciones normativas para adoptar determinadas medidas que cuentan con un alto grado de consenso social y no admiten demora, al afectar al ejercicio del derecho constitucional a una vivienda digna y adecuada de muchos hogares.

II

El presente real decreto-ley se estructura en cuatro títulos, y se compone de cinco artículos, tres disposiciones adicionales, dos disposiciones transitorias y tres disposiciones finales. El título I introduce la necesaria reforma de la regulación de los contratos de arrendamiento de vivienda, a través de distintas modificaciones de la Ley 29/1994, de 24 de noviembre, de arrendamientos urbanos, entre las que destaca la extensión de los plazos de la prórroga obligatoria y la prórroga tácita de los contratos de arrendamiento de vivienda. Se recuperan los plazos establecidos con anterioridad a la reforma liberalizadora operada por la Ley 4/2013, de 4 de junio, de medidas de flexibilización y fomento del mercado del alquiler de viviendas. De esta manera, se establece en cinco años el período de prórroga obligatoria, salvo en caso de que el arrendador sea persona jurídica, supuesto en que se fija un plazo de siete años, respondiendo así a las diferencias que tanto desde el punto de vista del tratamiento fiscal, como de la realidad y características de la relación arrendaticia y del desarrollo de la actividad, pueden existir en la práctica. En cuanto a la prórroga tácita, se establece que, llegada la fecha de vencimiento del contrato o de cualquiera de sus prórrogas, y una vez transcurrido el período de prórroga obligatoria, si no existe comunicación de alguna de las partes en la que se establezca la voluntad de no renovarlo realizada con cuatro meses de antelación a la finalización de los cinco o siete años en el caso del arrendador y con dos meses de antelación en el caso del inquilino, se prorrogará anualmente el contrato durante tres años más, con lo que se dota al inquilino de una mayor estabilidad que deja de estar expuesto a la prórroga anual establecida en 2013.

Además, se establecen modificaciones que inciden en el momento de la suscripción de los contratos de arrendamiento. Por un lado, se fija en dos mensualidades de renta la cuantía máxima de las garantías adicionales a la fianza que pueden exigirse al arrendatario, ya sea a través de depósito o de aval bancario, y salvo que se trate de contratos de larga duración. Y, por otro lado, se establece por Ley que los gastos de gestión inmobiliaria y de formalización del contrato serán a cargo del arrendador, cuando este sea persona jurídica.

En todo caso, la problemática del alquiler trae también causa de la insuficiente oferta de vivienda en alquiler en nuestro país, debido a una serie de trabas prácticas que entorpecen la reacción desde la oferta a las señales de precios, impidiendo que el mercado funcione adecuadamente. En el ámbito específico del alquiler social o asequible, el número de viviendas continúa siendo insuficiente, debido en parte al escaso uso de los mecanismos público-privados, que permiten el máximo impacto sobre el mercado de alquiler dentro de las restricciones presupuestarias existentes.

La solución equilibrada a la problemática del alquiler sólo es, por tanto, posible si la mayor protección al arrendatario se conjuga con medidas enérgicas por el lado de la oferta. Por ese motivo, la disposición adicional primera recoge un mandato al Ministerio de Fomento para asegurar que se dinamiza la oferta de vivienda en alquiler en España; con este propósito, se encomienda al Ministerio un conjunto de acciones a realizar, entre ellas la negociación con las administraciones sectorialmente competentes, utilizando para este fin todos los instrumentos a su disposición.

Del mismo modo, para atender a la urgencia de dotar al mercado del alquiler de la necesaria información al servicio de las políticas públicas en materia de vivienda, ofrecer más transparencia en el desarrollo de la actividad, y servir de soporte a la articulación de medidas de política fiscal, la disposición adicional segunda regula los sistemas de índices de referencia del precio del alquiler de vivienda. Para ello, se establece la creación del sistema estatal de índices de referencia del precio del alquiler de vivienda y se recoge la posibilidad, ya desarrollada por parte de algunas Comunidades Autónomas, de la creación de sistemas de índices de referencia autonómicos, a los efectos de diseñar las políticas y programas públicos en materia de vivienda en sus respectivos ámbitos territoriales.

También se recoge en el Título I una precisión técnica en la exclusión del ámbito de aplicación de la Ley de Arrendamientos Urbanos de la cesión temporal del uso que comporta la actividad de las denominadas viviendas de uso turístico, suprimiendo la limitación de que estas deban ser necesariamente comercializadas a través de canales de oferta turística y remitiendo específicamente a lo establecido en la normativa sectorial turística que resulte de aplicación.

El Título II introduce modificaciones en el régimen de propiedad horizontal con objeto de impulsar la realización de obras de mejora de la accesibilidad. En primer lugar, se incrementa hasta el 10 por 100 del último presupuesto ordinario la cuantía del fondo de reserva de las comunidades de propietarios y se establece la posibilidad de que tales recursos se destinen a la realización de las obras obligatorias de accesibilidad previstas en el artículo Diez.1.*b*) de la Ley 49/1960, de 21 de julio, sobre propiedad horizontal. En segundo lugar, se extiende la obligación de realizar tales obras de accesibilidad en aquellos supuestos en los que las ayudas públicas a las que la comunidad pueda tener acceso alcancen el 75 por 100 del importe de las mismas.

En materia de viviendas de uso turístico, también se recoge en el Título II una reforma del régimen de propiedad horizontal que explicita la mayoría cualificada necesaria para que las comunidades de propietarios puedan limitar o condicionar el ejercicio de la actividad, o establecer cuotas especiales o incremento en la participación de los gastos comunes de la vivienda, en el marco de la normativa sectorial que regule el ejercicio de esta actividad y del régimen de usos establecido por los instrumentos de ordenación urbanística y territorial.

Por su parte, el Título III incorpora dos modificaciones del procedimiento de desahucio de vivienda. La primera especifica que deberá fijarse por el órgano judicial el día y la hora exactos de los lanzamientos. La segunda, introduciendo el trámite de comunicación a los servicios sociales y, cuando afecte a hogares vulnerables, estableciendo que la determinación de la situación de vulnerabilidad producirá la suspensión del procedimiento hasta que se adopten las medidas que los servicios sociales estimen oportunas por un plazo máximo de un mes, o de tres meses cuando el demandante sea persona jurídica. De esta forma se clarifica el procedimiento, introduciendo mayor seguridad jurídica y medidas específicas para atender a aquellas situaciones que demanden una mayor protección social.

El Título IV, que recoge las medidas en materia económica y fiscal, incluye en primer lugar la modificación del texto refundido de la Ley Reguladora de las Haciendas Locales, aprobado por Real Decreto Legislativo 2/2004, de 5 de marzo, introduciendo tres medidas en el Impuesto sobre Bienes Inmuebles.

En primer lugar, se exceptúa de la obligación de repercutir el impuesto al arrendatario cuando el arrendador sea un ente público en los supuestos de alquiler de inmueble de uso residencial con renta limitada por una norma jurídica.

En segundo lugar, se modifica la regulación del recargo previsto para los inmuebles de uso residencial desocupados con carácter permanente, mediante su remisión a la correspondiente normativa sectorial de vivienda, autonómica o estatal, con rango de ley, al objeto de que pueda ser aplicado por los ayuntamientos mediante la aprobación de la correspondiente ordenanza fiscal.

Y, por último, se crea una bonificación potestativa de hasta el 95 por 100 para los inmuebles destinados a alquiler de vivienda con renta limitada por una norma jurídica, a la que podrán acogerse las viviendas sujetas a regímenes de protección pública en alquiler o viviendas en alquiler social en las que la renta está limitada por un determinado marco normativo.

Por otra parte, para potenciar el mercado de los arrendamientos urbanos como pieza básica de una política de vivienda orientada por el mandato constitucional consagrado en el artículo 47 de la Constitución, resulta conveniente mejorar la fiscalidad del arrendamiento de viviendas, a fin de facilitar a los ciudadanos las condiciones de acceso a las mismas. En este sentido, se introduce una exención para determinados arrendamientos de vivienda en el texto refundido de la Ley del Impuesto sobre Transmisiones Patrimoniales y Actos Jurídicos Documentados, aprobado por el Real Decreto Legislativo 1/1993, de 24 de septiembre.

Otra de las modificaciones que se introducen en el texto refundido de la Ley Reguladora de las Haciendas Locales es la ampliación del ámbito de las inversiones financieramente sostenibles para acoger la posibilidad de realizar actuaciones en materia de vivienda por parte de las Entidades Locales. Se trata de una modificación que contribuirá a eliminar barreras y paliar el grave déficit de vivienda social existente en nuestro país.

Finalmente, el real decreto-ley incluye tres disposiciones adicionales, tres disposiciones finales y dos disposiciones transitorias. La disposición adicional primera recoge el mandato al Ministerio de Fomento ya mencionado, con el fin de dinamizar la oferta de vivienda en alquiler; la disposición adicional segunda recoge la regulación de los índices de referencia del alquiler de vivienda; y la disposición adicional tercera recoge medidas de flexibilidad en la duración de convenios que tengan por objeto la ejecución de determinadas infraestructuras públicas a fin de facilitar el adecuado desarrollo de las actuaciones en ellos incluidas, entre ellas las dirigidas a conectar las ciudades mejorando su accesibilidad. La disposición final primera establece los títulos competenciales que amparan al Estado para dictar normas en las distintas materias, y las disposiciones finales segunda y tercera habilitan el desarrollo reglamentario y establecen la fecha de entrada en vigor de la norma, respectivamente. La disposición transitoria primera establece que los contratos de arrendamiento suscritos con anterioridad a la entrada en vigor del real decreto-ley continuarán rigiéndose por lo establecido en el régimen jurídico que les era de aplicación. La disposición transitoria segunda establece un período de tres ejercicios presupuestarios para que las comunidades de propietarios se adapten a la nueva cuantía del fondo de reserva.

III

El presente real decreto-ley respeta los límites constitucionalmente establecidos para el uso de este instrumento normativo, pues no afecta al ordenamiento de las instituciones básicas del Estado, a los derechos, deberes y libertades de los ciudadanos regulados en el Título I de la Constitución, al régimen de las Comunidades Autónomas ni al derecho electoral general. Debe reseñarse que las materias que se abordan han sido modificadas en el pasado, atendiendo a razones de urgente necesidad, a través de este instrumento. Entre ellos, puede recordarse el Real Decreto-ley 2/1985, de 30 de abril, sobre Medidas de Política Económica que modificó la regulación de los arrendamientos urbanos.

Además, el real decreto-ley representa un instrumento constitucionalmente lícito, en tanto que pertinente y adecuado para la consecución del fin que justifica la legislación de urgencia, que no es otro, tal como reiteradamente ha exigido nuestro Tribunal Constitucional, que subvenir a una situación concreta, dentro de los objetivos gubernamentales, que por razones difíciles de prever requiere una acción normativa inmediata en un plazo más breve que el requerido por la vía normal o por el procedimiento de urgencia para la tramitación parlamentaria de las leyes.

Esta norma se ajusta a los principios de buena regulación contenidos en el artículo 129 de la Ley 39/2015, de 1 de octubre, del Procedimiento Administrativo Común de las Administraciones Públicas, en particular, a los principios de necesidad, eficacia, proporcionalidad, seguridad jurídica, transparencia y eficiencia.

Por tanto, en el conjunto y en cada una de las medidas que se adoptan, concurren, por su naturaleza y finalidad, las circunstancias de extraordinaria y urgente necesidad que exige el artículo 86 de la Constitución Española como presupuestos habilitantes para la aprobación de un real decreto-ley.

En su virtud, en uso de la autorización contenida en el artículo 86 de la Constitución, a propuesta del Ministro de Fomento, y previa deliberación del Consejo de Ministros en su reunión del día 1 de marzo de 2019, DISPONGO:

TÍTULO PRIMERO

Medidas de reforma de la regulación de los contratos de arrendamiento de vivienda

Artículo 1.º *Modificación de la Ley 29/1994, de 24 de noviembre, de arrendamientos urbanos.— […]*

TÍTULO II

Medidas de reforma del régimen de propiedad horizontal

Art. 2.º *Modificación de la Ley 49/1960, de 21 de julio, sobre propiedad horizontal.— […]*

TÍTULO III

Medidas de reforma de procedimiento de desahucio de vivienda

Art. 3.º *Modificación de la Ley 1/2000, de 7 de enero, de Enjuiciamiento Civil.— […]*

Art. 1.º: Se omite la modificación de la Ley 29/1994, de 24 de noviembre, de Arrendamientos Urbanos, ya que los cambios introducidos figuran ya incorporados en el texto de dicha Ley (§ 1).

Art. 2.º: Se omite la modificación de la Ley 49/1960, de 21 de julio, de Propiedad Horizontal, ya que los cambios introducidos figuran ya incorporados en el texto de dicha Ley.

Art. 3.º: Se omite la modificación de la Ley 1/2000, de 7 de enero, de Enjuiciamiento Civil, ya que algunos de los cambios introducidos figuran ya incorporados en el texto de dicha Ley (§ 8).

TÍTULO IV

Medidas económicas y fiscales en materia de vivienda y alquiler

Art. 4.º *Modificación del texto refundido de la Ley Reguladora de las Haciendas Locales, aprobado por Real Decreto Legislativo 2/2004, de 5 de marzo* [...]

Art. 5.º *Modificación del texto refundido de la Ley del Impuesto sobre Transmisiones Patrimoniales y Actos Jurídicos Documentados, aprobado por el Real Decreto Legislativo 1/1993, de 24 de septiembre* [...]

DISPOSICIONES ADICIONALES

1.ª *Medidas para promover la oferta de vivienda en alquiler.*—[*Anulada.*]

2.ª *Sistema de índices de referencia del precio del alquiler de vivienda.*—1. Para garantizar la transparencia y el conocimiento de la evolución del mercado del alquiler de viviendas, así como para aplicar políticas públicas que incrementen la oferta de vivienda asequible y para facilitar la aplicación de medidas de política fiscal, se crea el sistema estatal de índices de referencia del precio del alquiler de vivienda, que se ajustará a las siguientes reglas:

a) Se elaborará en el plazo de ocho meses por la Administración General del Estado, a través de un procedimiento sujeto a los principios de transparencia y publicidad. La resolución por la que se determine el sistema de índices de referencia se publicará en el *Boletín Oficial del Estado.* Contra la resolución por la que se apruebe el sistema de índices de referencia podrá interponerse recurso contencioso-administrativo.

Art. 4.º: Se omite la modificación del texto refundido de la Ley Reguladora de las Haciendas Locales, aprobado por Real Decreto Legislativo 2/2004, de 5 de marzo, ya que algunos de los cambios introducidos figuran ya incorporados en el texto de dicha Ley (§ 9).

Art. 5.º: Se omite la modificación del texto refundido de la Ley del Impuesto sobre Transmisiones Patrimoniales y Actos Jurídicos Documentados, aprobado por el Real Decreto Legislativo 1/1993, de 24 de septiembre, ya que los cambios introducidos figuran ya incorporados en el texto de dicha Ley (§ 4).

Disp. Adic. 1.ª: La STC 14/2020, de 28 de enero, declaró la inconstitucionalidad y la nulidad de esta disposición.

b)   Para la determinación del índice estatal se utilizarán los datos procedentes de la información disponible en la Agencia Estatal de la Administración Tributaria, en el Catastro Inmobiliario, en el Registro de la Propiedad, en los registros administrativos de depósitos de fianza y en otras fuentes de información, que sean representativos del mercado del alquiler de vivienda. Anualmente se ofrecerá una relación de valores medios de la renta mensual en euros por metro cuadrado de superficie de la vivienda, agregados por secciones censales, barrios, distritos, municipios, provincias y Comunidades Autónomas.

2.   En sus respectivos ámbitos territoriales, las Comunidades Autónomas podrán definir de manera específica y adaptada a su territorio, su propio índice de referencia, para el ejercicio de sus competencias y a los efectos de diseñar sus propias políticas y programas públicos de vivienda.

3.ª   *Convenios en materia de infraestructuras.*—[*Anulada.*]

DISPOSICIONES TRANSITORIAS

1.ª   *Régimen de los contratos de arrendamiento celebrados con anterioridad a la entrada en vigor de este real decreto-ley.*—Los contratos de arrendamiento sometidos a la Ley 29/1994, de 24 de noviembre, de Arrendamientos Urbanos, celebrados con anterioridad a la entrada en vigor de este real decreto-ley, continuarán rigiéndose por lo establecido en el régimen jurídico que les era de aplicación.

Sin perjuicio de ello, cuando las partes lo acuerden y no resulte contrario a las previsiones legales, los contratos preexistentes podrán adaptarse al régimen jurídico establecido en este real decreto-ley.

2.ª   *Plazo de adaptación de la cuantía del fondo de reserva.*—El incremento de la cuantía destinada al fondo de reserva establecida en la modificación de la letra *f*) del artículo Noveno.1 de la Ley 49/1960, de 21 de julio, sobre propiedad horizontal, se podrá llevar a cabo a lo largo de los tres ejercicios presupuestarios siguientes a aquel que se encuentre en curso a la fecha de entrada en vigor de este real decreto-ley.

Disp. Adic. 3.ª: La STC 14/2020, de 28 de enero, declaró la inconstitucionalidad y la nulidad de esta disposición.

DISPOSICIONES FINALES

1.ª *Títulos competenciales.*—1. Los artículos primero y segundo, así como las disposiciones transitorias de este real decreto-ley se dictan al amparo de lo dispuesto en el artículo 149.1.8.ª de la Constitución Española, que atribuye al Estado competencia exclusiva en materia de legislación civil.

2. El artículo tercero de este real decreto-ley se dicta al amparo de lo dispuesto en el artículo 149.1.6.ª de la Constitución Española que atribuye al Estado la competencia exclusiva sobre legislación procesal.

3. Los artículos cuarto y quinto de este real decreto-ley se dictan al amparo de lo dispuesto en el artículo 149.1.14.ª de la Constitución, que atribuye al Estado competencia exclusiva en materia de hacienda general.

4. Las disposiciones adicionales primera y segunda de este real decreto-ley se dictan al amparo de lo dispuesto en el artículo 149.1.13.ª de la Constitución, que atribuye al Estado competencia exclusiva en materia de bases y coordinación de la planificación general de la actividad económica.

5. La disposición adicional tercera de este real decreto-ley se dicta al amparo de lo dispuesto en el artículo 149.1.18.ª de la Constitución, que atribuye al Estado competencia exclusiva en materia de bases del régimen jurídico de las Administraciones Públicas, procedimiento administrativo común y legislación básica sobre contratos y concesiones administrativas, entre otras materias.

2.ª *Desarrollo reglamentario.*—El Gobierno podrá dictar las normas reglamentarias necesarias para el desarrollo de lo dispuesto en este real decreto-ley.

3.ª *Entrada en vigor.*—El presente real decreto-ley entrará en vigor el día siguiente al de su publicación en el *Boletín Oficial del Estado*.

§ 14. REAL DECRETO-LEY 11/2020, DE 31 DE MARZO, POR EL QUE SE ADOPTAN MEDIDAS URGENTES COMPLEMENTARIAS EN EL ÁMBITO SOCIAL Y ECONÓMICO PARA HACER FRENTE AL COVID-19

(BOE n.º 91, de 1 de abril de 2020)

....

CAPÍTULO PRIMERO

MEDIDAS DE APOYO
A LOS TRABAJADORES,
CONSUMIDORES, FAMILIAS
Y COLECTIVOS VULNERABLES

....

SECCIÓN 1.ª

*Medidas dirigidas a familias
y colectivos vulnerables*

....

I

Artículo 1.º   *Suspensión del
procedimiento de desahucio y de*

Art. 1.º: Este precepto ha sido objeto de numerosas modificaciones. Las últimas han sido llevadas a cabo por la Disp. Final 2.ª1 del Real Decreto-ley 2/2022, de 22 de febrero, por el que se prorrogan determinadas medidas para hacer frente a situaciones de vulnerabilidad social y económica (*BOE* n.º 46, de 23 de febrero); el art. 29.1 del Real Decreto-ley 11/2022, de 25 de junio, por el que se adoptan y se prorrogan determinadas medidas para responder a las consecuencias económicas y sociales de la guerra en Ucrania (*BOE* n.º 152, de 26 de junio); el art. 68.1 del Real Decreto-ley 20/2022, de 27 de septiembre; el art. 168.1 del Real Decreto-ley 5/2023, de 28 de junio (*BOE* n.º 154, de 29 de junio), todos ellos sobre medidas de respuesta a la consecuencias económicas y sociales de la guerra de Ucrania; y el art. 87.1 del Real Decreto-ley 8/2023, de 27 de diciembre, por el que se adoptan medidas para afrontar las consecuencias económicas y sociales derivadas de los conflictos en Ucrania y Oriente Próximo, así como para paliar los efectos de la sequía (*BOE* núm. 310, de 28 de diciembre 2023). Vid. la Disp. Trans. 1.ª de esta misma norma. Vid. también los arts. 150.4, 438 y 441 de la Ley 1/2000, de 7 de enero, de Enjuiciamiento Civil (§ 8). La referencia al artículo 440.3 de la Ley 1/2000 hay que entenderla hecha al artículo 438.3 de dicha norma, pues no se ha actualizado en el Real Decreto-ley 11/2020 la reforma que el Real Decreto-ley 6/2023, de 19 de diciembre, por el que se aprueban medidas urgentes para la ejecución del Plan de Recuperación, Transformación y Resiliencia en materia de servicio público de justicia, función pública, régimen local y mecenazgo (*BOE* n.º 303, de 20 de diciembre 2023) ha hecho en la Ley de Enjuiciamiento Civil.

los lanzamientos para hogares vulnerables sin alternativa habitacional.—1.   Desde la entrada en vigor del presente real decreto-ley y hasta el 31 de diciembre de 2024, en todos los juicios verbales que versen sobre reclamaciones de renta o cantidades debidas por el arrendatario, o la expiración del plazo de duración de contratos suscritos conforme a la Ley 29/1994, de 24 de noviembre, de Arrendamientos Urbanos, que pretendan recuperar la posesión de la finca, se haya suspendido o no previamente el proceso en los términos establecidos en el apartado 5 del artículo 441 de la Ley 1/2000, de 7 de enero, de Enjuiciamiento Civil, la persona arrendataria podrá instar, de conformidad con lo previsto en este artículo, un incidente de suspensión extraordinaria del desahucio o lanzamiento ante el Juzgado por encontrarse en una situación de vulnerabilidad económica que le imposibilite encontrar una alternativa habitacional para sí y para las personas con las que conviva.

Así mismo, si no estuviese señalada fecha para el lanzamiento, por no haber transcurrido el plazo de diez días a que se refiere el artículo 440.3 de la Ley 1/2000, de 7 de enero, de Enjuiciamiento Civil, o por no haberse celebrado la vista, se suspenderá dicho plazo o la celebración de la vista.

Estas medidas de suspensión que se establecen con carácter extraordinario y temporal, en todo caso, dejarán de surtir efecto el 31 de diciembre de 2024.

2.   Para que opere la suspensión a que se refiere el apartado anterior, la persona arrendataria deberá acreditar que se encuentra en alguna de las situaciones de vulnerabilidad económica descritas en las letras a) y b) del artículo 5.1 del presente real decreto-ley mediante la presentación de los documentos previstos en el artículo 6.1. El Letrado de la Administración de Justicia dará traslado de dicha acreditación al demandante, quien en el plazo máximo de diez días podrá acreditar ante el Juzgado, por los mismos medios, encontrarse igualmente en la situación de vulnerabilidad económica descrita en la letra a) del artículo 5.1 o en riesgo de situarse en ella, en caso de que se adopte la medida de suspensión del lanzamiento.

3.   Una vez presentados los anteriores escritos, el Letrado de la Administración de Justicia deberá trasladar inmediatamente a los servicios sociales competentes toda la documentación y solicitará a dichos servicios informe, que deberá ser emitido en el plazo máximo de diez días, en el que se valore la situación de vulnerabilidad del arrendatario y, en su caso, del arrendador, y se identifiquen las medidas a aplicar por la administración competente.

4. El Juez, a la vista de la documentación presentada y del informe de servicios sociales, dictará un auto en el que acordará la suspensión del lanzamiento si se considera acreditada la situación de vulnerabilidad económica y, en su caso, que no debe prevalecer la vulnerabilidad del arrendador. Si no se acreditara la vulnerabilidad por el arrendatario o bien debiera prevalecer la situación de vulnerabilidad del arrendador acordará la continuación del procedimiento. En todo caso, el auto que fije la suspensión señalará expresamente que el 31 de diciembre de 2024 se reanudará automáticamente el cómputo de los días a que se refiere el artículo 440.3 de la Ley 1/2000, de 7 de enero, de Enjuiciamiento Civil, o se señalará fecha para la celebración de la vista y, en su caso, del lanzamiento, según el estado en que se encuentre el proceso.

Acreditada la vulnerabilidad, antes de la finalización del plazo máximo de suspensión, las Administraciones públicas competentes deberán, adoptar las medidas indicadas en el informe de servicios sociales u otras que consideren adecuadas para satisfacer la necesidad habitacional de la persona en situación de vulnerabilidad que garanticen su acceso a una vivienda digna. Una vez aplicadas dichas medidas la Administración competente habrá de comunicarlo inmediatamente al Tribunal, y el Letrado de la Administración de Justicia deberá dictar en el plazo máximo de tres días decreto acordando el levantamiento de la suspensión del procedimiento.

5. A los efectos previstos en el artículo 150.4 de la Ley 1/2000, de 7 de enero, de Enjuiciamiento Civil, se entenderá que concurre el consentimiento de la persona arrendataria por la mera presentación de la solicitud de suspensión.

Se entenderá igualmente que concurre el consentimiento del arrendador para hacer la comunicación prevenida en este artículo por la mera presentación del escrito alegando su situación de vulnerabilidad económica.

Art. 1.º bis. *Suspensión hasta el 31 de diciembre de 2024 del procedimiento de desahucio y de*

Art. 1.º bis: Modificado por el art. 29.2 del Real Decreto-ley 11/2022, de 25 de junio, por el que se adoptan y se prorrogan determinadas medidas para responder a las consecuencias económicas y sociales de la guerra en Ucrania (*BOE* n.º 152, de 26 de junio); por el art. 68.2 del Real Decreto-ley 20/2022, de 27 de septiembre, todos ellos sobre medidas de respuesta a la consecuencias económicas y sociales de la guerra de Ucrania (*BOE* n.º 311, de 28 de diciembre); por el art. 168.2 del Real Decreto-ley 5/2023, de 28 de junio, por el que se adoptan y prorrogan determinadas medidas de respuesta a las consecuencias económicas y sociales de la Guerra de Ucrania (*BOE* n.º 154, de 29 de junio); y por el art. 87.2 del Real

los lanzamientos para personas económicamente vulnerables sin alternativa habitacional en los supuestos de los apartados 2.º, 4.º y 7.º del artículo 250.1 de la Ley 1/2000, de 7 de enero, de Enjuiciamiento Civil, y en aquellos otros en los que el desahucio traiga causa de un procedimiento penal.— 1. Desde la entrada en vigor del presente real decreto-ley y hasta el 31 de diciembre de 2024, en todos los juicios verbales en los que se sustancien las demandas a las que se refieren los apartados 2.º, 4.º y 7.º del artículo 250.1 de la Ley 1/2000, de 7 de enero, de Enjuiciamiento Civil, y en aquellos otros procesos penales en los que se sustancie el lanzamiento de la vivienda habitual de aquellas personas que la estén habitando sin ningún título habilitante para ello, el Juez tendrá la facultad de suspender el lanzamiento hasta el 31 de diciembre de 2024.

Estas medidas de suspensión que se establecen con carácter extraordinario y temporal dejarán de surtir efecto en todo caso el 31 de diciembre de 2024.

2. Será necesario para poder suspender el lanzamiento conforme al apartado anterior, que se trate de viviendas que pertenezcan a personas jurídicas o a personas físicas titulares de más de diez viviendas y que las personas que las habitan sin título se encuentren en situación de vulnerabilidad económica por encontrarse en alguna de las situaciones descritas en la letra a) del artículo 5.1.

El Juez tomará la decisión previa valoración ponderada y proporcional del caso concreto, teniendo en cuenta, entre otras que procedan, las siguientes circunstancias:

a) Las circunstancias relativas a si la entrada o permanencia en el inmueble está motivada por una situación de extrema necesidad. Al efecto de analizar el estado de necesidad se valorará adecuadamente el informe de los servicios sociales emitido conforme al apartado siguiente.

b) Las circunstancias relativas a la cooperación de los habitantes de la vivienda con las autoridades competentes en la búsqueda de soluciones para una alternativa habitacional que garantizara su derecho a una vivienda digna.

3. Para que opere la suspensión a que se refiere el apartado anterior, quien habite la vivienda sin título habrá de ser persona dependiente de conformidad con lo dispuesto en el apartado dos del artículo 2 de la Ley 39/2006, de 14 de diciembre, de Promoción

Decreto-ley 8/2023, de 27 de diciembre, por el que se adoptan medidas para afrontar las consecuencias económicas y sociales derivadas de los conflictos en Ucrania y Oriente Próximo, así como para paliar los efectos de la sequía (*BOE* n.º 310, de 28 de diciembre 2023).

de la Autonomía Personal y Atención a las personas en situación de dependencia, víctima de violencia sobre la mujer o tener a su cargo, conviviendo en la misma vivienda, alguna persona dependiente o menor de edad.

En todo caso, la persona o personas que ocupan la vivienda sin título deberán acreditar, además, que se encuentran en alguna de las situaciones de vulnerabilidad económica descritas en la letra a) del artículo 5.1 del presente real decreto-ley mediante la presentación de los documentos previstos en el artículo 6.1. El Letrado de la Administración de Justicia, dará traslado de dicha acreditación al demandante o denunciante.

4.   El Letrado de la Administración de Justicia deberá trasladar inmediatamente a los servicios sociales competentes toda la documentación y solicitará a dichos servicios informe, que deberá ser emitido en el plazo máximo de quince días, en el que se valore la situación de vulnerabilidad de la persona o personas que hayan fijado en el inmueble su vivienda, y se identifiquen las medidas a aplicar por la administración competente.

5.   Acreditada la situación de vulnerabilidad de la persona que habite en la vivienda y ponderadas por el Juez todas las demás circunstancias concurrentes, este dictará auto acordando, en su caso, la suspensión por el tiempo que reste hasta el 31 de diciembre de 2024. Si el solicitante no acreditara la vulnerabilidad o no se encontrara entre las personas con derecho a instar la suspensión conforme a lo señalado en el apartado 2 o concurriera alguna de las circunstancias previstas en el apartado 6, el juez acordará mediante auto la continuación del procedimiento.

Durante el plazo máximo de suspensión fijado, las administraciones públicas competentes deberán, caso de quedar constatada la vulnerabilidad económica, adoptar las medidas indicadas en el informe de servicios sociales u otras que consideren adecuadas para satisfacer la necesidad habitacional de la persona en situación de vulnerabilidad que garanticen su acceso a una vivienda digna. Una vez adoptadas dichas medidas la Administración competente habrá de comunicarlo inmediatamente al Tribunal competente, y el Juez deberá dictar en el plazo máximo de tres días auto acordando el levantamiento de la suspensión del procedimiento y el correspondiente lanzamiento.

6.   A los efectos previstos en el artículo 150.4 de la Ley 1/2000, de 7 de enero, de Enjuiciamiento Civil, se entenderá que concurre el consentimiento de la persona demandada por la mera presentación de su solicitud de suspensión.

7.   En ningún caso procederá la suspensión a que se refiere

este artículo si la entrada o permanencia en la vivienda ha tenido lugar en los siguientes supuestos:

a) Cuando se haya producido en un inmueble de propiedad de una persona física, si en dicho inmueble tiene su domicilio habitual o segunda residencia debidamente acreditada, sin perjuicio del número de viviendas de las que sea propietario.

b) Cuando se haya producido en un inmueble de propiedad de una persona física o jurídica que lo tenga cedido por cualquier título válido en derecho a una persona física que tuviere en él su domicilio habitual o segunda residencia debidamente acreditada.

c) Cuando la entrada o permanencia en el inmueble se haya producido mediando intimidación o violencia sobre las personas.

d) Cuando existan indicios racionales de que la vivienda se esté utilizando para la realización de actividades ilícitas.

e) Cuando la entrada o permanencia se haya producido en inmuebles de titularidad pública o privada destinados a vivienda social y ya se hubiera asignado la vivienda a un solicitante por parte de la administración o entidad que gestione dicha vivienda.

f) Cuando la entrada en la vivienda se haya producido con posterioridad a la entrada en vigor del presente real decreto-ley. […]

Art. 5.º *Definición de la situación de vulnerabilidad económica a efectos de obtener moratorias o ayudas en relación con la renta arrendaticia de la vivienda habitual.*—1. Los supuestos de vulnerabilidad económica a los efectos de la obtención de moratorias, ayudas u otras medidas en relación con la renta arrendaticia de la vivienda habitual reguladas en el presente real decreto-ley, requerirán la concurrencia conjunta de los siguientes requisitos:

a) Que la persona que esté obligada a pagar la renta de alquiler pase a estar en situación de desempleo, Expediente Temporal de Regulación de Empleo (ERTE), o haya reducido su jornada por motivo de cuidados, en caso de ser empresario, u otras circunstancias similares que supongan una pérdida sustancial de ingresos, no alcanzando por ello el conjunto de los ingresos de los miembros de la unidad familiar, en el mes anterior a la solicitud de la moratoria:

i. Con carácter general, el límite de tres veces el Indicador Pú-

---

Art. 5.º1: Este apartado ha sido modificado por la Disp. Final 5.ª del Real Decreto-ley 1/2023, de 10 de enero, de medidas urgentes en materia de incentivos a la contratación laboral y mejora de la protección social de las personas artistas (*BOE* n.º 9, de 11 de enero).

blico de Renta de Efectos Múltiples mensual (en adelante IPREM).

ii.   Este límite se incrementará en 0,1 veces el IPREM por cada hijo a cargo en la unidad familiar. El incremento aplicable por hijo a cargo será de 0,15 veces el IPREM por cada hijo en el caso de unidad familiar monoparental.

iii.   Este límite se incrementará en 0,1 veces el IPREM por cada persona mayor de 65 años miembro de la unidad familiar.

iv.   En caso de que alguno de los miembros de la unidad familiar tenga declarada discapacidad igual o superior al 33 por 100, situación de dependencia o enfermedad que le incapacite acreditadamente de forma permanente para realizar una actividad laboral, el límite previsto en el subapartado i) será de cuatro veces el IPREM, sin perjuicio de los incrementos acumulados por hijo a cargo.

v.   En el caso de que la persona obligada a pagar la renta arrendaticia sea persona con parálisis cerebral, con enfermedad mental, o con discapacidad intelectual, con un grado de discapacidad reconocido igual o superior al 33 por 100, o persona con discapacidad física o sensorial, con un grado de discapacidad reconocida igual o superior al 65 por 100, así como en los casos de enfermedad grave que incapacite acreditadamente, a la persona o a su cuidador, para realizar una ac-

tividad laboral, el límite previsto en el subapartado i) será de cinco veces el IPREM.

b)   Que la renta arrendaticia, más los gastos y suministros básicos, resulte superior o igual al 35 por 100 de los ingresos netos que perciba el conjunto de los miembros de la unidad familiar. A estos efectos, se entenderá por «gastos y suministros básicos» el importe del coste de los suministros de electricidad, gas, gasoil para calefacción, agua corriente, de los servicios de telecomunicación fija y móvil, y las posibles contribuciones a la comunidad de propietarios, todos ellos de la vivienda habitual que corresponda satisfacer al arrendatario.

[…]

Art. 6.º *Acreditación de las condiciones subjetivas.*—1.   La concurrencia de las circunstancias a que se refiere el artículo 5 se acreditará por la persona arrendataria ante la persona arrendadora mediante la presentación de los siguientes documentos:

a)   En caso de situación legal de desempleo, mediante certificado expedido por la entidad gestora de las prestaciones, en el que figure la cuantía mensual percibida en concepto de prestaciones o subsidios por desempleo.

b)   En caso de cese de actividad de los trabajadores por cuenta propia, mediante certificado expedido por la Agencia Estatal de la Administración Tributaria o el órgano competente de la Comunidad Autónoma, en su caso, sobre la base de la declaración de cese de actividad declarada por el interesado.

c) Número de personas que habitan en la vivienda habitual:

i. Libro de familia o documento acreditativo de pareja de hecho.

ii. Certificado de empadronamiento relativo a las personas empadronadas en la vivienda, con referencia al momento de la presentación de los documentos acreditativos y a los seis meses anteriores.

iii. Declaración de discapacidad, de dependencia o de incapacidad permanente para realizar una actividad laboral.

d) Titularidad de los bienes: nota simple del servicio de índices del Registro de la Propiedad de todos los miembros de la unidad familiar.

e) Declaración responsable del deudor o deudores relativa al cumplimiento de los requisitos exigidos para considerarse sin recursos económicos suficientes según este real decreto-ley.

[...]

DISPOSICIONES FINALES

[...]

12.ª *Vigencia.*—1. Con carácter general, las medidas previstas en el presente real decreto-ley mantendrán su vigencia hasta un mes después del fin de la vigencia de la declaración del estado de alarma. No obstante lo anterior, aquellas medidas previstas en este real decreto-ley que tienen un plazo determinado de duración se sujetarán al mismo.

2. Sin perjuicio de lo anterior la vigencia de las medidas previstas en este real decreto-ley, previa evaluación de la situación, se podrá prorrogar por el Gobierno mediante real decreto-ley.

[...]

13.ª *Entrada en vigor.*—El presente real decreto-ley entrará en vigor el día siguiente al de su publicación en el *Boletín Oficial del Estado* a excepción del artículo 37, sobre Medidas de restricción a las comunicaciones comerciales de las entidades que realicen una actividad de juego regulada en la Ley 13/2011, de 27 de mayo, de regulación del juego, que entrará en vigor a los dos días de la citada publicación en el *Boletín Oficial del Estado*.

§ 15. REAL DECRETO-LEY 6/2022, DE 29 DE MARZO, POR EL QUE SE ADOPTAN MEDIDAS URGENTES EN EL MARCO DEL PLAN NACIONAL DE RESPUESTA A LAS CONSECUENCIAS ECONÓMICAS Y SOCIALES DE LA GUERRA EN UCRANIA

(*BOE* n.º 76, de 30 de marzo de 2022)

....

TÍTULO IV

Otras medidas de apoyo a trabajadores y colectivos vulnerables

....

Art. 46. *Limitación extraordinaria de la actualización anual de la renta de los contratos de arrendamiento de vivienda.*—1. La persona arrendataria de un contrato de alquiler de vivienda sujeto a la Ley 29/1994, de 24 de noviembre, de Arrendamientos Urbanos, cuya renta deba ser actualizada porque se cumpla la correspondiente anualidad de vigencia dentro del período comprendido entre la entrada en vigor de este real decreto-ley y el 31 de diciembre de 2023, podrá negociar con el arrendador el incremento que se aplicará en esa actualización anual de la renta,

---

Art. 46: Este precepto se ha visto modificado por el art. 1.13 del Real Decreto-ley 11/2022, de 25 de junio, por el que se adoptan y se prorrogan determinadas medidas para responder a las consecuencias económicas y sociales de la guerra de Ucrania (*BOE* n.º 152, de 26 de junio); por el art. 67 del Real Decreto-ley 20/2022, de 27 de diciembre, de medidas de respuesta a las consecuencias económicas y sociales de la guerra de Ucrania (*BOE* n.º 311, de 28 de diciembre); por la Disp. Final 6.ª de la Ley 12/2023, de 24 de mayo, por el derecho a la vivienda (§ 16). Vid. art. 18 de la Ley de Arrendamientos Urbanos (§ 1) y la actualización de rentas de alquiler por anualidades completas con el IPC (§ 17).

con sujeción a las siguientes condiciones:

a) En el caso de que el arrendador sea un gran tenedor en los términos que establece el artículo 3.*k)* de la Ley 12/2023, de 24 de mayo, por el derecho a la vivienda, el incremento de la renta será el que resulte del nuevo pacto entre las partes, sin que pueda exceder del resultado de aplicar la variación anual del Índice de Garantía de Competitividad a fecha de dicha actualización, tomando como mes de referencia para la actualización el que corresponda al último índice que estuviera publicado en la fecha de actualización del contrato. En ausencia de este nuevo pacto entre las partes, el incremento de la renta quedará sujeto a esta misma limitación.

b) En el caso de que el arrendador no sea un gran tenedor, el incremento de la renta será el que resulte del nuevo pacto entre las partes. En ausencia de este nuevo pacto entre las partes, el incremento de la renta no podrá exceder del resultado de aplicar la variación anual del Índice de Garantía de Competitividad a fecha de dicha actualización, tomando como mes de referencia para la actualización el que corresponda al último índice que estuviera publicado en la fecha de actualización del contrato.

2. La persona arrendataria de un contrato de alquiler de vivienda sujeto a la Ley 29/1994, de 24 de noviembre, de Arrendamientos Urbanos, cuya renta deba ser actualizada porque se cumpla la correspondiente anualidad de vigencia dentro del período comprendido entre el 1 de enero de 2024 y el 31 de diciembre de 2024, podrá negociar con el arrendador el incremento que se aplicará en esa actualización anual de la renta, con sujeción a las siguientes condiciones:

a) En el caso de que el arrendador sea un gran tenedor en los términos que establece el artículo 3.*k)* de la Ley 12/2023, de 24 de mayo, por el derecho a la vivienda, el incremento de la renta será el que resulte del nuevo pacto entre las partes, sin que la variación anual de la renta pueda exceder del tres por 100. En ausencia de este nuevo pacto entre las partes, el incremento de la renta quedará sujeto a esta misma limitación.

b) En el caso de que el arrendador no sea un gran tenedor, el incremento de la renta será el que resulte del nuevo pacto entre las partes. En ausencia de este nuevo pacto entre las partes, el incremento de la renta a aplicar no podrá ser superior al 3 por 100.

....

§ 16.   LEY 12/2023, DE 24 DE MAYO, POR EL DERECHO A LA VIVIENDA

(*BOE* n.º 124, de 25 de mayo de 2023)

PREÁMBULO

I

La Constitución española (CE) reconoce, en su artículo 47, el derecho al disfrute de una vivienda digna y adecuada e impone seguidamente a los poderes públicos el deber de promover las condiciones necesarias que garanticen la igualdad en el ejercicio de los derechos y el cumplimiento de los deberes constitucionales y de establecer las normas pertinentes para hacer efectivo el referido derecho. Todo ello como proyección de su artículo 9.2, lo que explica su ubicación sistemática en el capítulo III del título I de la norma fundamental, referido a los principios rectores de la política social y económica.

Por su objeto, el derecho constitucional así reconocido incide en el goce del contenido de otros derechos constitucionales, declarados incluso fundamentales, como los relativos a la integridad física y moral (art. 15 CE), a la intimidad personal y familiar (art. 18 CE), a la protección de la salud (art. 43 CE) y a un medio ambiente adecuado (art. 45 CE); derechos, todos ellos, que guardan una relación estrecha con los valores de la calidad de vida –de la que habla el propio preámbulo de la norma fundamental– y del libre desarrollo de la personalidad en sociedad (art. 10.1 CE). Esta incidencia e imbricación también se deduce de la jurisprudencia del Tribunal Europeo de Derechos Humanos y resalta en la doctrina del Tribunal Constitucional, que es receptiva de aquella. Todo lo cual modula, tanto el derecho de propiedad, como la libertad de empresa, cuando operan en el sector de la vivienda, desde el doble punto de vista de la función social que deben cumplir y del interés general, respectivamente (arts. 33.2, 38, 128.1 y 131.1 CE). Y ello sobre el trasfondo de la igualdad de todos los españoles en cualquier parte del territorio del Estado (art. 139.1 CE) en los términos del artículo 14 CE y, en particular, de las personas y grupos sociales en situación de especial desventaja (art. 48 CE) y los legítimos intereses de consumidores y usuarios, de acuerdo con el artículo 51.1 de la Constitución Española.

La vivienda resulta ser, así, un bien esencial de rango constitucional que presenta múltiples dimensiones. Desde esta perspectiva, el propio Tribunal Constitucional ha reiterado que no constituye un título competencial autónomo, sino que puede recaer bajo distintos títulos competenciales estatales o autonómicos dependiendo de cuál sea el enfoque y cuáles los instrumentos regulatorios utilizados en cada caso por el legislador. Dicha complejidad competencial es clara consecuencia de las distintas dimensiones constitucionales que presenta la vivienda.

La vivienda constituye, ante todo, un pilar central del bienestar social en cuanto lugar de desarrollo de la vida privada y familiar, y centro de todas las políticas urbanas. Pero también, desde el punto de vista de su soporte físico, es un bien que acota un sector económico dedicado a su producción, puesta en el mercado y su gestión. De hecho, en el conjunto de la edificación urbana, la vivienda ocupa el 80 por 100 del espacio construido y, como tal, es un factor determinante de la estructuración espacial.

Es lógico que, dada su relevancia social, el derecho a la vivienda se recoja en importantes declaraciones internacionales, como la Declaración Universal de Derechos Humanos, adoptada y proclamada por la 183.ª Asamblea General de la Organización de las Naciones Unidas, de 10 de diciembre de 1948. Su artículo 25.1 prevé que toda persona tiene derecho a un nivel de vida adecuado que le asegure, tanto a él o ella, como a su familia, la vivienda. El Pacto Internacional de Derechos Económicos, Sociales y Culturales, hecho en Nueva York el 19 de diciembre de 1966, reconoce también en su artículo 11.1, el derecho de toda persona a un nivel de vida adecuado incluyendo, entre otros, una vivienda igualmente adecuada. Asimismo, la Convención Internacional sobre los Derechos de las Personas con Discapacidad sigue esta misma línea, reconociendo a lo largo de su articulado la necesidad de garantizar la accesibilidad como presupuesto fundamental para el disfrute de una vivienda adecuada.

La Unión Europea también ha avanzado en el reconocimiento del derecho a la vivienda de toda persona, que se recogió en la Carta Social Europea de 1961 y se reforzó en la Carta Social Europea revisada en 1996, según la cual las partes se comprometen a adoptar medidas destinadas «a favorecer el acceso a la vivienda de una calidad suficiente; a prevenir y paliar la situación de carencia de hogar con vistas a eliminar progresivamente dicha situación y a hacer asequible el precio de las viviendas a las personas que no dispongan de recursos suficientes». También el artículo 19 del Pilar Europeo de derechos sociales, incorpora la vivienda entre los principios y los derechos esenciales para el funcionamiento de los sistemas de bienestar europeo y, por último, la Carta de los Derechos Fundamentales de la Unión Europea aprobada por el Parlamento, el Consejo y la Comisión Europea el 7 de diciembre de 2000 establece en su artículo 34.3 que «con el fin de combatir la exclusión social y la pobreza, la Unión reconoce y respeta el derecho a una ayuda social y a una ayuda de vivienda para garantizar una existencia digna a todos aquellos que no dispongan de recursos suficientes, según las modalidades establecidas por el Derecho comunitario y las legislaciones y prácticas nacionales».

En esta misma línea se ha expresado la Resolución del Parlamento Europeo, de 21 de enero de 2021, sobre el acceso a una vivienda digna y asequible para todos, en la que se pide a la Comisión y a los Estados miembros que se aseguren de que el derecho a una vivienda adecuada sea reconocido y ejecutable como un derecho humano fundamental mediante disposiciones legislativas europeas y estatales aplicables, y que garanticen la igualdad de acceso para todos a una vivienda digna. En suma, la normativa internacional más actual es consciente del proceso de segregación de facto en el acceso a la vivienda de la que es víctima gran parte de la población, especialmente jóvenes y familias y colectivos vulnerables. Como consecuencia, sus postulados demandan un cambio de paradigma en la consideración jurídica de la vivienda, para reforzar su función como servicio social de interés general. Sólo de este modo será posible garantizar el derecho efectivo a una vivienda digna y asequible para todas las personas jóvenes, y especialmente a aquellos colectivos en riesgo de exclusión, reconocido y ejecutable como un derecho humano fundamental e incluyendo en el mismo el acceso a los servicios básicos definidos en la legislación urbanística y de ordenación del territorio, contribuyendo así a garantizar la vida digna en un entorno adecuado y a erradicar la pobreza en todas sus formas.

Por su parte, las Agendas Urbanas internacionales prestan especial atención, también, a la vivienda y, en concreto, la Agenda

Urbana Española, alineada con estas y con los objetivos de desarrollo sostenible que proclama la Agenda 2030, reclama la promoción de medidas y la adopción de políticas en materia de vivienda que respalden la realización progresiva del derecho de todas las personas a una vivienda digna y adecuada, a precios asequibles; que luchen contra todas las formas de discriminación y violencia, especialmente en materia de género; que impidan los desalojos forzosos arbitrarios y que se centren en las necesidades de las personas sin hogar erradicando el fenómeno del sinhogarismo, de quienes padecen situaciones de vulnerabilidad, de los grupos sociales con bajos ingresos y especiales dificultades y de las personas con discapacidad; a la vez que propician la participación y la colaboración de las comunidades y de todas las personas interesadas. Estas nuevas Agendas, tanto nacional, como internacionales, muestran a los Estados y demás escalones de Administración Pública la necesidad de reconocer la función social del suelo y de la vivienda y su compromiso a favor de una amplia gama de opciones de creación de vivienda, de promoción de diversos tipos de tenencia y de enfoques centrados, en suma, en las personas. Todo ello en el marco de una visión inclusiva de los asentamientos humanos.

Asimismo, la aprobación de la presente ley cumple con el hito establecido en el Plan de Recuperación, Transformación y Resiliencia de España, relativo a la reforma C02.R03 «Ley de Vivienda» recogido en el número 22 del anexo a la Propuesta de Decisión de Ejecución del Consejo, de 16 de junio de 2021, relativa a la entrada en vigor de una norma que incluye acciones de apoyo al aumento de la oferta de viviendas que cumplan los requisitos de los edificios de consumo de energía casi nulo, estrechamente vinculado a los objetivos que marca la propia definición de vivienda digna y adecuada a los que se orienta el conjunto de medidas adoptadas.

El deber impuesto por el artículo 47 CE incumbe a todos los poderes públicos sin excepción, que están obligados a cumplirlo en el marco de sus respectivas esferas de competencia. Esta ley debe entenderse, por tanto, en el contexto del cumplimiento por parte del Estado de la obligación que, en el marco de sus competencias constitucionales, le incumbe en la protección del derecho a acceder a una vivienda digna y adecuada y a su disfrute. Su dictado se produce, además, en un momento especialmente relevante, cuando tras la crisis económica y financiera de la última década y en el contexto de una progresiva recuperación tras la difícil situación a la que abocó la pandemia a muchas personas y hogares, una parte importante de la población sigue sufriendo severos impactos de la misma, focalizados en muchos casos en la pérdida de la vivienda o en la imposibilidad de acceder a ella en condiciones asequibles, y tras la aprobación de un buen número de normas autonómicas que, de forma más coyuntural que estructural, han tratado de dar respuesta a las necesidades sociales de vivienda más perentorias. De hecho, una gran mayoría de dichas leyes son de segunda generación, es decir, han sido aprobadas estando vigentes las primeras o segundas leyes de vivienda de las respectivas Comunidades Autónomas.

Contrasta, por ello, la ausencia en las políticas legislativas del Estado de una norma en materia de vivienda que, al igual que existe en otros ámbitos con los que está íntimamente relacionada, fije aquellas condiciones básicas y de igualdad que garanticen un tratamiento uniforme del derecho a la vivienda que reconoce la Constitución, además de aquellos otros aspectos que, por virtud de sus títulos competenciales, le corresponden. El propio Tribunal Constitucional, en una suerte de reproche al legislador estatal, ha puesto en evidencia la inexistencia de una legislación estatal sobre vivienda que sirva como pa-

rámetro de constitucionalidad a la elevada producción normativa autonómica en la materia. La Sentencia 16/2018, de 22 de febrero, por citar alguna de ellas, justifica la imposibilidad de considerar que una norma autonómica contradice las competencias estatales cuando el legislador estatal no ha «dictado, para asegurar una cierta igualdad en el ejercicio del derecho constitucional a la propiedad privada, una norma que reserve al propietario de viviendas (o de edificaciones en general) la decisión de tenerlas permanentemente habitadas» [FJ 8.º*a*)]. También, recuerda la Sentencia 80/2018, de 5 de julio, que: «No habiendo el legislador estatal ejercido la habilitación que el artículo 149.1.1.ª CE le otorga, resulta necesario afirmar que el legislador autonómico en materia de vivienda, en el momento en el que realizamos este enjuiciamiento, no encuentra límites desde esta perspectiva constitucional». Esta misma doctrina jurisprudencial se reitera en otras sentencias como la 32/2018, de 10 de abril, y la 43/2018, de 26 de abril.

Esta ley es, por tanto, la primera ley estatal reguladora del derecho a la vivienda desde la aprobación de la Constitución, si bien, no puede decirse que el Estado haya estado ausente en las políticas de vivienda. Es bien conocida la importante asignación de fondos públicos a través de ayudas correspondientes al ámbito fiscal y la aprobación sistemática y continuada durante toda la democracia de los conocidos Planes de Vivienda que han tenido una amplia e indudable repercusión sobre la población. No obstante, todos ellos mantuvieron a lo largo del tiempo un carácter unitario y constante, tanto en su diseño, como en su contenido, defendiendo y materializando una política de vivienda basada fundamentalmente en el fomento de la producción de un volumen creciente de viviendas, la ocupación de nuevos suelos con el consiguiente crecimiento de las ciudades y la apuesta por la propiedad como forma esencial de acceso a la vivienda.

Esta política expansiva y de fomento de la propiedad, comenzó a reorientarse hacia la rehabilitación y el alquiler, con el Plan Estatal de Vivienda y Rehabilitación 2009-2012, regulado por el Real Decreto 2066/2008, de 12 de diciembre. Los siguientes planes estatales: el Plan Estatal de fomento del alquiler de viviendas, la rehabilitación edificatoria, y la regeneración y renovación urbanas 2013-2016, regulado por el Real Decreto 233/2013, de 5 de abril, el Plan Estatal de Vivienda 2018-2021, regulado por Real Decreto 106/2018, de 9 de marzo, y el Plan Estatal para el acceso a la vivienda 2022-2025 regu-

lado por Real Decreto 42/2022, de 18 de enero, sirven para confirmar y reforzar este cambio de modelo.

No obstante, aún existen importantes desequilibrios entre la nueva construcción y la actividad de rehabilitación y entre la tenencia de vivienda en propiedad y en alquiler, a lo que se suma el hecho de que los parques públicos de vivienda en alquiler sean del todo insuficientes para atender la necesidad de aquellas personas y hogares que tienen más dificultades para acceder al mercado por sus escasos medios económicos. Valga el dato de que, del total de las viviendas construidas entre el año 1962 y el año 2020, el 31,5 por 100 fueron viviendas protegidas, es decir, unos 5,7 millones de viviendas que se promovieron al amparo de algún régimen de protección pública, pero que en su mayoría y pese al importante esfuerzo público realizado en su promoción y construcción, han dejado de estar sujetas, en plazos relativamente cortos, a ningún tipo de límite de venta o alquiler.

También desde el punto de vista territorial, es preciso reconocer que los desequilibrios en el acceso a la vivienda no se producen únicamente en los entornos urbanos y en las grandes ciudades, sino que también en el medio rural se identifica en muchas ocasiones una insuficiente oferta de vivienda disponible en adecuadas condiciones y son necesarias acciones encaminadas a la recuperación, rehabilitación o adaptación del parque edificatorio existente, que precisan el particular apoyo de los poderes públicos. Así, se hace necesario que todas las administraciones, en el ejercicio de sus competencias sobre vivienda, garanticen el acceso a la vivienda en las áreas rurales, especialmente para los colectivos vulnerables, impulsando la cohesión territorial y facilitando la lucha contra la despoblación.

Hoy se considera imprescindible que la planificación económica en materia de vivienda cuente con un marco legislativo estable, una de cuyas misiones trata de cumplir esta ley.

En lo que se refiere a la calidad del parque de viviendas, la normativa estatal de edificación establece requisitos y exigencias básicas que afectan directamente a la funcionalidad, la seguridad y la habitabilidad de las viviendas. Sin embargo, dichas exigencias sólo aplican en aquellas viviendas de nueva construcción o en determinadas intervenciones sobre las existentes y no se dota de instrumentos efectivos para asegurar el conocimiento efectivo por parte del adquirente o arrendatario de la calidad y prestaciones de la vivienda que es objeto de la operación inmobiliaria, un aspecto clave para asegurar su adecuación al derecho constitucional. Por ello se hace necesario establecer unos principios generales de actuación para garantizar que en tales operaciones se disponga de la información suficiente para contrastar a través de los datos y características de la vivienda, que puede ser considerada como digna y adecuada para que una persona o unidad de convivencia pueda habitarla y disfrutar de ella, tal y como reclama la Constitución.

II

Conforme al artículo 148.3 de la Constitución, todas las Comunidades Autónomas tienen asumida en sus Estatutos de Autonomía, sin excepción, la competencia plena en materia de vivienda. A diferencia del Estado, que sólo puede incidir, con distinto alcance y sobre la base de títulos competenciales diversos, en la política de vivienda, los legisladores autonómicos pueden formular completos programas normativos de la acción pública en la materia. Uno y otras están abocados, por tanto, a articular sus respectivas actuaciones de modo que puedan desplegarse en un marco normativo coherente, estable y seguro que haga posible la realidad del derecho reconocido en el artículo 47 de la

Constitución en ejecución de las medidas, acciones, planes y programas correspondientes y la igualdad básica de todos los españoles en relación con dicho derecho.

La jurisprudencia constitucional también ha avalado este esquema de concurrencia competencial. La Sentencia clave a estos efectos es la Sentencia del Tribunal Constitucional 152/1988, de 20 de julio, que tuvo como objeto de análisis uno de los planes de vivienda estatales de protección pública a la vivienda y que amparó la dinámica de dichos planes. Dicha Sentencia, al lado de otras posteriores, han mantenido, en lo básico, el esquema inicial del Tribunal Constitucional, que amparó la competencia estatal para aprobar los planes de vivienda, fundamentalmente con base en el artículo 149.1.13.ª CE, que atribuye al Estado la competencia relativa a la planificación general de la actividad económica, en concreto el establecimiento de bases y coordinación de esta planificación.

Pero, existen otros títulos competenciales que exigen al Estado abordar esta tarea legislativa. En primer lugar, el del artículo 149.1.1.ª CE para regular las condiciones básicas que garanticen la igualdad de todos los españoles en el ejercicio de los derechos y en el cumplimiento de los deberes constitucionales, en este caso, en relación con el derecho de propiedad de la vivienda, pero también con el ejercicio del derecho constitucional a disfrutar de una vivienda digna y adecuada e incluso con los derechos a la intimidad y la inviolabilidad del domicilio, puesto que la vivienda habitual es donde la inmensa mayoría de las personas tienen su domicilio y ejercen la intimidad de su vida personal y familiar. La dignidad y adecuación de la vivienda son, pues, condiciones asimismo para el ejercicio de estos derechos de las personas que las habitan.

En segundo lugar, están las competencias estatales en materia de legislación mercantil (art. 149.1.6.ª CE) y civil (art. 149.1.8.ª CE) en relación con los contratos vinculados al acceso a la vivienda, tal y como ha admitido sin vacilar la jurisprudencia constitucional (vid., por todas, la Sentencia del Tribunal Constitucional 15/1989, de 26 de enero). En tercer lugar, cabe citar el establecimiento de las bases de la ordenación del crédito, banca y seguros (art. 149.1.11.ª CE), resultando obvio que la producción de viviendas por las empresas promotoras y su adquisición por parte de la ciudadanía requiere, de forma mayoritaria, de préstamos otorgados por las entidades de crédito, materia en la que la competencia estatal es relevante. En íntima conexión con esta competencia estatal se encontraría también la relativa a hacienda general y deuda del Estado (art. 149.1.14.ª), que constituyen títulos competenciales que se han venido ejerciendo por el Estado en la regulación de los préstamos convenidos o cualificados o en el otorgamiento de ayudas económicas. En último lugar, la competencia estatal para dictar legislación básica sobre protección del medio ambiente (art. 149.1.23.ª CE), también lleva al Estado a dictar una norma en materia de vivienda, habida cuenta de la repercusión ambiental de la producción y utilización de las viviendas, así como la competencia relativa a las bases del régimen minero y energético (art. 149.1.25.ª CE), puesto que el subsector vivienda es un ámbito clave en relación con las medidas de eficiencia y ahorro de energía.

Esto es, toda una pléyade de títulos competenciales, cuyo ejercicio estatal exige la aprobación de normas estatales sobre la materia vivienda, sin perjuicio, naturalmente, del legítimo ejercicio de las competencias exclusivas en dicha materia asumidas por las Comunidades Autónomas y también por otras Administraciones Públicas, particularmente la municipal, a la que se atribuye como competencia propia la promoción y gestión de la vivienda de protección pública con criterios de sostenibilidad financiera en virtud del artículo 25.2 de la Ley 7/1985, de 2 de abril, de Bases del Régimen Local.

III

La presente Ley de vivienda, sobre la base de las referidas competencias estatales, busca el establecimiento de una regulación homogénea de los aspectos más esenciales de las políticas de vivienda que tanto afectan, como se ha señalado, no sólo a la satisfacción del propio derecho de acceso a la vivienda, sino también a la de otros derechos constitucionales y a la actividad económica del país. Y ello desde una doble vertiente, una jurídico-pública, como es la contemplada, principalmente, en el título preliminar y en los títulos I a III, y otra vertiente jurídico-privada, más presente en el título IV.

Dentro de este marco, los objetivos perseguidos por la ley son los siguientes:

– Establecer una regulación básica de los derechos y deberes de los ciudadanos en relación con la vivienda, así como de los asociados a la propiedad de vivienda, aplicable a todo el territorio nacional.

– Facilitar el acceso a una vivienda digna y adecuada a las

personas que tienen dificultades para acceder a una vivienda en condiciones de mercado, prestando especial atención a jóvenes y colectivos vulnerables y favoreciendo la existencia de una oferta a precios asequibles y adaptada a las realidades de los ámbitos urbanos y rurales.

— Dotar de instrumentos efectivos para asegurar la funcionalidad, la seguridad, la accesibilidad universal y la habitabilidad de las viviendas, garantizando así la dignidad y la salud de las personas que las habitan.

— Definir los aspectos fundamentales de la planificación y programación estatales en materia de vivienda, con objeto de favorecer el ejercicio del derecho constitucional en todo el territorio.

— Regular el régimen jurídico básico de los parques públicos de vivienda, asegurando su desarrollo, protección y eficiencia para atender a aquellos sectores de la población con mayores dificultades de acceso.

— Favorecer el desarrollo de tipologías de vivienda adecuadas a las diferentes formas de convivencia y de habitación, favoreciendo la adaptación a las dinámicas y actuales exigencias de los hogares.

— Mejorar la protección en las operaciones de compra y arrendamiento de vivienda, introduciendo unos mínimos de información necesaria para dar seguridad y garantías en el proceso.

Para avanzar en el cumplimiento de estos objetivos, la ley se estructura en cinco títulos y contiene 36 artículos, seis disposiciones adicionales, cuatro disposiciones transitorias, una disposición derogatoria y nueve disposiciones finales.

En primer lugar, en el título preliminar, se concretan el objeto y los fines de la ley y se establecen las correspondientes definiciones legales. Además, se configuran las políticas destinadas a satisfacer el derecho de acceso a una vivienda digna y adecuada como un servicio de interés general, tanto mediante la creación y gestión de parques públicos de vivienda como a través de aquellas actuaciones, públicas y privadas, que tengan por objetivo la provisión de viviendas sometidas a algún régimen de protección pública.

Las políticas públicas en materia de vivienda han de orientarse desde esta doble perspectiva, de un lado, es imprescindible para cumplir el mandato del artículo 47 CE, que las administraciones territoriales competentes desarrollen sus respectivos parques públicos de vivienda para destinarlos, con carácter prioritario, a satisfacer la necesidad de vivienda de aquellos colectivos más desfavorecidos, en situaciones de vulnerabilidad o exclusión social y, con carácter general, de todos aquellos que tengan dificultades de acceso a la vivienda en el mercado.

De otro lado, las políticas públicas deben favorecer la existencia de una oferta suficiente y adecuada de vivienda, que responda a la demanda existente y permita el equilibrio del mercado, asegurando la transparencia y adecuado funcionamiento del mismo.

Finalmente, el título preliminar regula también, a modo de como se hace ya en el ámbito del urbanismo, o el medioambiental, la acción pública para exigir el cumplimiento de la normativa aplicable en esta materia y define el principio de igualdad y no discriminación en el ámbito de la vivienda.

En el título I, se regulan aspectos esenciales del derecho constitucional a una vivienda digna y adecuada, recogiendo el estatuto básico del ciudadano en relación con la vivienda, así como el régimen jurídico básico del derecho de propiedad de la vivienda, definiendo las facultades y deberes que comporta. Entre otros aspectos, en zonas de mercado residencial tensionado se introduce un deber legal de información por parte de los grandes tenedores, a requerimiento de la Administración competente en materia de vivienda, con objeto de asegurar el cumplimiento de los deberes asociados al derecho de propiedad de la vivienda, especialmente en estos entornos en los que debe evitarse prácticas de retención y desocupación indebidas, que podrían tener efectos muy negativos en el mercado residencial a nivel local.

En este contexto, se entiende la definición de carácter general del concepto de «gran tenedor», como la persona física o jurídica que sea titular de más de diez inmuebles urbanos, excluyendo garajes y trasteros, o una superficie construida de más de 1.500 m², en los términos ya recogidos en el Real Decreto-ley 11/2020, de 31 de marzo, por el que se adoptan medidas urgentes complementarias en el ámbito social y económico para hacer frente al COVID-19, acotándose en el texto de la ley a aquellos inmuebles y superficie que sea de uso residencial. Si bien, se especifica que tal definición general podrá ser particularizada en la declaración de entornos de mercado residencial tensionado, pudiendo alcanzar a titulares de cinco o más inmuebles urbanos de uso residencial que estén ubicados en dichos entornos.

En todo caso, las definiciones recogidas en la ley se establecen a los efectos de lo dispuesto en la propia ley, respetando en todo caso las definiciones existentes o las que pudieran adoptarse en el marco de las legislaciones de las

Comunidades Autónomas sobre esta materia.

A través de todo ello se trata de favorecer el equilibrio entre la oferta de vivienda y la necesidad de residencia habitual en las zonas definidas como de mercado residencial tensionado, promoviendo los instrumentos, la planificación y las medidas necesarias para revertir, desde los poderes públicos, tal situación. No puede dejar de reconocerse que buena parte de estos contenidos normativos ya se encontraban presentes, de una u otra forma, en algunas leyes autonómicas, pero es precisamente la ausencia de regulación en otras Comunidades Autónomas, la que enfatiza la necesidad de establecer, precisamente por el Estado, unos mimbres legales comunes de aspectos tan esenciales y básicos para las políticas de protección del derecho de acceso a una vivienda digna y adecuada. Entre ellos, que las facultades de las personas propietarias no amparan el uso antisocial de la vivienda o la discriminación por cualquier razón, entre otras. También la definición de los derechos y deberes básicos del propietario de vivienda, como el de uso y disfrute de la misma, de manera efectiva.

De esta forma la ley establece un estatuto de derechos y deberes de los propietarios de vivienda que atiende a las características de la propia vivienda y el edificio en que se enclava, del entorno urbano o rural y a las particularidades del titular del inmueble, aspectos todos ellos que inciden en la salvaguarda de la función social que debe ser inherente a la vivienda.

En el título II, se recogen los aspectos fundamentales de la actuación pública en materia de vivienda, precisando algunos principios vinculados a la ordenación territorial y urbanística y regulando las herramientas básicas de la planificación estatal en esta materia, con plena salvaguarda de la competencia autonómica en esta materia.

Así, la ley articula las políticas de planificación y programación públicas, sobre dos categorías de vivienda protegida: vivienda social y vivienda de precio limitado.

El parque de vivienda social está integrado por el conjunto de viviendas sobre suelo de titularidad pública, destinado al alquiler, cesión u otras formas de tenencia temporal, orientado, de manera prioritaria, a atender las necesidades de los sectores de población con mayores dificultades de acceso a la vivienda.

Dentro del parque de vivienda social se encuentran las viviendas dotacionales públicas, que son aquellas que ocupan terrenos calificados urbanísticamente como dotacionales públicos o que forman parte de edificaciones o locales destinados a equipamientos de titularidad pública y afectos al servicio público. Las viviendas dotacionales públicas podrán gestionarse por las Administraciones Públicas, sus entidades dependientes o entidades sin ánimo de lucro con fines sociales vinculados a la vivienda, para garantizar el acceso a las mismas a personas en situaciones de vulnerabilidad o en exclusión social, en régimen de alquiler, derecho de superficie u otras modalidades de tenencia temporal admitidas por la legislación aplicable.

Las viviendas dotacionales públicas, junto con el resto de la vivienda social, formará parte del parque público de vivienda que se regula específicamente en el título III, y que estará sujeto a limitaciones para asegurar su pervivencia y su destino como instrumento al servicio de las políticas de vivienda.

La ley establece varios mecanismos para ampliar la oferta de vivienda social: se permitirá que se califique como uso compatible de los suelos dotacionales, el uso de vivienda dotacional pública; se podrá obtener suelo para vivienda dotacional o social con cargo a actuaciones de trasformación urbanística y, además, se garantiza que se construya vivienda dotacional en los suelos procedentes del cumplimiento del deber previsto en la letra b)

del apartado 1 del artículo 18 del texto refundido de la Ley de Suelo y Rehabilitación Urbana, aprobado por Real Decreto Legislativo 7/2015, de 30 de octubre. Para ello se impide que, en los municipios donde exista desajuste entre la oferta y la demanda de vivienda habitual, pueda sustituirse la entrega de este suelo por otras formas de cumplimiento del deber o que se pueda destinar a otros usos de interés social distintos al anterior.

En segundo lugar, dentro de la vivienda protegida se define la vivienda de precio limitado como aquella que está sujeta a limitaciones administrativas en los precios de venta y/o alquiler, por un plazo de tiempo determinado. La vivienda protegida de precio limitado estará destinada a diferentes regímenes de tenencia y su volumen y características en cuanto a superficies y precios estará condicionado en todo caso a la demanda y necesidades de los hogares en su ámbito territorial.

La vivienda protegida de precio limitado podrá ejecutarse, al igual que las otras modalidades de vivienda protegida, sobre las reservas de suelo para vivienda sujeta a algún régimen de protección pública que prevé la letra b) del apartado 1 del artículo 20, del texto refundido de la Ley de Suelo y Rehabilitación Urbana, aprobado por Real Decreto Legislativo 7/2015, de 30 de octubre, en cuyo caso deberán mantener dicha condición de forma permanente en tanto que se mantenga el destino de ese suelo. Si bien, la vivienda de precio limitado también podrá desarrollarse sobre suelos calificados con el uso de vivienda libre.

En todo caso, la ley garantiza que la vivienda protegida, ya sea social o de precio limitado, no pueda descalificarse, salvo en el supuesto de viviendas promovidas sobre suelos cuya calificación urbanística no imponga dicho destino y que no cuenten con ayudas públicas para su promoción, o en aquellos casos que excepcionalmente se justifique de acuerdo con la normativa autonómica, no pudiendo ser en tales supuestos excepcionales, el período de calificación inferior a treinta años. En el resto de los supuestos en los que la calificación urbanística del suelo imponga dicho destino, ésta no podrá modificarse como tampoco podrán descalificarse las viviendas sobre dichos suelos.

Pero también es importante destacar la introducción del concepto de vivienda asequible incentivada, como figura necesaria para incrementar la oferta a corto plazo. Se trata de un novedoso concepto que se suma a la vivienda protegida como mecanismo efectivo para incrementar la oferta de vivienda a precios ase-

quibles, considerándose como aquella vivienda de titularidad privada, incluidas las entidades del tercer sector y de la economía social, a cuyo titular la Administración competente otorga beneficios de carácter urbanístico, fiscal, o de cualquier otro tipo, a cambio de destinarlas a residencia habitual en régimen de alquiler a precios reducidos, o de cualquier otra fórmula de tenencia temporal, de personas cuyo nivel de ingresos no les permite acceder a una vivienda a precio de mercado. De esta forma, se busca la implicación de todos los agentes públicos, privados y tercer sector en la búsqueda de soluciones de los problemas de oferta de vivienda y la orientación a tal fin del parque de vivienda existente, vinculando siempre los beneficios públicos que se asignen a estas viviendas a las limitaciones de uso, temporales y de precios máximos que, en cada caso, determine la Administración competente.

Se incluye también dentro del título II la declaración de zonas de mercado residencial tensionado, que podrán efectuar las Administraciones competentes en materia de vivienda a los efectos de orientar las actuaciones públicas en materia de vivienda en aquellos ámbitos territoriales en los que exista un especial riesgo de oferta insuficiente de vivienda para la población, en condiciones que la hagan asequible para su acceso en el mercado, estableciéndose unas reglas procedimentales para su declaración a los efectos de la legislación estatal. Como principal efecto de la declaración de estos ámbitos tensionados es la redacción de un plan específico que propondrá las medidas necesarias para la corrección de los desequilibrios observados.

En todo caso, debe destacarse que el objetivo común de las distintas Administraciones Públicas para dotar a la ciudadanía de una vivienda digna y adecuada hace necesario establecer los mecanismos y órganos de colaboración y cooperación para garantizar su participación y eficiencia en la consecución de la garantía constitucional, sin renunciar al ámbito competencial correspondiente. Particularmente, el Estado se dota de los planes estatales en materia de vivienda y de los diferentes programas en materia de rehabilitación, regeneración y renovación urbana y rural, cuyo contenido no se encuentra únicamente circunscrito a las ayudas públicas, sino que establece un conjunto de objetivos, líneas de acción, medidas y programas que, sobre un ámbito temporal plurianual, deben marcar periódicamente la política del Estado en estas materias.

En estos planes serán prioritarias, entre otras actuaciones estatales, aquellas que fomenten la utilización adecuada y la ocupación racional y eficiente del patrimonio residencial; la conservación, el mantenimiento y la rehabilitación de las viviendas que constituyan residencia habitual y que tengan por objeto el cumplimiento de los requisitos de habitabilidad previstos en la ley así como las que contribuyan a mejorar la eficiencia energética, promuevan la utilización de energías renovables y la accesibilidad universal del parque edificado, favoreciendo en todo caso un incremento de la oferta de vivienda asequible de las máximas prestaciones, que van más allá del cumplimiento de los requisitos de los edificios de consumo de energía casi nulo (EECN), en el contexto de lo previsto en el Componente 2 «Implementación de la Agenda Urbana española: Plan de rehabilitación y regeneración urbana» del Plan de Recuperación, Transformación y Resiliencia de España, siendo prioritarias las actuaciones vinculadas con la creación, ampliación y gestión de los parques públicos de vivienda; la construcción y rehabilitación de viviendas sometidas a algún régimen de protección pública, así como aquellas que promuevan la aplicación de tipologías edificatorias que respondan a las necesidades propias de las distintas etapas de la vida de las personas y los hogares, así como a las actuales necesidades sociales y composición de las unidades de convivencia.

Por último, se establece el Consejo Asesor de Vivienda, como un órgano consultivo para las políticas estatales de vivienda, cuya creación deberá ser objeto de desarrollo reglamentario y que asegurará la participación de los distintos agentes sociales en la elaboración y desarrollo de la política de vivienda.

En el título III se establece la regulación del régimen jurídico básico de los parques públicos de vivienda, una de las apuestas más significativas de esta ley. Dichos parques públicos, casi inexistentes en España si se comparan con la media de la Unión Europea, son fundamentales para garantizar el acceso a una vivienda digna y adecuada a amplios grupos sociales y para poder paliar los efectos de los graves desajustes del mercado. Según las últimas estimaciones del Observatorio de Vivienda y Suelo del Ministerio de Transportes, Movilidad y Agenda Urbana, se puede señalar que en España existe un parque de vivienda social, considerando como tal, exclusivamente, la vivienda en alquiler de titularidad pública, situado en el entorno de las 290.000 viviendas. De las cuales, unas 180.000 son de titularidad de las Comunidades Autónomas y entidades

dependientes, y otras 110.000 viviendas son de titularidad de los ayuntamientos y entidades dependientes. Este parque de 290.000 viviendas sociales apenas ofrece cobertura a un 1,6 por 100 de los 18,6 millones de hogares que habitan en España, lo que contrasta con los porcentajes sensiblemente superiores al 15 por 100 registrados en algunos de los principales países de nuestro entorno, como Francia, Reino Unido, Suecia, Países Bajos, Austria o Dinamarca, considerando el total del parque de vivienda social.

Esta insuficiencia de los parques públicos de vivienda explica, en buena medida, las extraordinarias dificultades de amplias capas de la población para disponer de una vivienda que se adapte a sus necesidades y a sus capacidades económicas. Tal es el caso, por ejemplo, de las personas jóvenes que tienen que retrasar la edad de emancipación por sus dificultades para la incorporación al mercado de trabajo y el acceso a la vivienda. De hecho, la edad media de emancipación en nuestro país ha sufrido un importante retroceso con motivo de la crisis económica, situándose en 2020, según los últimos datos de Eurostat, en 29,8 años, muy por encima de la media de la Unión Europea, que se sitúa en los 26,4 años. Merecen también especial consideración las personas que a consecuencia de la crisis económica o en el contexto de la crisis sanitaria derivada de la pandemia, han perdido la vivienda que habitaban; los hogares monoparentales, en notable aumento; los de personas mayores, especialmente mujeres; con bajos ingresos; las personas sin hogar y todos aquellos colectivos que no pueden satisfacer su necesidad de vivienda en las condiciones del mercado. A estas circunstancias se ha unido en el pasado la venta de parte de dichas viviendas públicas en determinados lugares de España a fondos de inversión, reduciendo el ya de por sí menguado parque de vivienda social existente en nuestro país.

En este contexto, la ley apuesta por unos parques públicos que se nutrirán del desarrollo urbanístico y edificatorio de suelos de titularidad pública, para lo que pueden contar con fórmulas de colaboración público-privada. Pero también integrarán el parque público las viviendas sociales adquiridas por las Administraciones Públicas en ejercicio de los derechos de tanteo y retracto, en casos de ejecución hipotecaria o dación en pago de vivienda habitual de colectivos en situación de vulnerabilidad o en exclusión social o cualquier otra vivienda social adquirida por las Administraciones Públicas con competencias en materia de vivienda, o cedida a las mismas, que sea susceptible de destinarse a los fines del parque público de vivienda.

De esta forma, la ley evita que vuelvan a repetirse indebidas enajenaciones del parque público de vivienda, y se establece un patrimonio separado en el que los ingresos obtenidos deberán destinarse siempre a la creación, ampliación, rehabilitación o mejora de los parques públicos de vivienda. La ley establece que los ingresos procedentes de las sanciones que pudieran imponerse por el incumplimiento de la función social de la propiedad de la vivienda, así como los ingresos procedentes de la enajenación de los bienes patrimoniales del parque público de vivienda deberán tener como único destino el de sufragar las políticas públicas de vivienda, en los términos y condiciones establecidas.

El título IV se centra en el refuerzo de la protección en las operaciones de compra o alquiler de vivienda, estableciendo una serie de garantías y obligaciones de información a la que tienen derecho las personas o entidades adquirentes o arrendatarias de vivienda, y una serie de responsabilidades derivadas de su incumplimiento, ya se trate del vendedor o del intermediario en la operación inmobiliaria. En particular, se establece como derecho de las personas demandantes, adquirientes o arrendatarias de vivienda, el de recibir información en formato accesible, que sea completa, objetiva, veraz, clara, comprensible y accesible, que asegure el pleno conocimiento de las condiciones de la vivienda objeto de la operación. Asimismo, se establecen determinados requisitos básicos de los agentes inmobiliarios y de la información o publicidad a los que deben sujetarse los operadores.

En el mismo título IV se recoge, sin perjuicio de los principios y requerimientos contenidos en la normativa autonómica de aplicación y con carácter mínimo, la información que la persona interesada en la compra o arrendamiento de una vivienda que se encuentre en oferta puede requerir, antes de la formalización de la operación y de la entrega de cualquier cantidad a cuenta.

El título IV se cierra con una serie de medidas encaminadas a la mejora de la información y el compromiso con la transparencia en materia de vivienda, con objeto de asegurar el adecuado funcionamiento del mercado de la vivienda y el acceso a la información, en determinados ámbitos que son estratégicos para la definición de las bases y coordinación de la planificación general de la actividad económica.

Entre estos ámbitos destaca la vivienda pública. Una materia

sobre la que instituciones como el Defensor del Pueblo han manifestado de forma expresa la necesidad de avanzar en información y transparencia y en la que existe en España un importante déficit. En este contexto, se establece la obligación de elaborar y mantener actualizado un inventario del parque público de vivienda y una memoria anual en la que se especifiquen las acciones adoptadas para reforzar dicho parque y acomodarlo a la demanda existente y, en particular, por parte de las personas y hogares con menores recursos.

Asimismo, se incluyen otros ámbitos en los que se establecen objetivos y acciones de mejora de la información y la transparencia, a través de la sede electrónica prevista en el artículo 38 de la Ley 40/2015, de 1 de octubre, de Régimen Jurídico del Sector Público. Entre ellos figura la cuantificación de las inversiones anuales en los principales programas de política de vivienda, la aproximación a la vivienda deshabitada o vacía en el ámbito territorial, la caracterización de la demanda de vivienda, necesaria para orientar las principales medidas en materia de política económica y fiscal, así como el suelo público disponible para vivienda, especificando aquel que forma parte del patrimonio público de suelo, en virtud del deber legal de cesión establecido en la legislación estatal de suelo.

Finaliza la ley con seis disposiciones adicionales, cuatro disposiciones transitorias, una disposición derogatoria y nueve disposiciones finales.

A través de la disposición adicional primera se establece la creación de una base de datos de contratos de arrendamiento de vivienda, que estará vinculada a los actuales registros autonómicos de fianzas de las Comunidades Autónomas, al Registro de la Propiedad y otras fuentes de información de ámbito estatal, autonómico o local, con el objeto de incrementar la información disponible para el seguimiento de las medidas, reforzando la coordinación con las Comunidades Autónomas en materia de intercambio de información sobre la vivienda en alquiler, y estableciendo un proceso específico de colaboración con las Comunidades Autónomas que hayan avanzado en la conformación de sistemas de referencia de precios del alquiler en sus respectivos ámbitos territoriales.

Por su parte, la disposición adicional segunda refuerza la política de vivienda como prioridad en la gestión patrimonial del Estado y, de un modo especial, en aquellos ámbitos que hayan sido declarados como zonas de mercado residencial tensionado, en los que es preciso movilizar todo el suelo que potencialmente pueda ser destinado a usos residenciales para hacer frente a la escasez de oferta asequible que caracteriza dichos entornos.

En la disposición adicional tercera se establece la previsión de un proceso de revisión de los criterios para la identificación de zonas de mercado residencial tensionado, para adecuarlos a la realidad y evolución del mercado residencial, que tendrá lugar a los tres años desde la entrada en vigor de la ley, sobre la base de la cooperación con las Administraciones competentes en materia de vivienda.

La disposición adicional cuarta regula la aplicación de los recursos de los planes estatales en materia de vivienda en los trámites de intermediación y conciliación previos a la presentación de la demanda, introducidos en la modificación de la Ley 1/2000, de 7 de enero, de Enjuiciamiento Civil, que se recoge en la disposición final quinta de la ley.

En la disposición adicional quinta se establece la constitución de un grupo de trabajo para la mejora de la regulación de los contratos de arrendamiento de uso distinto del de vivienda y, en particular, de los contratos de arrendamiento celebrados por temporada.

En cuanto a la disposición adicional sexta, por su particular relevancia en el ámbito de la vivienda, se regulan determinados aspectos de la actividad de los administradores de fincas, teniendo en cuenta que es un colectivo profesional de gran importancia para asegurar la garantía y protección de los derechos de los consumidores.

El régimen transitorio de la ley incluye cuatro disposiciones transitorias. La disposición transitoria primera establece que las viviendas que estuvieran calificadas definitivamente con algún régimen de protección pública a la entrada en vigor de la ley, se regirán por lo dispuesto en dicho régimen y, en cuanto a las viviendas que formen parte del parque público de vivienda, establece que se regirán por lo dispuesto en la ley y en las disposiciones de la legislación en materia de vivienda, urbanismo y ordenación del territorio que los regulen.

La disposición transitoria segunda introduce una serie de objetivos en relación con el parque de vivienda destinado a políticas sociales, que operará en defecto de marcos temporales y metas específicas definidas por parte de las administraciones territoriales competentes. En particular, se marca el objetivo de alcanzar el 20 por 100 de vivienda destinada a políticas sociales en aquellos municipios en los que se hayan declarado zonas de mercado residencial tensionado, así como

unas obligaciones de evaluación anual del grado de consecución de los objetivos y metas establecidas.

Por su parte, en la disposición transitoria tercera, se establece la sujeción de los procedimientos suspendidos en virtud de los artículos 1 y 1 bis del Real Decreto-ley 11/2020, de 31 de marzo, por el que se adoptan medidas urgentes complementarias en el ámbito social y económico para hacer frente al COVID-19 al procedimiento de conciliación o intermediación previsto en la modificación de la Ley 1/2000, de 7 de enero, de Enjuiciamiento Civil, que se recoge en la disposición final quinta de la ley.

En cuanto a la disposición transitoria cuarta, recoge el régimen de los contratos de arrendamiento celebrados con anterioridad a la entrada en vigor de la ley, y especifica la continuidad de la vigencia de las medidas de aplicación extraordinaria a los contratos vigentes de arrendamiento de vivienda y, en particular, la recogida en el artículo 46 del Real Decreto-ley 6/2022, de 29 de marzo, por el que se adoptan medidas urgentes en el marco del Plan Nacional de respuesta a las consecuencias económicas y sociales de la guerra en Ucrania.

En cuanto a la disposición derogatoria única recoge la derogación a la entrada en vigor de la ley de cuantas disposiciones de igual o inferior rango se opongan a lo dispuesto en ella.

En relación con las disposiciones finales, en la disposición final primera, se establece un mecanismo de carácter excepcional y acotado en el tiempo, que pueda intervenir en el mercado para amortiguar las situaciones de tensión y conceder a las administraciones competentes el tiempo necesario para poder compensar en su caso el déficit de oferta o corregir con otras políticas de vivienda las carencias de las zonas declaradas de mercado residencial tensionado. Para ello, se modifica la Ley 29/1994, de 24 de noviembre, de Arrendamientos Urbanos, estableciendo para las viviendas arrendadas, la posibilidad de que el arrendatario pueda acogerse a la finalización del contrato a una prórroga extraordinaria, de carácter anual, y por un período máximo de tres años, en los mismos términos y condiciones del contrato en vigor y, en los nuevos contratos de arrendamiento de viviendas que hubiesen estado arrendadas, a nuevos inquilinos, se plantea la limitación del alquiler en estas zonas, con carácter general a la renta del contrato anterior, aplicada la cláusula de actualización anual de la renta del contrato anterior, permi-

tiendo ciertos incrementos adicionales máximos en determinados supuestos establecidos en la ley.

Asimismo, en estas zonas de mercado residencial tensionado, cuando el propietario sea un gran tenedor, o en el caso de viviendas que no hubiesen estado arrendadas como vivienda habitual en los últimos cinco años cuando ello se justifique en la declaración de la zona, no podrá exceder del límite máximo del precio aplicable conforme al sistema de índices de precios de referencia, cuya aplicación se define a través de una nueva disposición transitoria que se introduce en la Ley 29/1994, de 24 de noviembre, de Arrendamientos Urbanos.

En la misma disposición final primera se introducen también determinadas mejoras en la regulación de los contratos de arrendamiento de vivienda a través de diferentes modificaciones de la Ley 29/1994, de 24 de noviembre, de Arrendamientos Urbanos. Entre ellas, se puede destacar la introducción de una prórroga extraordinaria de un año al término del contrato, que podrá solicitarse en situaciones acreditadas de vulnerabilidad social y económica cuando el arrendador sea un gran tenedor de vivienda, así como el establecimiento de la obligación de que los gastos de gestión inmobiliaria y los de formalización del contrato sean a cargo del arrendador.

Finalmente, la disposición final primera, con objeto de evitar incrementos desproporcionados en las actualizaciones anuales de los contratos de alquiler de vivienda, a través de la introducción de una nueva disposición adicional en la Ley 29/1994, de 24 de noviembre, de Arrendamientos Urbanos, encomienda al Instituto Nacional de Estadística la definición, antes de la finalización del año 2024, de un nuevo índice de referencia para la actualización anual de los contratos de arrendamiento de vivienda.

La disposición final segunda recoge una serie de incentivos fiscales aplicables en el Impuesto sobre la Renta de las Personas Físicas, IRPF, a los arrendamientos de inmuebles destinados a vivienda. En particular, se establece una mejora de la regulación del IRPF para estimular el alquiler de vivienda habitual a precios asequibles, a través de la modulación de la actual reducción del 60 por 100 en el rendimiento neto del alquiler de vivienda, estableciendo que, en los nuevos contratos de arrendamiento, el porcentaje de reducción será del 50 por 100, que podrá incrementarse hasta el 90 por 100, en el caso de que se firmen nuevos contratos de arren-

damiento de vivienda en zonas de mercado residencial tensionado con una reducción de al menos un 5 por 100 sobre el contrato anterior. Esta reducción podrá alcanzar el 70 por 100 cuando se trate de la incorporación al mercado de viviendas destinadas al alquiler en zonas de mercado residencial tensionado y se alquilen a jóvenes de entre 18 y 35 años en dichas áreas, o bien, se trate de vivienda asequible incentivada o protegida, arrendada a la Administración Pública o entidades del tercer sector o de la economía social que tengan la condición de entidades sin fines lucrativos, o acogida a algún programa público de vivienda que limite la renta del alquiler. Y, podrá alcanzar una reducción del 60 por 100 sobre el rendimiento neto cuando se hubiesen efectuado obras de rehabilitación en los dos años anteriores.

A través de la disposición final tercera se modula el recargo a los inmuebles de uso residencial desocupados con carácter permanente en el Impuesto sobre Bienes Inmuebles, IBI, que podrá aplicarse a aquellas viviendas vacías durante más de dos años, con un mínimo de cuatro viviendas por propietario, salvo causas justificadas de desocupación temporal, tasadas por la ley. Asimismo, se establece el incremento del recargo actualmente situado en el 50 por 100 de la cuota líquida del IBI hasta un máximo del 150 por 100, en función de la duración de la desocupación y del número de viviendas también desocupadas que sean del mismo titular en el término municipal, con el objetivo de que tenga un mayor efecto en la optimización del uso del parque edificatorio residencial y refuerce el instrumento de los Ayuntamientos para hacer frente a situaciones de vivienda desocupada a través de la fiscalidad.

Por su parte, la disposición final cuarta modifica el texto refundido de la Ley de Suelo y Rehabilitación Urbana, aprobado por Real Decreto Legislativo 7/2015, de 30 de octubre, incrementando el porcentaje de reserva de suelo destinado a vivienda protegida del 30 al 40 por 100 de la edificabilidad residencial prevista por la ordenación urbanística en el suelo rural que vaya a ser incluido en actuaciones de nueva urbanización, y del 10 al 20 por 100 en el caso de suelo urbanizado que deba someterse a actuaciones de reforma o renovación de la urbanización.

A través de la disposición final quinta se introducen importantes mejoras en la regulación del procedimiento de desahucio en situaciones de vulnerabilidad, a través de una modifica-

ción de la Ley 1/2000, de 7 de enero, de Enjuiciamiento Civil. Entre otros aspectos, se puede destacar la eliminación de la necesidad de consentimiento del interesado en el traslado a las Administraciones Públicas competentes para comprobar su situación de vulnerabilidad en procedimientos de desahucio, se amplía el ámbito de protección cuando se identifiquen situaciones de vulnerabilidad, se introducen diferentes mejoras técnicas en la redacción y, de acuerdo con los estándares jurisprudenciales e internacionales, no se establece un sistema de suspensión automática por el Letrado de la Administración de Justicia si se acredita vulnerabilidad, sino un sistema de decisión por el tribunal previa valoración ponderada y proporcional del caso concreto, fijando un plazo de suspensión en dos meses para las personas físicas y cuatro meses para las personas jurídicas, incrementando los actuales plazos de uno y tres meses, respectivamente.

La disposición final quinta también introduce un procedimiento de conciliación o intermediación en los supuestos en los que la parte actora tenga la condición de gran tenedor de vivienda, el inmueble objeto de demanda constituya vivienda habitual de la persona ocupante y la misma se encuentre en situación de vulnerabilidad económica. La aplicación de este procedimiento facilitará a las Administraciones competentes dar adecuada atención a las personas y hogares afectados, ofreciendo respuesta a través de diferentes instrumentos de protección social y de los programas de política de vivienda.

En la disposición final sexta se extiende la limitación extraordinaria de la actualización anual de la renta de los contratos de arrendamiento de vivienda contenida en el artículo 46 del Real Decreto-ley 6/2022, de 29 de marzo, por el que se adoptan medidas urgentes en el marco del Plan Nacional de respuesta a las consecuencias económicas y sociales de la guerra en Ucrania. En concreto, se amplía temporalmente la medida estableciendo una limitación al 3 por 100 en la actualización anual de la renta de los contratos de arrendamiento de vivienda en el período comprendido entre el 1 de enero y el 31 de diciembre de 2024.

Asimismo, se establecen unos concretos parámetros de vulnerabilidad económica basados en criterios de carácter objetivo y, en el caso de ocupaciones de viviendas que hayan de sustanciarse en vía penal, se establece a través de una nueva disposición adicional que los Juzgados darán traslado de la situación a las Administraciones Públicas competentes, para la protección de personas dependientes, personas con discapacidad, víctimas de violencia sobre la mujer o personas menores de edad.

Por último, la disposición final séptima detalla los títulos competenciales que habilitan a la legislación estatal para asumir los contenidos diversos que conforman aquella, habilitando la disposición final octava el desarrollo reglamentario y estableciendo la disposición final novena la entrada en vigor de la norma.

IV

La ley se adecua a los principios de buena regulación previstos en el artículo 129 de la Ley 39/2015, de 1 de octubre, del Procedimiento Administrativo Común de las Administraciones Públicas.

De este modo, se cumple con el principio de necesidad y eficacia, plenamente justificado por la relevancia social y económica de los retos en materia de vivienda y la adecuación de las medidas y disposiciones contenidas en la ley dirigidas a abordarlos sobre la base de la necesaria cooperación interadministrativa. Igualmente, se da cumplimiento a los principios de seguridad jurídica, proporcionalidad y eficiencia, destacándose que las medidas que incorpora son congruentes con el ordenamiento jurídico e incorporan la mejor alternativa posible para la consecución de los objetivos anteriormente detallados, sin implicar los contenidos de la norma ningún tipo de carga administrativa.

En cuanto al principio de seguridad jurídica y de transparencia, la ley ha seguido en su tramitación los trámites de consulta pública previa, así como de audiencia e información pública, previstos en el artículo 26 de la Ley 50/1997, de 27 de noviembre, del Gobierno, si bien, tal principio se refuerza a través de la exposición clara y accesible de los motivos y de los objetivos de la norma, que se recogen en esta parte expositiva y en la preceptiva memoria de análisis de impacto normativo.

TÍTULO PRELIMINAR

Disposiciones generales

Artículo 1.º *Objeto de la ley.*—1.   Esta ley tiene por objeto regular, en el ámbito de competencias del Estado, las condiciones básicas que garantizan la igualdad en el ejercicio de los derechos y en el cumplimiento de los deberes constitucionales relacionados con la vivienda y, en particular, el derecho a acceder a una vivienda digna y adecuada y al disfrute de la misma en condiciones asequibles, atendiendo al cumplimiento de lo dispuesto en los instrumentos internacionales ratificados por España y respetando en todo caso las competencias de las Comunidades Autónomas y, específicamente, las que tienen atribuidas en materia de vivienda.

2.   Con objeto de asegurar el ejercicio del derecho a la vivienda, será asimismo objeto de esta ley la regulación del contenido básico del derecho de propiedad de la vivienda en relación con su función social, que incluye el deber de destinar la misma al uso habitacional previsto por el ordenamiento jurídico, en el marco de los instrumentos de ordenación territorial y urbanística, así como de mantener, conservar y rehabilitar la vivienda, atribuyendo a los poderes públicos la función de asegurar su adecuado cumplimiento, en el ámbito de sus respectivas competencias, a través de la aplicación de las medidas que legalmente procedan.

3. La ley también tiene por objeto reforzar la protección del acceso a información completa, objetiva, veraz, clara, comprensible y accesible, en las operaciones de compra y arrendamiento de vivienda.

Art. 2.º *Fines de las políticas públicas de vivienda.*—Constituyen fines comunes de la acción de los poderes públicos en materia de vivienda, en el ámbito de sus respectivas competencias:

a) La efectividad de los derechos de acceso en condiciones asequibles a una vivienda digna y adecuada de acuerdo con la Constitución Española y las recomendaciones de los instrumentos internacionales ratificados por España.

b) Promover el uso y disfrute efectivo de la vivienda, en virtud del régimen legal de tenencia, así como su mantenimiento, conservación y, en su caso, rehabilitación y mejora.

c) Asegurar la habitabilidad de las viviendas, entendida como el conjunto de los requisitos mínimos de calidad, funcionalidad y accesibilidad universal que, atendiendo a la normativa aplicable, deben cumplir las mismas para garantizar la dignidad y la salud de las personas, para satisfacer sus necesidades de habitación en las diferentes etapas de su vida, con especial atención a las necesidades de los menores,

para quienes la vivienda constituye además un espacio fundamental de desarrollo, seguridad y cobijo, y como base para el efectivo ejercicio de derechos y libertades.

d) Fomentar la colaboración interadministrativa, favoreciendo la coherencia y la transparencia en las actuaciones públicas de política de vivienda, así como la coordinación con las restantes políticas sectoriales, y garantizar la participación de la ciudadanía y de las entidades representativas de la sociedad civil en el ámbito de la vivienda.

e) Proteger la estabilidad y la seguridad jurídica en la propiedad, uso y disfrute de la vivienda, con especial atención a las personas y hogares en situación o riesgo de vulnerabilidad, y específicamente a familias, hogares y unidades de convivencia con menores a cargo, a través de medidas efectivas en materia de vivienda y asegurando la debida coordinación con medidas complementarias de atención social, formación, empleo y otras acciones de acompañamiento.

f) Favorecer el desarrollo, gestión y mantenimiento de los parques públicos de vivienda para asegurar una oferta significativa y estable de viviendas dignas y adecuadas a los sectores sociales con mayores dificultades de acceso a una vivienda en el mercado, mediante la necesaria inversión en cada ejercicio presupuestario y atendiendo a las características y necesidades de todos los ámbitos territoriales, afectados por diferentes dinámicas de crecimiento o de pérdida de población.

g) Impulsar la rehabilitación y mejora de las viviendas existentes, tanto en el parque privado como en los públicos, a través de programas y medidas en materia de sostenibilidad, eficiencia energética y utilización de energías renovables, habitabilidad, accesibilidad universal, conservación, mejora de la seguridad de utilización y digitalización, favoreciendo enfoques integrales y contemplando de forma específica las características de la vivienda en el medio rural.

h) Impulsar y fomentar la existencia de una oferta suficiente y adecuada de vivienda en alquiler a precios asequibles, con especial atención a las personas jóvenes y hogares en situación o riesgo de vulnerabilidad, habilitando mecanismos efectivos de regulación y uso del suelo, y desarrollando medidas e instrumentos de programación y planificación que permitan atender las necesidades reales de los demandantes y favorezcan la cohesión social y territorial.

i) Apoyar la existencia de parques sociales de vivienda de entidades del tercer sector, que sean complementarios a los parques públicos de vivienda y amplíen la oferta de alojamiento y vivienda destinada a colectivos y hogares vulnerables, con especial atención a familias, hogares y unidades de convivencia con menores a cargo.

j) Lograr la máxima eficiencia en la gestión de los recursos disponibles para favorecer el acceso a una vivienda digna y adecuada, fomentando, en su caso, las fórmulas de colaboración público-privada.

k) Proteger los derechos básicos y los intereses legítimos en las operaciones de compra y arrendamiento de vivienda, delimitando las responsabilidades y asegurando el acceso a información suficiente y adecuada.

l) Eliminar cualquier tipo de discriminación, por cualquier razón, en el acceso a una vivienda y el disfrute de la misma, asegurando la integración, inclusión y cohesión social y territorial en las actuaciones y medidas de política de vivienda.

m) Impulsar la accesibilidad universal en el parque de vivienda, asegurando su efectividad en las nuevas viviendas y adoptando medidas para solventar las necesidades sobrevenidas en el parque de vivienda preexistente.

n) Adoptar medidas para identificar y prevenir la retención especulativa, la segregación residencial, los procesos de sobreocupación, la exclusión residencial grave como el chabolismo o el sinhogarismo y la degradación de las condiciones del parque de viviendas existente y de su entorno, para permitir el desarrollo de su función residencial y la mejora de la calidad de vida.

ñ) Garantizar la igualdad, desde la perspectiva de género, edad, capacidad y perspectiva territorial, en todas las políticas y acciones en materia de vivienda, a todos los niveles, y en todas sus fases de planificación, ejecución y evaluación.

o) Controlar y garantizar el uso responsable de recursos públicos suficientes, para cumplir los objetivos de la política de vivienda por parte de las Administraciones competentes y aplicar, en la gestión del parque público, criterios de corresponsabilidad de sus ocupantes.

p) Priorizar la atención e información a familias, hogares y unidades de convivencia con menores a cargo que, por encontrarse en situación de pobreza, exclusión social u otras formas de vulnerabilidad, deben ser objeto de especial protección.

q) Contribuir en la aplicación de las políticas de vivienda a la corrección de los desequilibrios territoriales, tanto en ámbitos urbanos y metropolitanos como en entornos rurales, que pueden estar más afectados por fenómenos de despoblación.

r) Fomentar la transparencia y garantizar la participación en el desarrollo de las políticas públicas de vivienda de los agentes que intervienen en el mercado inmobiliario, particularmente de los promotores sociales de vivienda, de las asociaciones ciudadanas de defensa del derecho a la vivienda, de las asociaciones de arrendatarios y de propietarios, de administradores de fincas y de los agentes inmobiliarios.

s) Potenciar la economía social, impulsando la participación de las entidades de carácter social y asistencial en el ámbito de la vivienda.

Art. 3.º *Definiciones.*—A los efectos de lo dispuesto en esta ley, y en tanto no entren en contradicción con las reguladas por las administraciones competentes en materia de vivienda, en cuyo caso, y a los efectos de su regulación, prevalecerán aquéllas, se establecen las siguientes definiciones:

a) Vivienda: edificio o parte de un edificio de carácter privativo y con destino a residencia y habitación de las personas, que reúne las condiciones mínimas de habitabilidad exigidas legalmente, pudiendo disponer de acceso a espacios y servicios comunes del edificio en el que se ubica, todo ello de conformidad con la legislación aplicable y con la ordenación urbanística y territorial.

b) Infravivienda: la edificación, o parte de ella, destinada a vivienda, que no reúne las condiciones mínimas exigidas de conformidad con la legislación aplicable. En todo caso, se entenderá que no reúnen dichas condiciones las viviendas que incumplan los requisitos de superficie, número, dimensión y características de las piezas habitables, las que presenten deficiencias graves en sus dotaciones e instalaciones básicas y las que no cumplan los requisitos mínimos de seguridad, accesibilidad universal y habitabilidad exigibles a la edificación.

c) Vivienda digna y adecuada: la vivienda que, por razón de su tamaño, ubicación, condiciones de habitabilidad, accesibilidad universal, eficiencia energética y utilización de energías renovables y demás características de la misma, y con acceso a las redes de suministros básicos, responde a las necesidades de residencia de la persona o unidad de convivencia en condiciones asequibles conforme al esfuerzo financiero, constituyendo su domicilio, morada u hogar en el que poder vivir dignamente, con salvaguarda de su intimidad, y disfrutar de las relaciones familiares o sociales, favoreciendo el pleno desarrollo y la inclusión social de las personas.

d) Condiciones asequibles conforme al esfuerzo financiero: aquellas condiciones de precio de venta o alquiler que eviten un esfuerzo financiero excesivo de los hogares teniendo en cuenta sus ingresos netos y sus características particulares, considerando, tanto la cuota hipotecaria o la renta arrendaticia, como los gastos y suministros básicos que corresponda satisfacer al propietario hipotecado o al arrendatario, no debiendo superar con carácter general el 30 por 100 de los ingresos de la unidad de convivencia.

e) Gastos y suministros básicos: el importe del coste de los suministros energéticos (de electricidad, gas, gasoil, entre otros), agua corriente, de los servicios de telecomunicación, y las posibles contribuciones a la comunidad de propietarios, todos ellos de la vivienda habitual.

f) Vivienda protegida: la vivienda sometida a un régimen especial para destinarla a residencia habitual de personas con dificultades de acceso al mercado de vivienda, tanto en ámbitos urbanos y metropolitanos, como en el medio rural. A los efectos de esta ley, se establecen las siguientes modalidades: vivienda social, o vivienda de precio limitado.

1.º Vivienda social: la vivienda de titularidad pública destinada al alquiler, cesión o cualquier otra fórmula de tenencia temporal sujeta a limitaciones de renta o de venta y destinada a personas u hogares con dificultades para acceder a una vivienda en el mercado. También será considerada vivienda social aquella cuyo suelo sea de titularidad pública sobre el que se haya constituido derecho de superficie, concesión administrativa o negocio jurídico equivalente.

La vivienda social podrá desarrollarse sobre terrenos calificados urbanísticamente como dotacionales públicos o estar comprendida en edificaciones o locales destinados a equipamientos de titularidad pública y afectos al servicio público.

La vivienda social podrá gestionarse de manera directa por las Administraciones Públicas o entidades dependientes, por entidades sin ánimo de lucro con fines sociales vinculados a la vivienda, o a través de fórmulas de colaboración público-privada, que sean compatibles con el carácter de la misma.

Podrá tener la consideración de vivienda social de emergencia aquella vivienda social que esté destinada a atender situaciones de emergencia, ofreciendo solución habitacional a corto plazo y de forma temporal, con carácter universal y hasta que se provea de una vivienda alternativa permanente, a personas y familias en situación de pérdida o imposibilidad para acceder a una vivienda adecuada, independientemente de las condiciones documentales y administrativas de las personas afectadas.

2.º Vivienda protegida de precio limitado: la vivienda de titularidad pública o privada, excluida la social o dotacional pública, sujeta a limitaciones de precios de renta y todos los demás requisitos que se establezcan legal o reglamentariamente y destinada a satisfacer la necesidad de vivienda permanente de personas u hogares que tengan dificultades de acceder a la vivienda en el mercado. La vivienda de precio limitado será calificada como tal con arreglo al procedimiento establecido por la Administración Pública competente.

g) Vivienda asequible incentivada: a los efectos de lo dispuesto en esta ley, se considerará como aquella vivienda de titularidad privada, incluidas las entidades del tercer sector y de la economía social, a cuyo titular la Administración competente otorga beneficios de carácter urbanístico, fiscal, o de cualquier otro tipo, a cambio de destinarlas a residencia habitual en régimen de alquiler, o de cualquier otra fórmula de tenencia temporal, de personas cuyo nivel de ingresos no les permite acceder a una vivienda a precio de mercado. Los beneficios públicos que se asignen a estas viviendas estarán vinculados a las limitaciones de uso, temporales y de precios máximos que, en cada caso, determine la Administración competente.

h) Parque de vivienda y alojamiento del tercer sector: el conjunto de inmuebles de titularidad o gestionados por entidades sin ánimo de lucro con fines sociales vinculados a la vivienda, destinados a satisfacer la necesidad de vivienda o alojamiento de personas u hogares en situación de vulnerabilidad o en riesgo de exclusión social, o proveer vivienda asequible a amplias capas de la sociedad.

i) Residencia habitual: la vivienda que constituye el domicilio permanente de la persona que la ocupa y que puede acreditarse a través de los datos obrantes en el padrón municipal u otros medios válidos en derecho.

j) Residencia secundaria: toda aquella vivienda que se utiliza por su propietario para estancias temporales o intermitentes, y que no constituye su residencia habitual.

k) Gran tenedor: a los efectos de lo establecido en esta ley, la persona física o jurídica que sea titular de más de diez inmuebles urbanos de uso residencial o una superficie construida de más de 1.500 m^2 de uso residencial, excluyendo en todo caso garajes y trasteros. Esta definición podrá ser particularizada en la declaración de entornos de mercado residencial tensionado hasta aquellos titulares de cinco o más inmuebles urbanos de uso residencial ubicados en dicho ámbito, cuando así sea motivado por la Comunidad Autónoma en la correspondiente memoria justificativa.

l) Sinhogarismo: circunstancia vital que afecta a una persona, familia o unidad de convivencia que no puede acceder de manera sostenida a una vivienda digna y adecuada en un entorno comunitario y aboca a las personas, familias o unidades de convivencia que lo sufren a residir en la vía pública u otros espacios públicos inadecuados, o utilizar alternativas de alojamiento colectivo institucionalizado de las diferentes Administraciones Públicas o de entidades sin ánimo de lucro, o residir en una vivienda inadecuada, temporal o no, inapropiada o masificada, en una vivienda insegura, sin título legal, o con notificación de abandono de la misma, o viviendo bajo amenaza de violencia.

Podrá calificarse como sinhogarismo cronificado, cuando la situación de sinhogarismo continúe o se produzca a lo largo de un período de tiempo igual o superior a un año.

Art. 4.º *Servicios de interés general.*—1.   A los efectos de la orientación de la financiación pública, tienen la consideración de servicios de interés general, como elementos clave de la cohesión económica, social y territorial, los determinados por las administraciones competentes en la materia, y en el ámbito de competencia estatal o de colaboración del Estado con las demás administraciones:

a)   El desarrollo de las actuaciones necesarias para la creación, ampliación, conservación y mejora del parque público de vivienda, por parte de las Administraciones Públicas competentes y sus entes instrumentales o dependientes, así como su gestión para asegurar su utilización efectiva en condiciones asequibles, tal y como se definen en el artículo anterior o en la normativa autonómica correspondiente.

b)   Las actividades, públicas o privadas, cuyo fin sea la construcción o rehabilitación de viviendas sometidas a algún régimen de protección pública que fije un precio máximo de venta y alquiler, con destino a las personas u hogares que reúnan los requisitos preestablecidos en base a criterios objetivos que definan su situación económica y social.

c)   El desarrollo de las actuaciones necesarias por parte de las Administraciones Públicas competentes y sus entes instrumentales o dependientes, encaminadas a promover la mejora de las condiciones de habitabilidad, de accesibilidad o de eficiencia energética de los edificios de viviendas, de titularidad pública y privada.

2.   Los servicios de interés general indicados en el apartado anterior podrán ser ejecutados de manera directa por las Administraciones Públicas o sus entes instrumentales o dependientes, o bien, podrán realizarse a través de acuerdos con los propietarios, con las entidades legalmente constituidas del tercer sector y de la economía social, o a través de diferentes fórmulas de colaboración público-privada, en cumplimiento del marco legal vigente atendiendo a la naturaleza de la colaboración.

Art. 5.º *Acción pública.*—1.   Los actos y disposiciones dictados en aplicación del título II, del título III y del capítulo II del título IV de esta ley podrán impugnarse, además de por quienes estén legitimados para ello, en los términos previstos en la Ley 39/2015, de 1 de octubre, del Procedimiento Administrativo Común de las Administraciones Públicas, y en la Ley 29/1998, de 13 de julio, reguladora de la Jurisdicción Contencioso-administrativa, por las personas jurídicas sin ánimo de lucro que, mediante el ejercicio de esta acción, defiendan intereses generales vinculados con la protección de la vivienda. Dicho ejercicio no podrá ser contrario a la buena fe, ni constituir un abuso de derecho.

2. A efectos de lo establecido en el artículo 31 de la Ley 29/1998, de 13 de julio, reguladora de la Jurisdicción Contencioso-administrativa, el ejercicio de esta acción no podrá en ningún caso comprender una pretensión de reconocimiento y restablecimiento de una situación jurídica individualizada, salvo que quien ejercite la acción sea quien esté legitimado por ostentar un derecho o interés legítimo afectado. La renuncia o el desistimiento de la misma, ya sea en vía administrativa, ya en vía contencioso-administrativa, no podrá implicar contrapartidas económicas.

Art. 6.º *Principio de igualdad y no discriminación en la vivienda.*—1. En virtud del principio de igualdad y no discriminación en la vivienda, todas las personas tienen derecho al uso y disfrute de una vivienda digna y adecuada, cumpliendo con los requerimientos legales y contractuales establecidos en la legislación y normativa vigente, sin sufrir discriminación, exclusión, acoso o violencia de ningún tipo.

2. Las Administraciones competentes deberán garantizar el cumplimiento de lo previsto en el apartado 1, adoptando las medidas de protección necesarias para prevenir y hacer frente, de manera específica a las siguientes situaciones que afectan al uso y disfrute de la vivienda:

a) La discriminación directa, que se produce cuando una persona o grupo de personas recibe, en algún aspecto relacionado con la vivienda, un trato diferente del recibido por otra persona en una situación análoga, siempre que la diferencia de trato no tenga una causa legítima que la justifique objetiva y razonablemente, y los medios utilizados sean proporcionados, adecuados y necesarios.

b) La discriminación indirecta, que se produce cuando una disposición normativa, un plan, una cláusula convencional o contractual, un pacto individual, una decisión unilateral, un criterio o una práctica, aparentemente neutros, producen una desventaja particular para una persona o grupo de personas respecto de otras en el ejercicio del derecho a la vivienda. No existe discriminación indirecta si la actuación tiene una finalidad legítima que la justifica objetiva y razonablemente y los medios utilizados para alcanzar esta finalidad son proporcionados, adecuados y necesarios.

c) El acoso inmobiliario, entendido como toda acción u omisión con abuso de derecho con el objetivo de perturbar a cualquier persona en el uso pacífico de su vivienda y crearle un entorno hostil, ya sea en el aspecto material, personal o social, con la finalidad última de forzarla a adoptar una decisión no deseada sobre el derecho que le ampara de uso y disfrute de la vivienda.

d) Las operaciones de venta, arrendamiento o cesión por cualquier título, completa o parcial, para residencia de una infravivienda, una vivienda sobreocupada y cualquier forma de alojamiento ilegal, o respecto a bienes sobre los que no se ostente un derecho legítimo que faculte al efecto o la representación del mismo.

TÍTULO PRIMERO

Función social y régimen jurídico de la vivienda

Art. 7.º *Principios rectores de la garantía de la función social de la vivienda.*—1. Atendiendo a la delimitación que del derecho a una vivienda digna y adecuada efectúa el artículo 47 de la Constitución Española, y considerando que la vivienda cumple una función social dado que constituye un bien destinado a satisfacer las necesidades básicas de alojamiento de las personas, familias y unidades de convivencia, corresponde a las Administraciones Públicas competentes velar por promover las condiciones necesarias para garantizar el ejercicio efectivo de dicho derecho en condiciones asequibles y con especial atención a familias, hogares y unidades de convivencia con menores a cargo, a través del estatuto de derechos y deberes asociados a la vivienda, en los términos dispuestos en la presente ley.

2. Para el cumplimiento de lo previsto en el apartado anterior, los poderes públicos, en el ámbito de sus respectivas competencias, deben articular los mecanismos efectivos para asegurar su debida protección, conservación, rehabilitación y mejora, en los términos dispuestos por esta ley y de acuerdo con la legislación y normativa vigente en materia de vivienda.

CAPÍTULO PRIMERO

Estatuto básico del
ciudadano

Art. 8.º *Derechos del ciudadano en relación con la vivienda.*—Todos los ciudadanos tienen derecho a:

a) Disfrutar de una vivienda digna y adecuada, en los términos dispuestos por esta ley, ya sea en régimen de propiedad, de arrendamiento, de cesión de uso, o de cualquier otro régimen legal de tenencia.

b) Acceder a la información de que dispongan las Administraciones Públicas sobre los programas públicos de vivienda y a las condiciones de acceso a los mismos en formatos accesibles para personas con discapacidad, así como sobre las prestaciones, ayudas y recursos públicos disponibles para garantizar el acceso a la vivienda por parte de las personas y familias en situación de vulnerabilidad.

c) Solicitar la inscripción en los registros de demandantes de vivienda protegida constituidos al efecto por las Administraciones Públicas competentes en la materia, y en los diferentes programas, prestaciones, ayudas y recursos públicos para el acceso a la vivienda, en función de su situación social y económica, así como de sus circunstancias personales y familiares.

d) Participar en los programas públicos de vivienda, y acceder a las prestaciones, ayudas y recursos públicos en materia de vivienda en los términos y condiciones establecidos en su normativa reguladora.

Art. 9.º *Deberes del ciudadano en relación con la vivienda.*—Todos los ciudadanos tienen el deber de:

a) Respetar y contribuir a preservar el parque de vivienda, evitando la realización de cualquier actividad molesta o insalubre, que sea perturbadora del ejercicio del derecho de uso y disfrute señalado en el artículo anterior.

b) En relación con la vivienda que se habita, realizar las actuaciones de conservación, reparación o mejora que correspondan de acuerdo con el régimen legal de tenencia en virtud del cual se dispone de la misma.

c) En relación con la vivienda ajena, a disposición de otras personas, hogares, o entidades públicas y privadas, respetar la pacífica tenencia de la misma y abstenerse de la realización de cualquier tipo de actividad que la impida o dificulte.

d) En relación con las operaciones de compra o alquiler de vivienda, cumplir los deberes legalmente establecidos para el transmitente o intermediario definidos en el título IV y demás normativa aplicable en dichas operaciones.

e)   En relación con el parque público de vivienda, atender a su especial importancia como instrumento de acción en favor del derecho a la vivienda y velar por su adecuado mantenimiento y conservación, para que pueda servir a los hogares con mayores dificultades.

CAPÍTULO II

RÉGIMEN JURÍDICO BÁSICO DEL DERECHO DE PROPIEDAD DE LA VIVIENDA

Art. 10.   *Contenido del derecho de propiedad de la vivienda: facultades.*—1.   Además de los derechos reconocidos en la legislación estatal de suelo en función de la situación básica de los terrenos en los que se sitúe la vivienda, de conformidad con la legislación en materia de ordenación territorial y urbanística de aplicación, el derecho de propiedad de la vivienda comprende:

a)   Las facultades de uso, disfrute y disposición de la misma conforme a su calificación, estado y características objetivas, de acuerdo con la legislación en materia de vivienda y la demás que resulte de aplicación.

b)   El derecho de consulta a las Administraciones competentes, sobre la situación urbanística de la vivienda y del edificio en que se ubica.

c)   La realización de las obras de conservación, rehabilitación, accesibilidad universal, ampliación o mejora, de conformidad con las condiciones establecidas por la Administración competente y, en su caso, el título habilitante de tales actuaciones, cuando éste sea legalmente exigible.

2.   Corresponde a las Administraciones competentes en materia de vivienda velar por el pleno ejercicio de los derechos de la propiedad de vivienda, actuando de manera concertada y coordinada en la promoción de las acciones previstas en la legislación y en los planes y programas aplicables para favorecer el acceso a la vivienda. A tales efectos, podrán adoptarse y ejecutarse cuantas medidas prevea la legislación en la materia y, en particular, las siguientes:

a)   Ayudas y subvenciones públicas.

b)   Incentivos fiscales.

c)   Gestión directa por parte de las Administraciones Públicas o sus entes instrumentales, o en colaboración con terceros, de los parques públicos de vivienda.

d)   Colaboración con entidades del tercer sector cuyos fines de carácter social estén vinculados con la vivienda, para facilitar la gestión de viviendas pertenecientes a los parques públicos, así como la gestión de su propio parque de vivienda social.

e)   Fomento de la iniciativa privada mediante convenios con los titulares de viviendas para su cesión a las Administraciones Públicas competentes u otras fórmulas para favorecer el incremento de la oferta de alquiler social o a precio asequible.

f)   Acciones de fomento de la intermediación en el mercado del arrendamiento de viviendas para propiciar su efectiva ocupación.

Art. 11.   *Contenido del derecho de propiedad de la vivienda: deberes y cargas.*—1.   Además de los deberes establecidos en la legislación estatal de suelo en función de la situación básica de los terrenos en los que se sitúe la vivienda, de conformidad con la legislación en materia de ordenación territorial y urbanística de aplicación, el derecho de propiedad de la vivienda queda delimitado por su función social y comprende los siguientes deberes:

a)   Uso y disfrute propios y efectivos de la vivienda conforme a su calificación, estado y características objetivas, de acuerdo con la legislación en materia de vivienda y la demás que resulte de apli-

cación, garantizando en todo caso la función social de la propiedad.

b)   Mantenimiento, conservación y, en su caso, rehabilitación de la vivienda en los términos de esta ley, de la legislación de ordenación territorial, urbanística y de vivienda, y de los instrumentos aprobados a su amparo.

c)   Evitar la sobreocupación o el arrendamiento para usos y actividades que incumplan los requisitos y condiciones de habitabilidad legalmente exigidos.

d)   En las operaciones de venta o arrendamiento de la vivienda, cumplir las obligaciones de información establecidas en la normativa aplicable y en el título IV de esta ley.

e)   En caso de que la vivienda se ubique en una zona de mercado residencial tensionado, cumplir las obligaciones de colaboración con la Administración competente y suministro de información en los términos establecidos en el título II de esta ley.

2.   Corresponde a las Administraciones competentes en materia de vivienda la declaración del incumplimiento de los deberes asociados a la propiedad de la vivienda, habilitando a adoptar, de oficio o a instancia de parte y previa audiencia, en todo caso, del obligado, cuantas medidas prevea la legislación de ordenación territorial y urbanística y la de vivienda.

TÍTULO II

Acción de los poderes públicos en materia de vivienda

CAPÍTULO PRIMERO

Principios generales de la actuación pública en materia de vivienda

Art. 12.   *Acción del Estado en materia de vivienda, rehabilitación, regeneración y renovación urbana.*—1.   Con el objetivo de promover el ejercicio efectivo del derecho de todos los ciudadanos al disfrute de una vivienda digna y adecuada, y en el ámbito de sus competencias, el Estado llevará a cabo la planificación necesaria con su correspondiente financiación con el fin de facilitar el ejercicio efectivo del derecho a la vivienda, así como para favorecer la conservación y mejora del parque residencial y de su entorno construido, prestando especial atención a aquellos colectivos, personas y familias con mayores dificultades de acceso o que puedan encontrarse en riesgo de exclusión residencial y con especial atención a aquellas familias, hogares y unidades de convivencia con menores a cargo.

2.   El Estado, en aplicación del principio de cooperación, podrá colaborar, de acuerdo con su propia planificación, en la financiación de los planes que se aprueben por las Comunidades Autónomas y las Ciudades de Ceuta y Melilla en materia de vivienda, rehabilitación, regeneración y renovación urbana, y propondrá, en el seno de la Conferencia Sectorial, sus propias líneas estratégicas, planes y medidas que promuevan dicha igualdad y fortalezcan el equilibrio territorial, estableciendo los oportunos indicadores de seguimiento y evaluación.

3.   La acción del Estado en esta materia, en el ámbito de sus competencias, deberá priorizar la atención y la aplicación de los programas de ayuda a aquellas personas, familias y unidades de convivencia que se encuentren en las situaciones de mayor vulnerabilidad social y económica identificadas por los servicios sociales, y en emergencia habitacional por estar afectados por procedimientos de desahucio o lanzamiento de su vivienda habitual, debiéndose promover su adecuado realojo y el acceso a una vivienda digna y adecuada, atendiendo a sus condiciones de vulnerabilidad social y económica, así como a sus circunstancias personales y

familiares, reforzando para ello los mecanismos de cooperación con las administraciones territoriales competentes.

4. La colaboración del Estado en estas competencias deberá considerar el necesario enfoque territorial de las políticas en materia de vivienda, rehabilitación, regeneración y renovación, adoptando medidas para atender las necesidades de vivienda tanto en los entornos urbanos y metropolitanos como en el medio rural, en municipios que puedan estar afectados por la despoblación, promoviendo programas específicos con viviendas de alquiler social, asequibles y adecuadas a cada contexto social, económico y territorial.

Art. 13. *Compromiso por la accesibilidad universal en el parque de vivienda.*—1. El Estado, en el ámbito de sus competencias o en colaboración con las demás administraciones, articulará medidas para garantizar la accesibilidad universal de los parques de vivienda, favoreciendo la adaptación de los mismos a las necesidades funcionales de sus residentes o personas destinatarias, con especial atención a la discapacidad sobrevenida por razones de edad, por accidente, enfermedad adquirida u otras causas, y a las familias, hogares y unidades de convivencia con menores a cargo, atendiendo a las necesida-

des específicas de la vivienda en zonas rurales.

2. A fin de hacer efectivo el derecho de las personas con discapacidad y de aquellas que por razón de su edad avanzada necesiten una vivienda accesible, así como para atender adecuadamente el derecho de los menores que formen parte de un núcleo familiar o de unidad de convivencia, en toda vivienda de nueva construcción y en aquellas objeto de intervención que requiera proyecto según lo previsto en el artículo 2.2 de la Ley 38/1999, de 5 de noviembre, de Ordenación de la Edificación, se garantizará el cumplimiento de las condiciones de accesibilidad y el cumplimiento de la normativa en materia de accesibilidad y, en el caso de viviendas preexistentes a la vigencia de la referida normativa, se promoverá la aplicación de medidas de adecuación efectiva, aplicando programas de ayuda a tal fin, que se sumen a la aplicación de los fondos de reserva de las comunidades de propietarios.

Art. 14. *Situaciones de especial vulnerabilidad.*—1. Las políticas en materia de vivienda tendrán especialmente en cuenta a las personas, familias y unidades de convivencia que viven en asentamientos y barrios altamente vulnerables y segregados, ya sea tanto en entornos urbanos como en zonas rurales, a las personas sin hogar, a las personas con discapacidad, a los menores en riesgo de pobreza o exclusión social, a los menores tutelados que dejen de serlo y a cualesquiera otras personas vulnerables que se definan en el momento de la actuación.

2. Para ello, las Administraciones competentes en materia de vivienda podrán identificar dentro de su ámbito territorial, las zonas que precisen actuaciones de regeneración y renovación urbana para avanzar en la erradicación de situaciones de infravivienda, a través de acciones integradas que prevengan y reparen la exclusión social y residencial de la población residente.

3. De manera complementaria, con objeto de luchar contra el fenómeno del sinhogarismo, corresponde a las Administraciones competentes, de acuerdo con lo previsto en su marco normativo, la programación de medidas específicas para afrontarlo, promoviendo en su ámbito territorial el acceso a soluciones habitacionales de alojamiento en condiciones adecuadas por parte de las personas en situación de sinhogarismo y la plena inclusión de las personas sin hogar desde una perspectiva integrada e intersectorial, y posibilitando una adecuada complementariedad entre las distintas políticas, re-

cursos y servicios, especialmente en el ámbito sanitario, social, educativo y de empleo.

Art. 15. *Derecho de acceso a la vivienda y ordenación territorial y urbanística.*—1. Para asegurar la efectividad de las condiciones básicas de igualdad en el ejercicio de los pertinentes derechos establecidos por esta ley, y en el marco de lo dispuesto en el texto refundido de la Ley de Suelo y Rehabilitación Urbana aprobado por Real Decreto Legislativo 7/2015, de 30 de octubre, se establecen los siguientes criterios básicos en el ámbito de la ordenación territorial y urbanística:

a) Con la finalidad de ampliar la oferta de vivienda social o dotacional, los instrumentos de ordenación territorial y urbanística:

1.º Podrán establecer como uso compatible de los suelos dotacionales, el destinado a la construcción de viviendas dotacionales públicas.

2.º Podrán establecer la obtención de suelo con destino a vivienda social o dotacional, con cargo a las actuaciones de transformación urbanística que prevean los instrumentos correspondientes, cuando así lo establezca la legislación de ordenación territorial y urbanística y en las condiciones por ella fijadas.

b) Con la finalidad de adaptar la vivienda a la demanda y facilitar el acceso a una vivienda digna y adecuada, la ordenación territorial y urbanística promoverá la aplicación de tipologías edificatorias y de modalidades de viviendas y alojamientos que se adapten a las diferentes formas de convivencia, habitación y a las exigencias del ciclo de vida de los hogares, atendiendo, en su caso, a la casuística del medio rural. Estas actuaciones podrán ser, tanto de transformación urbanística como edificatorias, de acuerdo con el artículo 7 del texto refundido de la Ley de Suelo y Rehabilitación urbana, aprobado por Real Decreto Legislativo 7/2015, de 30 de octubre.

c) La calificación de un suelo como de reserva para vivienda sujeta a un régimen de protección pública, a que se refiere la letra *b)* del apartado 1 del artículo 20, del texto refundido de la Ley de Suelo y Rehabilitación Urbana, aprobado por Real Decreto Legislativo 7/2015, de 30 de octubre, no podrá modificarse, salvo en los casos excepcionales en los que el instrumento de ordenación urbanística justifique la innecesariedad de este tipo de viviendas o la imposibilidad sobrevenida de dicho destino, con independencia de que puedan modificarse las condiciones o características de la vivienda protegida para atender a la demanda y necesidades del ámbito territorial.

d) La legislación sobre ordenación territorial o urbanística establecerá, para el suelo de reserva para vivienda sujeta a algún régimen de protección pública, recogido en la letra *b)* del apartado 1 del artículo 20, del texto refundido de la Ley de Suelo y Rehabilitación Urbana, aprobado por Real Decreto Legislativo 7/2015, de 30 de octubre, el porcentaje que deberá ser destinado a vivienda sujeta a algún régimen de protección pública de alquiler. Este porcentaje no podrá ser inferior al 50 por 100, salvo en casos excepcionales en los que el instrumento de ordenación urbanística lo justifique, atendiendo a las características de las personas demandantes de vivienda u otras circunstancias de la realidad económica y social.

e) Con la finalidad de garantizar el derecho de acceso a la vivienda en los municipios en los que se hayan declarado uno o más ámbitos como zonas de mercado residencial tensionado, de acuerdo con el procedimiento establecido en el artículo 18.2 de esta ley, el suelo obtenido en cumplimiento del deber regulado por la letra *b)* del apartado 1 del artículo 18 del texto refundido de la Ley de Suelo y Rehabilitación Urbana, aprobado por Real Decreto Legislativo

7/2015, de 30 de octubre, deberá destinarse necesariamente a la construcción y gestión de viviendas sociales o dotacionales, y no podrá sustituirse por ningún otro uso público o de interés social ni por otras formas de cumplimiento del deber, salvo que se acredite la necesidad de destinarlo a otros usos de interés social.

2. En las actuaciones de reforma o renovación de la urbanización en suelo urbanizado establecidas en el artículo 7 del texto refundido de la Ley de Suelo y Rehabilitación Urbana, aprobado por Real Decreto Legislativo 7/2015, de 30 de octubre, que afecten a entornos residenciales, se buscarán fórmulas que aseguren la cohesión territorial y atiendan a la realidad social y económica de los hogares residentes, en los términos establecidos por la legislación sobre ordenación territorial y urbanística de las administraciones competentes.

3. En la regulación de los usos en entornos residenciales en el medio urbano, la legislación sobre ordenación territorial y urbanística establecerá instrumentos efectivos para asegurar el equilibrio, preservar la calidad de vida y el acceso a la vivienda, y asegurar el cumplimiento del principio de desarrollo territorial y urbano sostenible recogido en el artículo 3 del texto refundido

de la Ley de Suelo y Rehabilitación Urbana, aprobado por Real Decreto Legislativo 7/2015, de 30 de octubre.

4. Para el desarrollo efectivo de las actuaciones referidas en el apartado 2, las Comunidades Autónomas y los Ayuntamientos podrán acordar justificadamente, de oficio o a petición de interesado, la aplicación del procedimiento de tramitación de urgencia en los instrumentos de planeamiento urbanístico que prevea expresamente la legislación de ordenación territorial y urbanística que corresponda.

Art. 16. *Vivienda protegida.*—1. Sin perjuicio de las condiciones y requisitos establecidos por la legislación y normativa de ámbito autonómico o municipal, que tendrán en todo caso carácter prevalente, la vivienda protegida se regirá por los siguientes principios:

a) La vivienda debe destinarse exclusivamente a residencia habitual y estar ocupada durante los períodos de tiempo establecidos como mínimos en la legislación y normativa de aplicación.

b) La adjudicación de la vivienda deberá seguir un procedimiento que asegure la transparencia, con sujeción a criterios objetivos que aseguren la pública concurrencia y den prioridad a las personas o grupos de personas demandantes que se encuentren inscritas en los registros públicos que se constituyan por parte de las Administraciones públicas con competencias en materia de vivienda, teniendo en cuenta el orden establecido en los mencionados registros públicos.

c) Las personas adjudicatarias de viviendas protegidas no podrán:

1.º Ser titulares del pleno dominio o de un derecho real de uso o disfrute de ninguna otra vivienda, salvo inadecuación sobrevenida de la vivienda que ocupen a sus circunstancias personales o familiares u otras circunstancias objetivas debidamente acreditadas.

2.º Superar el nivel de ingresos máximo, en función de las características de la unidad de convivencia, que haya establecido la normativa reguladora.

d) Las viviendas protegidas que se promuevan sobre suelos cuyo destino sea el de viviendas sometidas a algún régimen de protección pública en cumplimiento de lo establecido por la letra *b)* del apartado 1 del artículo 20, del texto refundido de la Ley de Suelo y Rehabilitación Urbana, aprobado por Real Decreto Legislativo 7/2015, de 30 de octubre, estarán sometidas a un régimen de protección pública permanente que excluya la descalificación, en tanto se mantenga la calificación de dicho suelo.

En el resto de supuestos, las viviendas protegidas estarán sometidas a un régimen de protección pública permanente con las salvedades que excepcionalmente pueda prever la normativa autonómica en caso de que exista causa justificada debidamente motivada para su descalificación o para el establecimiento de un plazo de calificación con la fijación del número de años de esta, que como mínimo deberá ser de 30 años.

En tal supuesto, podrá establecerse la devolución de todas o parte de las ayudas percibidas en caso de enajenación de la vivienda con posterioridad a su descalificación, conforme se establezca en su normativa reguladora.

En todo caso, se considerará causa justificada a los efectos anteriores, la promoción de viviendas protegidas en suelos cuya calificación urbanística no impusiera dicho destino y no hubiesen contado con ayudas públicas para su promoción.

e) Su venta o alquiler estarán sujetos a la previa autorización de la Comunidad Autónoma mientras la vivienda siga sujeta al régimen de protección pública que corresponda y sólo podrá otorgarse tal autorización en favor de personas que cumplan los requisitos previstos en la normativa correspondiente para acceder a una vivienda protegida, cuando cumplan las siguientes condiciones:

1.º Se efectúe prioritariamente a favor de personas o grupos de personas demandantes inscritas en los registros públicos previstos al efecto por la normativa autonómica o municipal, teniendo en cuenta el orden establecido en los mencionados registros públicos.

2.º El precio de la venta o el alquiler no rebase el máximo establecido al efecto.

La Administración podrá ejercer, dentro del plazo no mayor al del máximo legal para el otorgamiento de la autorización, los derechos de tanteo o de adquisición preferente y dentro de otro plazo igual tras dicho otorgamiento, los derechos de retracto o de adquisición preferente que establezca, en su caso, la legislación autonómica aplicable.

2. Las Administraciones competentes podrán arbitrar los mecanismos necesarios para alcanzar las condiciones señaladas en el apartado anterior, pudiendo articularse a través de protocolos y convenios específicos con notarios y registradores de la propiedad.

Art. 17. *Vivienda asequible incentivada.*—1. Con objeto de incrementar la oferta de vivienda a precios adecuados a la situación económica de los hogares en cada entorno territorial, los poderes públicos, en el ámbito de sus respectivas competencias, podrán impulsar la existencia de viviendas asequibles incentivadas, que estarán sujetas, con carácter orientativo y sin perjuicio de lo que establezcan al respecto las administraciones competentes, a las siguientes reglas:

a) Sometimiento de la vivienda a limitaciones específicas de destino durante un tiempo determinado y a unos límites máximos de precios de alquiler, que serán proporcionales y ajustados a los beneficios públicos que obtenga, sean urbanísticos, fiscales, o de cualquier otro carácter, determinadas por la Administración que los otorgue.

b) Destino de la vivienda exclusivamente a residencia habitual de la persona arrendataria, que tenga dificultades para acceder a una vivienda a precios de mercado, de acuerdo con los criterios que fije la Administración competente.

c) Innecesariedad de sujeción de la vivienda al procedimiento formal de calificación como vivienda protegida. Sin embargo, sí estará sujeta a las reglas procedimentales que determine la Administración competente para garantizar el cumplimiento de las condiciones señaladas en este artículo.

2. Las viviendas asequibles incentivadas podrán ser de nue-

va promoción o bien tratarse de viviendas ya existentes, siempre que en cualquier caso cumplan los requisitos legalmente establecidos, que aseguren la adecuación y calidad de las mismas, contribuyendo a favorecer la cohesión social.

3. En zonas rurales sujetas a fenómenos de pérdida de población, la vivienda asequible incentivada podrá acompañar el desarrollo de estrategias de dinamización social y económica, así como la creación de empleo y actividad en tales zonas.

4. Los instrumentos de ordenación urbanística podrán promover la puesta en el mercado de viviendas en régimen de alquiler durante períodos de tiempo determinados y a precios asequibles permitiendo incrementos de edificabilidad o densidad o la asignación de nuevos usos a una vivienda o a un edificio de viviendas, incluidos en ámbitos delimitados al efecto.

Art. 18. *Declaración de zonas de mercado residencial tensionado.*—1. Las Administraciones competentes en materia de vivienda podrán declarar, de acuerdo con los criterios y procedimientos establecidos en su normativa reguladora y en el ámbito de sus respectivas competencias, zonas de mercado residencial tensionado a los efectos de orientar las actuaciones públicas en materia de vivienda en aquellos ámbitos territoriales en los que exista un especial riesgo de oferta insuficiente de vivienda para la población, en condiciones que la hagan asequible para su acceso en el mercado, de acuerdo con las diferentes necesidades territoriales.

2. Sin perjuicio de lo anterior, y a los efectos de la aplicación de las medidas específicas contempladas en esta ley, la declaración de zonas de mercado residencial tensionado deberá realizarse por la Administración competente en materia de vivienda de conformidad con las siguientes reglas:

a) La declaración deberá ir precedida de un procedimiento preparatorio dirigido a la obtención de información relacionada con la situación del mercado residencial en la zona, incluyendo los indicadores de los precios en alquiler y venta de diferentes tipos de viviendas y su evolución en el tiempo; los indicadores de nivel de renta disponible de los hogares residentes y su evolución en el tiempo que, junto con los precios de vivienda, permitan medir la evolución del esfuerzo económico que tienen que realizar los hogares para disponer de una vivienda digna y adecuada. A tal efecto, se podrá tener en cuenta en lo relativo a la distribución de los precios de venta, los ámbitos territoriales homogéneos de los mapas de valores de uso residencial que elabore la Dirección General del Catastro del Ministerio de Hacienda y Función Pública, en el marco de sus informes anuales del mercado inmobiliario, de conformidad con la disposición final tercera del texto refundido de la Ley del Catastro Inmobiliario, aprobado por Real Decreto Legislativo 1/2004, de 5 de marzo.

b) La declaración de un ámbito territorial como zona de mercado residencial tensionado implicará la realización de un trámite de información en el que deberá ponerse a disposición pública la información sobre la que se basa tal declaración, incluyendo los estudios de distribución espacial de la población y hogares, su estructura y dinámica, así como la zonificación por oferta, precios y tipos de viviendas, o cualquier otro estudio que permita evidenciar o prevenir desequilibrios y procesos de segregación socio espacial en detrimento de la cohesión social y territorial.

c) La resolución del procedimiento de delimitación por parte de la Administración competente en materia de vivienda deberá motivarse en deficiencias o insuficiencias del mercado de vivienda en la zona, en cualquiera de sus modalidades, para atender adecuadamente la demanda de vivienda habitual y, en todo caso, a precio razonable según la situación socioeconómica de la población residente y las dinámicas demográficas, así como las particularidades y características de cada ámbito territorial. La referida resolución deberá ser comunicada a la Secretaría General de Agenda Urbana y Vivienda del Ministerio de Transportes, Movilidad y Agenda Urbana.

d) La vigencia de la declaración de un ámbito territorial como zona de mercado residencial tensionado será de tres años, pudiendo prorrogarse anualmente siguiendo el mismo procedimiento, cuando subsistan las circunstancias que motivaron tal declaración y previa justificación de las medidas y acciones públicas adoptadas para revertir o mejorar la situación desde la anterior declaración. Para la aplicación de las medidas contenidas en esta ley, con carácter trimestral el Ministerio de Transportes, Movilidad y Agenda Urbana aprobará una resolución que recoja la relación de zonas de mercado residencial tensionado que hayan sido declaradas en virtud del procedimiento establecido en este artículo.

3. La declaración de una zona de mercado residencial tensionado establecida en el apartado anterior requerirá la elaboración

de una memoria que justifique, a través de datos objetivos y fundamentada en la existencia de un especial riesgo de abastecimiento insuficiente de vivienda para la población residente, incluyendo las dinámicas de formación de nuevos hogares, en condiciones que la hagan asequible, por producirse una de las circunstancias siguientes:

a)   Que la carga media del coste de la hipoteca o del alquiler en el presupuesto personal o de la unidad de convivencia, más los gastos y suministros básicos, supere el 30 por 100 de los ingresos medios o de la renta media de los hogares.

b)   Que el precio de compra o alquiler de la vivienda haya experimentado en los cinco años anteriores a la declaración como área de mercado de vivienda tensionado, un porcentaje de crecimiento acumulado al menos tres puntos porcentuales superior al porcentaje de crecimiento acumulado del índice de precios de consumo de la Comunidad Autónoma correspondiente.

4.   La declaración, de acuerdo con este procedimiento, de un ámbito territorial como zona de mercado residencial tensionado conllevará la redacción, por parte de la Administración competente, de un plan específico que propondrá las medidas necesarias para la corrección de los desequilibrios evidenciados en su declaración, así como su calendario de desarrollo.

5.   El Departamento Ministerial competente en materia de vivienda, en el marco del ejercicio de las competencias estatales, podrá desarrollar, de acuerdo con la administración territorial competente, un programa específico para dichas zonas de mercado residencial tensionado, que contemplará la diversidad territorial, tanto en entornos urbanos o metropolitanos como en zonas rurales, que modificará o se anexará al plan estatal de vivienda vigente, y habilitará al Estado para:

a)   Promover fórmulas de colaboración con las administraciones competentes y con el sector privado para estimular la oferta de vivienda asequible en dicho ámbito y en su entorno.

b)   El diseño y adopción de medidas de financiación específicas para ese ámbito territorial que pudieran favorecer la contención o reducción de los precios de alquiler o venta.

c)   El establecimiento de medidas o ayudas públicas específicas adicionales dentro del plan estatal de vivienda vigente, de acuerdo con las previsiones que en su caso éste establezca.

6.   La aplicación del programa establecido en el apartado anterior podrá implicar la adopción de medidas en el seno de la Comisión de Coordina-

ción Financiera de Actuaciones Inmobiliarias y Patrimoniales, encaminadas a favorecer el incremento de la oferta de vivienda social y asequible incentivada conforme a lo establecido en la disposición adicional segunda de esta ley.

Art. 19. *Colaboración y suministro de información de los grandes tenedores en zonas de mercado residencial tensionado.*—1. En desarrollo del servicio de interés general establecido en la presente ley, los grandes tenedores de vivienda tendrán la obligación de colaborar con las Administraciones Públicas competentes en materia de vivienda. A tal efecto, las Administraciones Públicas competentes en materia de vivienda podrán exigir a los grandes tenedores de vivienda en las zonas de mercado residencial tensionado declaradas según lo previsto en el apartado 2 del artículo anterior, el cumplimiento de la obligación de colaboración y suministro de información sobre el uso y destino de las viviendas de su titularidad que se encuentren en tales zonas de mercado residencial tensionado.

2. A tal efecto, en la memoria que acompañe a la propuesta de declaración de zona de mercado residencial tensionado que se recoge en el apartado 3 del artículo anterior, se definirán los criterios para la consideración de gran tenedor de vivienda en la zona de mercado residencial tensionado, en función de su potencial influencia, por el volumen de inmuebles de uso residencial de su titularidad en el mercado de alquiler de dicha zona, que, sobre la base de la definición de gran tenedor recogida en el artículo 3 de esta ley, podrá incorporar criterios adicionales acordes a la realidad y características de la zona o atendiendo a la normativa específica de la Administración competente en materia de vivienda.

3. La información a aportar se referirá al año natural anterior, a requerimiento de las Administraciones Públicas competentes en materia de vivienda, debiendo comunicarse en un plazo máximo de tres meses desde el referido requerimiento, que incluirá, con respecto a las viviendas de titularidad del gran tenedor en la zona de mercado residencial tensionado, al menos, los siguientes datos:

a) Los datos identificativos de la vivienda y el edificio en que se ubica, incluyendo la dirección postal, año de construcción y, en su caso, año y tipo de reforma, superficie construida de uso privativo por usos, referencia catastral y calificación energética.

b) Régimen de utilización efectiva de la vivienda, en el contexto de los de usos previstos en los instrumentos de ordenación territorial y urbanística.

c) Justificación del cumplimiento de los deberes asociados a la propiedad de vivienda, establecidos en el artículo 11 de esta ley.

4. Considerando la información aportada de acuerdo con lo previsto en el apartado anterior, las Administraciones Públicas podrán establecer fórmulas de colaboración con los propietarios con objeto de favorecer el incremento de la oferta de alquiler asequible en la zona.

CAPÍTULO II

COLABORACIÓN Y COOPERACIÓN ENTRE ADMINISTRACIONES PÚBLICAS EN MATERIA DE VIVIENDA

Art. 20. *Colaboración entre las Administraciones Públicas en materia de vivienda.*—1. Con el objetivo de cooperar en los fines de la política de vivienda, y especialmente en los servicios de interés general recogidos en el artículo 4 de esta ley o los recogidos en las normativas de las administraciones competentes, las Administraciones Públicas, sus organismos públicos y entidades vinculadas o dependientes desarrollarán los principios de colaboración y cooperación en materia de vivienda, rehabilitación, regeneración y renovación urbana, entre otros, en los siguientes ámbitos:

a) Compartiendo la información que cada administración o entidad disponga o elabore relativa a estas materias.

b) Mediante los Protocolos Generales de Actuación o convenios que se suscriban entre las partes para acordar ámbitos y compromisos específicos de actuación, ya sea en desarrollo de los planes estatales, los que se refieran a zonas declaradas como de mercado residencial tensionado, u otros que se acuerden entre las administraciones implicadas.

c) Mediante los acuerdos aprobados en el seno de los órganos de cooperación en este ámbito.

2. Los instrumentos administrativos de colaboración que se formalicen en materia de vivienda, rehabilitación, regeneración y renovación urbanas podrán tener una duración de hasta 80 años, cuando así lo requiera la ejecución de las actuaciones contenidas en el mismo, ya sea por su complejidad de gestión o por la naturaleza de lo conveniado entre las partes.

Art. 21. *Órganos de Cooperación en materia de vivienda y suelo.*—Se establecen los siguientes órganos de cooperación en materia de vivienda y suelo:

a) Conferencia Sectorial de Vivienda y Suelo: es el máximo órgano de cooperación de estas materias entre el Estado, las Comunidades Autónomas y las Ciudades de Ceuta y Melilla. Se reunirá al menos una vez al año y será presidida por el titular del Ministerio de Transportes, Movilidad y Agenda Urbana.

b) Comisión Multilateral de Vivienda y Suelo: Será presidida por el titular de la Secretaría General de Agenda Urbana y Vivienda, y reunirá a los titulares de las Direcciones Generales competentes en estas materias. Se reunirá al menos una vez al año, y en ella se evaluará el cumplimiento de los acuerdos y directrices emanados de la Conferencia Sectorial, y se propondrán los asuntos que se acuerden elevar a ese Órgano.

c) Comisiones Bilaterales de Vivienda y Suelo: reunirán a las Direcciones Generales competentes del Estado y cada Comunidad Autónoma o Ciudades de Ceuta y Melilla, con el objeto de hacer seguimiento, adoptar acuerdos, o establecer criterios de coordinación entre ambas administraciones.

Art. 22. *Coordinación interministerial.*—Corresponde al Ministerio de Transportes, Movilidad y Agenda Urbana, o Departamento Ministerial competente en materia de vivienda, la coordinación e impulso de las iniciativas que afecten a la vivienda, la rehabilitación, regeneración y renovación urbana y rural, en cooperación con otros Ministerios que pudieran abordar aspectos específicos relacionados con esas materias.

Corresponde igualmente a ese Departamento Ministerial la propuesta de estrategias o medidas relacionadas con estas materias al Consejo de Ministros, o a la Comisión Delegada del Gobierno para Asuntos Económicos.

CAPÍTULO III

ACTUACIÓN DEL ESTADO
EN MATERIA DE VIVIENDA

Art. 23. *Planificación y programación estatal en materia de vivienda.*—1. La Administración General del Estado contribuirá, en colaboración con las demás Administraciones Públicas en cualquiera de las formas admitidas por la legislación reguladora del régimen del sector público, a garantizar el derecho constitucional a disfrutar de una vivienda digna y adecuada mediante los instrumentos de política fiscal, económica, social y de planificación o de programación de su competencia, atendiendo a la realidad económica, financiera y social, en favor de la cohesión territorial y la lucha contra la despoblación.

2. Para cumplir con el objeto de la ley, los instrumentos de planificación y programación de la Administración General del Estado apoyarán a las Administraciones territoriales competentes en la ejecución de las políticas de vivienda que, previo análisis y determinación de las necesidades, aseguren la existencia de una oferta suficiente y adecuada de vivienda en condiciones asequibles, fomentando la utilización racional del suelo y propiciando la ocupación eficiente del parque residencial, y asegurando que tales instrumentos cuenten con una adecuada dotación presupuestaria.

Para ello, la planificación y programación de la Administración General del Estado, en el marco de la consecución de los fines establecidos en esta ley, favorecerá e impulsará de forma prioritaria:

a) La rehabilitación y la mejora de las viviendas existentes, así como la promoción de vivienda encaminada a la formación de parques públicos de vivienda.

b) La existencia de modalidades de vivienda que se adapten a las necesidades sociales.

c) La adecuada dotación de programas de ayuda específicamente dirigidos a las personas y hogares con mayores dificultades para acceder a una vivienda, con especial atención a las personas jóvenes y hogares sujetos a mayor vulnerabilidad, así como las familias, hogares y unidades de convivencia con menores a cargo.

Art. 24. *Planes estatales en materia de vivienda y rehabilitación, regeneración y renovación urbana y rural.*—1. Los instrumentos principales de actuación del Estado en política de vivienda serán los planes estatales en materia de vivienda y en materia de rehabilitación, regeneración y renovación urbana y rural. Estos planes, en coordinación con las demás estrategias estatales y con otras políticas públicas sectoriales, incluirán una planificación plurianual, que podrá estar vinculada a medidas relativas a la financiación, la fiscalidad, regulatorias, de apoyo a la puesta a disposición de vivienda a precios asequibles a través de fórmulas de colaboración público-privada que permitan crear un fondo de vivienda asequible o de cualquier otro tipo, que sean útiles para favorecer el acceso a la vivienda y mejorar la calidad del parque residencial y de su entorno construido y coadyuvar a la consecución de los objetivos de los planes.

2. Los planes estatales en materia de vivienda, rehabilita-

ción, regeneración y renovación urbana y rural estarán formados por programas que promoverán y apoyarán de manera prioritaria las siguientes actuaciones:

a) Las que fomenten la ocupación racional y eficiente del patrimonio residencial.

b) La conservación, el mantenimiento, la rehabilitación y la mejora de las viviendas que estén destinadas o vayan a destinarse a residencia habitual, así como la regeneración y renovación de su entorno construido, favoreciendo enfoques integrales que garanticen la accesibilidad universal.

c) Las actuaciones necesarias para la creación, ampliación y gestión de los parques públicos de vivienda, tanto derivadas de la nueva construcción como de la rehabilitación, orientados prioritariamente a atender la necesidad de vivienda de las personas, familias y unidades de convivencia en situación de mayor vulnerabilidad social y económica.

d) La construcción y rehabilitación de viviendas sometidas a algún régimen de protección pública.

e) La promoción de nuevas modalidades de vivienda y de desarrollo urbano y rural que se adapten a las necesidades sociales, así como las actuaciones destinadas a favorecer el acceso de la ciudadanía a una vivienda sometida a algún régimen de protección pública, incluyendo instrumentos financieros que promuevan mecanismos público-privados.

f) Actuaciones encaminadas a favorecer el acceso a la vivienda por parte de jóvenes, así como a garantizar una vivienda digna y adecuada para personas en situación de mayor vulnerabilidad social, chabolismo, infravivienda o en emergencia habitacional.

En la identificación de las actuaciones anteriores deberá incorporarse una perspectiva territorial que permita establecer medidas específicas para atender las necesidades de los distintos entornos territoriales y, específicamente, las de los pequeños municipios afectados por procesos de envejecimiento o despoblación.

El desarrollo de las actuaciones previstas en las letras *c)* y *f)* podrán servir para atender a los trámites de intermediación y conciliación previos a la presentación de la demanda, así como a la atención a las personas y hogares sujetos a vulnerabilidad en los procedimientos recogidos en los artículos 439, 655 bis y 685 de la Ley 1/2000, de 7 de enero, de Enjuiciamiento Civil.

3. Con la finalidad de evitar la especulación, además de las limitaciones establecidas en esta ley para la vivienda protegida, los planes estatales podrán establecer en la aplicación de sus

programas medidas para redistribuir socialmente el beneficio obtenido, en su caso, como consecuencia de la enajenación, dentro del límite temporal que dichos planes establezcan, de viviendas que hayan obtenido ayudas públicas para la realización de obras de rehabilitación, regeneración y renovación urbana o rural, ya sea mediante la devolución de las ayudas, u otras medidas que se establezcan.

4. Corresponde al Gobierno, oídas las Comunidades Autónomas en el seno de la Conferencia Sectorial de Vivienda y Suelo, la aprobación de los Planes que concreten y desarrollen la política económica estatal en materia de vivienda y que contengan las medidas que, en cada caso, se establezcan, de conformidad con lo dispuesto en los apartados anteriores. Estos Planes Estatales podrán contribuir a la financiación de los planes que se aprueben por parte de las Comunidades Autónomas o Ciudades de Ceuta y Melilla, en los términos y condiciones que a tal efecto se establezcan, sin perjuicio y de manera complementaria a la financiación aplicada a tal efecto por las mismas.

5. Los planes estatales en materia de vivienda, rehabilitación, regeneración y renovación urbana y rural establecerán programas para promover el acceso al derecho a una vivienda digna y adecuada por parte de las personas, familias y unidades de convivencia más vulnerables, con objeto de promover en todo caso una solución de emergencia habitacional debida a la pérdida, amenaza de pérdida, vivienda inadecuada o ausencia de vivienda. Asimismo, deberán incorporar programas específicos para promover la oferta de vivienda suficiente y adecuada con objeto de revertir la dificultad en el acceso a la vivienda, especialmente, en las zonas declaradas como de mercado residencial tensionado de acuerdo con lo establecido en esta ley.

Art. 25. *Colaboración público-privada y fondo de vivienda asequible.*—1. El apoyo a la puesta a disposición de vivienda a precios asequibles a través de fórmulas de colaboración público-privada que permitan crear un fondo de vivienda asequible, referido en el artículo anterior, podrá llevarse a cabo a través de mecanismos de trabajo conjunto entre las Administraciones Públicas y las principales asociaciones de entidades privadas gestoras de vivienda y entidades del tercer sector, que posibiliten el cumplimiento de la función social de la vivienda.

2. Este tipo de mecanismos potenciará la conformación y ampliación de un fondo de vivienda asequible de titularidad privada a

la vez que se avanza, en el marco de la colaboración con las Administraciones territoriales, en el fortalecimiento de los parques públicos de vivienda.

3.   El objetivo del fondo de vivienda asequible será dotar de nuevos instrumentos a las Administraciones territoriales al servicio de las políticas públicas en materia de vivienda, generando un parque de vivienda asequible incentivada o vivienda social, especialmente en aquellos ámbitos en los que es necesario recuperar el equilibrio entre la oferta y la demanda de vivienda en alquiler, contribuyendo a la moderación de los precios. A tal efecto, deberán considerarse las necesidades específicas de los distintos ámbitos territoriales, tanto en los ámbitos urbanos y metropolitanos como en los pequeños municipios de las áreas despobladas, y las características propias de cada mercado.

4.   El fondo de vivienda asequible estará regulado a través de acuerdos específicos con las asociaciones de entidades privadas gestoras de vivienda en alquiler, entidades del tercer sector, o los principales operadores, que tendrán los siguientes objetivos específicos:

a)   Dar respuesta y acompañamiento, en coordinación con los servicios sociales y entidades del tercer sector, a las personas y familias con menos recursos, evitando desahucios en situaciones de vulnerabilidad, y estableciendo protocolos de colaboración entre las Administraciones Públicas y las entidades privadas gestoras de vivienda.

b)   Incrementar el parque de vivienda social y asequible, especialmente en zonas de mercado residencial tensionado.

c)   Promover el compromiso de destinar un porcentaje mínimo de su parque a vivienda social o asequible.

En la definición de estos objetivos deberá incorporarse una perspectiva territorial, para atender las necesidades de los distintos entornos territoriales y, específicamente, las de los pequeños municipios afectados por procesos de envejecimiento o despoblación.

5.   En el caso de que las administraciones competentes en materia de vivienda hayan establecido en su legislación un fondo de vivienda asequible, podrán acogerse a lo previsto en este artículo conjuntamente con lo previsto en su normativa propia.

Art. 26.   *Consejo Asesor de Vivienda.*—1.   Con la finalidad de asegurar la participación de los distintos agentes sociales en la elaboración y desarrollo de la política de vivienda, el Consejo Asesor de Vivienda será el órgano colegiado, de carácter técnico, asesor y consultivo del Ministerio de Transportes, Movilidad y Agenda Urbana en materia de programación estatal de la política de vivienda.

Este Consejo podrá estar integrado por representantes de los distintos Departamentos Ministeriales con competencias relacionadas con la vivienda, de asociaciones empresariales, de asociaciones y colegios profesionales, de entidades financieras, de asociaciones del tercer sector, de la economía social y de asociaciones representativas de intereses afectados por la ley. También podrán formar parte del Consejo distintos profesionales expertos en materia de vivienda, así como del ámbito universitario y de la investigación.

2. Reglamentariamente, se establecerá la creación del Consejo Asesor de Vivienda, definiendo su composición, atribuciones y funcionamiento.

TÍTULO III

Parques públicos de vivienda

Art. 27. *Concepto, finalidad y financiación.*—1. Los parques públicos de vivienda tienen por finalidad contribuir al buen funcionamiento del mercado de la vivienda y servir de instrumento a las distintas Administraciones Públicas competentes en materia de vivienda para hacer efectivo el derecho a una vivienda digna y adecuada de los sectores de la población que tienen más dificultades de acceso en el mercado, con especial atención a personas jóvenes y colectivos sujetos a mayor vulnerabilidad.

A través de los planes estatales de vivienda y otras medidas complementarias adoptadas en el ámbito de las diferentes políticas públicas sectoriales, se incentivará la conservación, mejora y ampliación de los parques públicos de vivienda, estableciéndose para ello objetivos específicos en relación con el número de hogares de cada ámbito territorial, y otras variables territoriales, sociales y económicas.

Los parques públicos de vivienda, regulados específicamente por la legislación autonómica en materia de vivienda, urbanismo y ordenación del territorio, podrán estar integrados al menos por:

a) Las viviendas dotacionales públicas.

b) Las viviendas sociales y protegidas construidas sobre suelo de titularidad pública, así como las que lo hayan sido en ejercicio del derecho de superficie, usufructo o cesión de uso y para alquiler con opción a compra, durante el tiempo en el que no se active la correspondiente opción.

c) Las viviendas sociales adquiridas por las Administraciones Públicas en ejercicio de los derechos de tanteo y retracto, de conformidad con lo que disponga la legislación aplicable y las adquiridas a través de esos mismos derechos, en casos de ejecución hipotecaria o dación en pago de vivienda habitual de colectivos en situación de vulnerabilidad o en exclusión social, tal y como prevé la legislación autonómica.

d) Las viviendas sociales adquiridas por las Administraciones Públicas en actuaciones de regeneración o de renovación urbanas, incluyendo las integradas en complejos inmobiliarios, tanto de forma gratuita en virtud del cumplimiento de los deberes y cargas urbanísticos correspondientes, como onerosa.

e) Cualquier otra vivienda social adquirida por las Administraciones Públicas con competencias en materia de vivienda, o cedida a las mismas.

2. Con objeto de asegurar la financiación de la creación, ampliación, rehabilitación o mejora de los parques públicos de vivienda, podrán utilizarse las cantidades económicas correspondientes a las fianzas de los contratos de arrendamiento depositadas en los registros autonómicos correspondientes en virtud de lo dispuesto en la disposición adicional tercera de la Ley 29/1994, de 24 de noviembre, de Arrendamientos Urbanos, salvo la reserva obligatoria de garantía de devolución, y por parte de las Administraciones que tengan atribuida tal competencia de gestión de depósitos de fianza.

3. Los ingresos procedentes de las sanciones impuestas por el incumplimiento de la función social de la propiedad de la vivienda, así como los ingresos procedentes de la gestión y, en su caso, enajenación de bienes patrimoniales que formen parte del parque público de vivienda deberán destinarse a la creación, ampliación, rehabilitación o mejora de los parques públicos de vivienda, en los términos establecidos en la legislación y normativa que los regule.

Art. 28. *Criterios orientadores en la gestión de los parques públicos de vivienda.*—1. Para la gestión de los parques públicos de vivienda y el cumplimiento de sus finalidades, las Administraciones Públicas competentes en materia de vivienda y sus entes adscritos o dependientes, de conformidad con lo dispuesto en su legislación y normativa de aplicación, y sin perjuicio de los criterios específicos que esta establezca, podrán:

a) Crear, ampliar y gestionar, directa o indirectamente y sobre los suelos de su titularidad, incluidos los obtenidos para dotaciones públicas, parques públicos de vivienda, llevando a cabo, cuando proceda, la urbanización de los terrenos de conformidad con la ordenación territorial y urbanística.

b) Otorgar derechos de superficie o concesiones administrativas a terceros para que edifiquen, rehabiliten y/o gestionen viviendas del parque público, siempre que quede garantizada la titularidad pública del suelo, mediante los correspondientes procedimientos que garanticen la transparencia y pública concurrencia en la concesión de estos derechos.

c) Asignar recursos públicos a entidades sin ánimo de lucro con la finalidad de hacer más eficiente y próxima la gestión de las viviendas de los parques públicos, siempre que dicha gestión quede reservada a tales entidades o a la Administración territorial o ente instrumental correspondiente y que la asignación se realice acorde con los objetivos de cobertura del derecho a la vivienda y de conformidad con la normativa reguladora.

d) Enajenar los bienes patrimoniales integrantes de los parques públicos de vivienda, mediante los procedimientos admitidos por la legislación aplicable, únicamente a otras Administraciones Públicas, sus entes instrumentales o a personas jurídicas sin ánimo de lucro, dedicadas a la gestión de vivienda con fines sociales, y mediante la obligación por parte del nuevo o nuevos titulares, de atenerse a las condiciones, plazos y rentas máximas establecidos, subrogándose en sus derechos y obligaciones.

2. En el desarrollo de las actuaciones previstas en el apartado anterior deberá prestarse especial atención a las particularidades de cada entorno territorial, con objeto de llevar a cabo el tipo de gestión y actuaciones más acordes a las características sociales, económicas y territoriales de la demanda.

Art. 29. *Destino de los parques públicos de vivienda.*—1. Las viviendas integrantes de los parques públicos de vivienda tienen como destino, de conformidad con lo dispuesto en la legislación específica y demás normativa de aplicación, la garantía del derecho de acceso a la vivienda de las personas y hogares con mayores dificultades para acceder a una vivienda en el mercado, en razón de sus circunstancias sociales y económicas, atendiendo a factores específicos de vulnerabilidad como la presencia de menores de edad en el hogar o unidad de convivencia, así como a las características y particularidades del ámbito territorial.

2. La ocupación y el disfrute de las viviendas que formen parte de parques públicos pueden producirse, de acuerdo con la correspondiente legislación y normativa de aplicación, en régimen de alquiler, cesión de uso, o cualesquiera otras formas legales de tenencia temporal en las condiciones de renta y con los requisitos que establezcan las respectivas Administraciones Públicas en función de la demanda existente, las condiciones socioeconómicas de las personas, familias y unidades de convivencia destinatarias y las características del mercado de vivienda, incorporando criterios de inclusión, cohesión social y asequibilidad.

3. Corresponde a las Administraciones Públicas competentes en materia de vivienda el desarrollo de sistemas de evaluación del cumplimiento de dichos requisitos de los parques públicos de vivienda de acuerdo con lo previsto en la legislación y normativa de aplicación, con el fin de garantizar el uso eficiente de los recursos públicos y la corresponsabilidad de los ocupantes de la vivienda.

TÍTULO IV

Medidas de protección y transparencia en las operaciones de compra y arrendamiento de vivienda

CAPÍTULO PRIMERO

RÉGIMEN GENERAL DE DERECHOS E INFORMACIÓN BÁSICA

Art. 30. *Principios básicos de los derechos, facultades y responsabilidades.*—1. Son derechos de las personas demandantes, adquirentes o arrendatarias de vivienda, o en cualquier otro régimen jurídico de tenencia y disfrute:

a) Los reconocidos en el texto refundido de la Ley General para la Defensa de los Consumidores y Usuarios y otras leyes complementarias, aprobado por Real Decreto Legislativo 1/2007, de 16 de noviembre, y en la legislación autonómica aplicable.

b) El de recibir información, incluida la suministrada por medios publicitarios, en formato accesible para personas con discapacidad o dificultades de comprensión, que sea completa, objetiva, veraz, clara, comprensible y accesible, sobre las características de las viviendas, sus servicios e instalaciones y las condiciones jurídicas y económicas de su adquisición, arrendamiento, cesión o uso.

2. Todos los agentes que, operando en el sector de la edificación y rehabilitación de viviendas y la prestación de servicios inmobiliarios, estén facultados para la transmisión, el arrendamiento y la cesión de las viviendas en nombre propio o por cuenta ajena, tales como promotores, personas propietarias y otras titulares de derechos reales, agentes inmobiliarios y administradores de fincas, deben cumplir en su actividad el deber de información completa, objetiva, veraz, clara, comprensible y accesible conforme lo previsto en esta ley, así como en la legislación de defensa de consumidores y usuarios cuando se trate de relaciones entre consumidores o usuarios y empresarios, quedando sujeta la publicidad que realicen a la legislación general que la regula, con prohibición, en particular, de cualesquiera actos publicitarios con información insuficiente, deficiente o engañosa.

3. A los efectos de los apartados anteriores, se entiende por información o publicidad toda forma de comunicación dirigida a demandantes de vivienda, usuarios o al público en general con el fin de promover de forma directa o indirecta la transmisión, el arrendamiento y cualquier otra forma de cesión de viviendas. Se entiende incompleta, insuficiente o deficiente la información que omita datos esenciales o los contenga en términos capaces de inducir a error a los destinatarios o producir repercusiones económicas o jurídicas que no resulten admisibles, por perturbar el pacífico disfrute de la vivienda en las habituales condiciones de uso.

Art. 31. *Información mínima en las operaciones de compra y arrendamiento de vivienda.*—1. Sin perjuicio de los principios y requerimientos contenidos en la normativa autonómica de aplicación y con carácter mínimo, la persona interesada en la compra o arrendamiento de una vivienda que se encuentre en oferta podrá requerir, antes de la formalización de la operación y de la entrega de cualquier cantidad a cuenta, la siguiente información, en formato accesible y en soporte duradero, acerca de las condiciones de la operación y de las características de la referida vivienda y del edificio en el que se encuentra:

a)   Identificación del vendedor o arrendador y, en su caso, de la persona física o jurídica que intervenga, en el marco de una actividad profesional o empresarial, para la intermediación en la operación.

b)   Condiciones económicas de la operación: precio total y conceptos en éste incluidos, así como las condiciones de financiación o pago que, en su caso, pudieran establecerse.

c)   Características esenciales de la vivienda y del edificio, entre ellas:

1.º   Certificado o cédula de habitabilidad.

2.º   Acreditación de la superficie útil y construida de la vivienda, diferenciando en caso de división horizontal la superficie privativa de las comunes, y sin que pueda en ningún caso computarse a estos efectos las superficies de la vivienda con altura inferior a la exigida en la normativa reguladora.

3.º   Antigüedad del edificio y, en su caso, de las principales reformas o actuaciones realizadas sobre el mismo.

4.º   Servicios e instalaciones de que dispone la vivienda, tanto individuales como comunes.

5.º   Certificado de eficiencia energética de la vivienda.

6.º   Condiciones de accesibilidad de la vivienda y del edificio.

7.º   Estado de ocupación o disponibilidad de la vivienda.

d)   Información jurídica del inmueble: la identificación registral de la finca, con la referencia de las cargas, gravámenes y afecciones de cualquier naturaleza, y la cuota de participación fijada en el título de propiedad.

e)   En el caso de tratarse de vivienda protegida, indicación expresa de tal circunstancia y de la sujeción al régimen legal de protección que le sea aplicable.

f)   En caso de edificios que cuenten oficialmente con protección arquitectónica por ser parte de un entorno declarado o en razón de su particular valor arquitectónico o histórico, se aportará información sobre el grado de protección y las condiciones y limitaciones para las intervenciones de reforma o rehabilitación.

g)   Cualquier otra información que pueda ser relevante para la persona interesada en la compra o arrendamiento de la vivienda, incluyendo los aspectos de carácter territorial, urbanístico, físico-técnico, de protección patrimonial, o administrativo relacionados con la misma.

2.   En los mismos términos de lo establecido en el apartado anterior, la persona interesada en la compra o arrendamiento de una vivienda podrá requerir información acerca de la detección de amianto u otras sustancias peligrosas o nocivas para la salud.

3.   Cuando la vivienda que vaya a ser objeto de arrendamiento como vivienda habitual se encuentre ubicada en una zona de mercado residencial tensionado, el propietario y, en su caso, la persona que intervenga en la intermediación en la operación deberá indicar tal circunstancia e informar, con anterioridad a la formalización del arrendamiento, y en todo caso en el documento del contrato, de la cuantía de la última renta del contrato de arrendamiento de vivienda habitual que hubiese estado vigente en los últimos cinco años en la misma vivienda, así como del valor que le pueda corresponder atendiendo al índice de referencia de precios de alquiler de viviendas que resulte de aplicación.

CAPÍTULO II

INFORMACIÓN Y TRANSPARENCIA EN MATERIA DE VIVIENDA Y SUELO

Ar. 32.   *Parque público de vivienda.*—1.   El Estado, en cumplimiento del principio de colaboración y cooperación, así como en garantía del principio de trasparencia en la forma que se instrumente de acuerdo con las administraciones competentes, deberá elaborar y mantener actualizado un inventario del parque público de vivienda de su titularidad y de sus entes adscritos o dependientes, en el que se incluirá, al menos, la siguiente información:

a)   Identificación de las viviendas que lo componen.

b)   Características fundamentales de las viviendas.

c)   Situación de uso de las mismas.

d)   Características de las personas u hogares usuarios.

2.   Anualmente se elaborará y publicará en la sede electrónica prevista en el artículo 38 de la Ley 40/2015, de 1 de octubre, de Régimen Jurídico del Sector Público, una memoria sobre las características del parque público de vivienda y su utilización, debidamente actualizada, que permita la conformación de un mapa de la vivienda social para facilitar su acceso por parte de la ciudadanía. Asimismo, se recogerá la información sobre las actuaciones previstas para reforzar el parque de vivienda social en los próximos cuatro años.

Art. 33.   *Inversión en programas de política de vivienda.*—1.   El Estado, en cumplimiento del principio de colaboración y cooperación, así como en garantía del principio de trasparencia, deberá detallar el presupuesto invertido anualmente en los diferentes programas de política de vivienda, a través de los instrumentos de colaboración con las administraciones competentes, diferenciando, al menos, en los siguientes destinos de gasto:

a) Ayudas al alquiler de vivienda dirigidas a las personas arrendatarias.

b) Promoción de vivienda en alquiler social o asequible.

c) Promoción de vivienda sujeta a algún tipo de protección pública.

d) Programas de intermediación en el alquiler.

e) Ayudas a la rehabilitación edificatoria, diferenciando específicamente las que mejoren la eficiencia energética y promuevan la utilización de las energías renovables y la accesibilidad.

f) Programas de regeneración o renovación urbana, especificando la inversión en actuaciones en asentamientos y barrios de alta vulnerabilidad incluyendo programas de realojo.

2. Con periodicidad anual, deberán publicarse los datos indicados en el apartado anterior a través de la sede electrónica prevista en el artículo 38 de la Ley 40/2015, de 1 de octubre, de Régimen Jurídico del Sector Público, indicando específicamente las cuantías que, en estos programas, hayan contribuido a favorecer el acceso a la primera vivienda por parte de jóvenes.

Art. 34. *Caracterización del parque de vivienda. Vivienda des-*

habitada o vacía.—1. El Estado, en cumplimiento del principio de colaboración y cooperación, así como en garantía del de trasparencia en la forma que se instrumente de acuerdo con las administraciones competentes, y sobre la base de sus sistemas de información y gestión, ofrecerán información sobre el uso y destino del parque de viviendas de su ámbito territorial, con indicación, en términos agregados, del número de viviendas o de inmuebles de uso residencial que estén habitados por hogares y constituyan su residencia principal, así como aquellos que se hayan identificado como deshabitados o vacíos dentro de su ámbito territorial, incluyendo también de forma agregada, el número de inmuebles a los que, en su caso, se haya aplicado el recargo fiscal establecido en el artículo 72 del texto refundido de la Ley Reguladora de las Haciendas Locales, aprobado por Real Decreto Legislativo 2/2004, de 5 de marzo.

2. Con periodicidad anual, deberán publicarse los datos indicados en el apartado anterior a través de la sede electrónica prevista en el artículo 38 de la Ley 40/2015, de 1 de octubre, de Régimen Jurídico del Sector Público, especificando las medidas y acciones orientadas a la optimización del uso del parque de vivienda del ámbito territorial.

Art. 35. *Caracterización de la demanda de vivienda.*—1. El Estado, en cumplimiento del principio de colaboración y cooperación, así como en garantía del de trasparencia en la forma que se instrumente de acuerdo con las administraciones competentes, deberá detallar el número de personas y hogares inscritos en los registros de demandantes de vivienda habilitados para el acceso a los diferentes programas de acceso a la vivienda, diferenciando aquellas personas u hogares que actualmente residen en su ámbito territorial, de aquellos solicitantes que residen en otros ámbitos territoriales. Asimismo, se establecerán las principales características socioeconómicas de las personas y hogares demandantes de vivienda a partir de la información obrante en los referidos registros.

2. Con periodicidad anual, deberán publicarse los datos indicados en el apartado anterior a través de la sede electrónica prevista en el artículo 38 de la Ley 40/2015, de 1 de octubre, de Régimen Jurídico del Sector Público, especificando las actuaciones realizadas, en curso y previstas para dar respuesta a la demanda existente.

Art. 36. *Suelo público disponible para vivienda.*—1. El Estado, en cumplimiento del principio de colaboración y cooperación, así como en garantía del de trasparencia en la forma que se instrumente de acuerdo con las administraciones competentes, deberá detallar el suelo disponible de su titularidad y de sus entes adscritos o dependientes, que se encuentre dotado de potencialidad edificatoria residencial en virtud de los instrumentos de ordenación urbanística, incluyendo, al menos, la siguiente información:

a) Número de viviendas, superficie construida y tipología edificatoria.

b) Situación del suelo en términos de urbanización.

c) Situación en términos de clasificación y categorización urbanística, diferenciando entre suelo urbano consolidado, suelo urbano no consolidado, suelo urbanizable delimitado o sectorizado con ordenación pormenorizada y suelo urbanizable delimitado o sectorizado sin ordenación pormenorizada, o categorías equivalentes.

2. Con periodicidad anual, deberán publicarse los datos indicados en el apartado anterior a través de la sede electrónica prevista en el artículo 38 de la Ley 40/2015, de 1 de octubre, de Régimen Jurídico del Sector Público, especificando el suelo integrante del patrimonio público de suelo, obtenido en cumplimiento el deber legal de cesión establecido en la letra *b)* del artículo 18.1

del texto refundido de la Ley de Suelo y Rehabilitación Urbana, aprobado por Real Decreto Legislativo 7/2015, de 30 de octubre.

DISPOSICIONES ADICIONALES

1.ª *Base de datos de contratos de arrendamiento de vivienda y refuerzo de la coordinación en la información sobre contratos de arrendamiento.*—1. Para el desarrollo de lo previsto en esta ley, se conformará una base de datos de contratos de arrendamiento de vivienda, a partir de la información contenida en los actuales registros autonómicos de fianzas de las Comunidades Autónomas, en el Registro de la Propiedad y otras fuentes de información de ámbito estatal, autonómico o local, con el objeto de incrementar la información disponible para el desarrollo del Sistema de índices de referencia del precio del alquiler de vivienda establecido en la disposición adicional segunda del Real Decreto-ley 7/2019, de 1 de marzo, de medidas urgentes en materia de vivienda y alquiler.

2. Se promoverán los mecanismos de colaboración con las Comunidades Autónomas y otros organismos e instituciones, para disponer de la información veraz sobre los contratos de arrendamiento de vivienda vigentes, a través de los datos recogidos en los distintos registros autonómicos y estatales, con el objeto de realizar un adecuado seguimiento del conjunto de medidas incluidas en esta ley y determinar el progreso en el cumplimiento de los objetivos de incrementar la oferta de vivienda en alquiler a precios asequibles.

3. A la entrada en vigor de la ley se iniciará un proceso específico de colaboración entre el Departamento Ministerial competente en materia de vivienda y las Comunidades Autónomas que hayan desarrollado sistemas de referencia del precio del alquiler en sus respectivos ámbitos territoriales para asegurar la colaboración entre sistemas, la atención a las especificidades territoriales que deban tenerse en cuenta, así como el establecimiento de plazos para agilizar su aplicación efectiva.

2.ª *Prioridad de la política de vivienda en la gestión patrimonial del Estado.*—1. La gestión de los bienes patrimoniales deberá coadyuvar al desarrollo y ejecución de las distintas políticas públicas en vigor y, en particular, al de la política de vivienda, en coordinación con las Administraciones competentes.

Para ello, la Comisión de Coordinación financiera de Actuaciones Inmobiliarias y Patrimoniales orientará las actuaciones inmobiliarias públicas al cumplimiento de los objetivos generales de esta política, y específicamente, respecto a aquellas zonas declaradas con arreglo a esta ley de mercado residencial tensionado:

a) Adoptará los acuerdos necesarios que establezcan condiciones específicas en cuanto al destino, tipología, destinatarios u otras especificidades en los diferentes negocios patrimoniales de la Administración General del Estado y sus Organismos Públicos.

b) Analizará el patrimonio de la Administración General del Estado, y de los Organismos Públicos adscritos a ella, con el objeto de identificar posibles oportunidades de suelo u otros inmuebles susceptibles de reutilización para uso residencial.

c) Promover los acuerdos necesarios entre los distintos Departamentos Ministeriales, y específicamente entre el Ministerio de Transportes, Movilidad y Agenda Urbana, competente en materia de política de vivienda, y los Organismos Públicos competentes en la gestión patrimonial de los bienes inmuebles de los Ministerios de Defensa e Interior, al objeto de que puedan encontrarse fórmulas de colaboración que permitan impulsar actuaciones de fomento de la oferta de vivienda asequible.

2. Previamente a la incoación de cualquier expediente de enajenación de inmuebles titularidad del Estado o de sus Organismos Públicos, cuyo suelo esté calificado por el planeamiento como residencial, o como dotacional cuando la normativa admita el uso residencial para alquiler, la Dirección General del Patrimonio del Estado u organismo titular del inmueble solicitará un informe a la Secretaría General de Agenda Urbana y Vivienda del Ministerio de Transportes, Movilidad y Agenda Urbana, a fin de que califique el mercado residencial afectado, indique si la finca está sujeta a algunos de los criterios de gestión adoptados por la Comisión de Coordinación financiera de Actuaciones Inmobiliarias y Patrimoniales conforme a lo dispuesto en el apartado anterior o, en su caso, proponga, en la forma prevista en el artículo 92.3 del Reglamento General de la Ley 33/2003, de 3 de noviembre, del Patrimonio de las Administraciones Públicas, aprobado por el Real Decreto 1373/2009, de 28 de agosto, que la enajenación se efectúe mediante concurso.

Este informe no será necesario cuando la enajenación tenga por objeto viviendas y vaya a realizarse por adjudicación directa a sus ocupantes en los casos permitidos por la ley, o cuando se trate de la enajenación de cuotas proindivisas en solares de uso residencial o viviendas ya construidas.

3.ª *Revisión de los criterios para la identificación de zonas de mercado residencial tensionado.*—Las circunstancias establecidas en el artículo 18.3 para la identificación de zonas de mercado residencial tensionado serán objeto de revisión a los tres años desde la entrada en vigor de la ley, para adecuarlos a la realidad y evolución del mercado residencial, sobre la base de la cooperación con las Administraciones competentes en materia de vivienda.

4.ª *Aplicación de los recursos de los planes estatales en materia de vivienda en los trámites de intermediación y conciliación.*—En el desarrollo de los trámites de intermediación y conciliación previos a la presentación de la demanda, así como en la atención a las personas y hogares sujetos a vulnerabilidad en los procedimientos recogidos en los artículos 439, 655 bis y 685 de la Ley 1/2000, de 7 de enero, de Enjuiciamiento Civil, podrán aplicarse por parte de las Comunidades Autónomas, Ceuta y Melilla los recursos de los planes estatales en materia de vivienda para cubrir los costes del proceso así como las compensaciones que puedan acordarse a solicitud de los propietarios de los inmuebles afectados, o por decisión de la administración competente en materia de vivienda, en los términos establecidos en la legislación y normativa autonómica de aplicación, con la finalidad de garantizar una vivienda digna y adecuada.

5.ª *Grupo de trabajo para la regulación de los contratos de arrendamiento de uso distinto del de vivienda.*—En el plazo de seis meses desde la entrada en vigor de la ley se constituirá un grupo de trabajo para avanzar en una propuesta normativa de regulación de los contratos de arrendamiento de uso distinto del de vivienda a que se refiere el artículo 3 de la Ley 29/1994, de 24 de noviembre, de Arrendamientos Urbanos, y, en particular, de los contratos de arrendamiento celebrados por temporada sobre fincas urbanas de uso vivienda.

6.ª *Los administradores de fincas.*—1.   A los efectos de la presente ley y de las actividades que regula, son administradores de fincas las personas físicas que se dedican de forma habitual y retribuida a prestar servicios de administración y asesoramiento a los titulares de bienes inmuebles y a las comunidades de propietarios de viviendas.

2. Los administradores de fincas, para ejercer su actividad, deben tener la capacitación profesional requerida y deben cumplir las condiciones legales y reglamentarias que les sean exigibles.

3. Los administradores de fincas, en el desarrollo de su actividad profesional, deben actuar con eficacia, diligencia, respon-sabilidad e independencia profesionales, con sujeción a la legalidad vigente y a los códigos éticos establecidos en el sector, con especial consideración hacia la protección de los derechos de los consumidores establecidos por las Comunidades Autónomas y en esta ley.

4. Para garantizar los derechos de los consumidores, los administradores de fincas deben suscribir un seguro de responsabilidad civil, pudiendo hacerlo directa o colectivamente.

DISPOSICIONES TRANSITORIAS

1.ª *Viviendas calificadas con algún régimen de protección pública con anterioridad a la entrada en vigor de la ley.*—Las viviendas que, a la entrada en vigor de esta ley, estuvieran calificadas definitivamente con algún régimen de protección pública, se regirán por lo dispuesto en dicho régimen, de conformidad con lo establecido en la legislación y normativa de aplicación.

Las viviendas que formen parte de un parque público de vivienda se regirán por lo dispuesto en esta ley y en las disposiciones que lo regulen en la legislación en materia de vivienda, urbanismo y ordenación del territorio.

2.ª *Objetivos en relación con el parque de vivienda destinado a políticas sociales.*—1. En relación con el establecimiento de los objetivos a los que se refiere el artículo 27, transcurrido un año desde la entrada en vigor de esta ley sin que las Administraciones territoriales competentes hayan establecido marcos temporales y metas específicas, se establece como referencia general el compromiso de alcanzar, en el plazo de 20 años, un parque mínimo de viviendas destinadas a políticas sociales del 20 por 100 respecto al total de hogares que residen en aquellos municipios en los que se hayan declarado zonas de mercado residencial tensionado.

2. Con objeto de asegurar el cumplimiento de los objetivos de incremento del parque de viviendas destinadas a políticas sociales a los que se refiere el apartado anterior y evaluar la adecuada financiación de las actuaciones señaladas en la letra c) del artículo 27.2, las Administraciones territoriales competentes, de conformidad con lo previsto en su normativa reguladora, deberán determinar con carácter anual las cantidades invertidas y el grado de avance en la consecución de los referidos objetivos.

3.ª *Procedimientos suspendidos en virtud de los artículos 1 y 1 bis del Real Decreto-ley 11/2020, de 31 de marzo, por el que se adoptan medidas urgentes complementarias en el ámbito social y económico para hacer frente al COVID-19.*—Tras la entrada en vigor de esta ley, y a partir del 31 de diciembre del 2024, los procedimientos de desahucio y los lanzamientos indicados en los artículos 1 y 1 bis del Real Decreto-ley 11/2020, de 31 de marzo, por el que se adoptan medidas urgentes complementarias en el ámbito social y económico para hacer frente al COVID-19, que se encuentren suspendidos por aplicación de dichos preceptos, cuando la parte actora sea una gran tenedora de vivienda en los términos previstos por el artículo 3.k) de esta ley, sólo se reanudarán a petición expresa de la misma si la parte actora acredita que se ha sometido al procedimiento de conciliación o intermediación que a tal efecto establezcan las Administraciones Públicas, en base al análisis de las circunstancias de ambas partes y de las posibles ayudas y subvenciones existentes conforme a la legislación y normativa autonómica en materia de vivienda.

El requisito anterior podrá acreditarse mediante alguna de las siguientes formas:

1.º La declaración responsable emitida por la parte actora de que ha acudido a los servicios indicados anteriormente, en un plazo máximo de cinco meses de antelación a la presentación de la solicitud de reanudación del trámite o alzamiento de la suspensión, sin que hubiera sido atendida o se hubieran iniciado los trámites correspondientes en el

---

Disp. trans. 3.ª: Se modificó la referencia al 30 de junio de 2023 por la referencia al 31 de diciembre de 2023, según establece la Disp. Adic. 5.ª del Real Decreto-ley 5/2023, de 28 de junio (*BOE* n.º 154, de 29 de junio). Posteriormente, el art. 88 del Real Decreto-ley 8/2023, de 27 de diciembre, por el que se adoptan medidas para afrontar las consecuencias económicas y sociales derivadas de los conflictos en Ucrania y Oriente Próximo, así como para paliar los efectos de la sequía (*BOE* n.º 310, de 28 de diciembre 2023) amplió el plazo de la suspensión hasta el 31 de diciembre de 2024.

plazo de dos meses desde que presentó su solicitud, junto con justificante acreditativo de la misma.

2.º El documento acreditativo de los servicios competentes que indique el resultado del procedimiento de conciliación o intermediación, en el que se hará constar la identidad de las partes, el objeto de la controversia y si alguna de las partes ha rehusado participar en el procedimiento, en su caso. Este documento no podrá tener una vigencia superior a tres meses.

En el caso de que la parte ejecutante sea una entidad pública de vivienda el requisito anterior se podrá sustituir, en su caso, por la previa concurrencia de la acción de los servicios específicos de intermediación de la propia entidad, que se acreditará en los términos del apartado anterior.

4.ª *Régimen de los contratos de arrendamiento celebrados con anterioridad a la entrada en vigor de esta ley.*—1. Los contratos de arrendamiento sometidos a la Ley 29/ 1994, de 24 de noviembre, de Arrendamientos Urbanos, celebrados con anterioridad a la entrada en vigor de esta ley, continuarán rigiéndose por lo establecido en el régimen jurídico que les era de aplicación.

2. Sin perjuicio de lo dispuesto en el apartado anterior, cuando las partes lo acuerden y no resulte contrario a las previsiones legales, los contratos preexistentes podrán adaptarse al régimen jurídico establecido en esta ley.

3. Con independencia de lo previsto en los apartados anteriores, la regulación introducida en esta ley no afectará a las diferentes medidas de aplicación extraordinaria a los contratos vigentes de arrendamiento de vivienda y, en particular, la recogida en el artículo 46 del Real Decreto-ley 6/2022, de 29 de marzo, por el que se adoptan medidas urgentes en el marco del Plan Nacional de respuesta a las consecuencias económicas y sociales de la guerra en Ucrania, que resultarán de aplicación en los términos en los que se encuentren reguladas.

DISPOSICIÓN DEROGATORIA

Única.— Quedan derogadas a la entrada en vigor de esta ley cuantas disposiciones de igual o inferior rango se opongan a lo dispuesto en esta ley.

DISPOSICIONES FINALES

1.ª *Medidas de contención de precios en la regulación de los contratos de arrendamiento de vivienda.*—[...]

2.ª *Incentivos fiscales aplicables en el Impuesto sobre la Renta de las Personas Físicas a los arrendamientos de inmuebles destinados a vivienda.*—[...]

3.ª *Modulación del recargo a los inmuebles de uso residencial desocupados con carácter permanente en el Impuesto sobre Bienes Inmuebles.*—[...]

5.ª *Modificación de la Ley 1/2000, de 7 de enero, de Enjuiciamiento Civil.*—[...]

6.ª *Limitación extraordinaria de la actualización anual de la renta de los contratos de arrendamiento de vivienda.*—[…]

7.ª *Entrada en vigor.*—La presente ley entrará en vigor el día siguiente al de su publicación en el *Boletín Oficial del Estado*, excepto la disposición final segunda, que entrará en vigor el 1 de enero del año siguiente al de su publicación en el *Boletín Oficial del Estado*.

Disp. Final 1.ª: Se omite el texto de esta modificación, ya que los cambios introducidos figuran ya incorporados en el texto de dicha norma (§ 1).
Disp. Final 2.ª: Se omite el texto de esta modificación, ya que los cambios introducidos figuran ya incorporados en el texto de dicha norma (§ 10).
Disp. Final 3.ª: Se omite el texto de esta modificación, ya que los cambios introducidos figuran ya incorporados en el texto de dicha norma (§ 9).
Disp. Final 5.ª: Se omite el texto de esta modificación, ya que los cambios introducidos figuran ya incorporados en el texto de dicha norma (§ 8).
Disp. Final 6.ª: Se omite el texto de esta modificación, ya que los cambios introducidos figuran ya incorporados en el texto de dicha norma (§ 15).

§ 17. ACTUALIZACIÓN DE RENTAS DE ALQUILER POR ANUALIDADES COMPLETAS CON EL IPC (LEY DE ARRENDAMIENTOS URBANOS)*

Instituto Nacional de Estadística

https://www.ine.es/ss/Satellite?c=Page&cid=1254735905720&page name=ProductosYServicios%2FPYSLayout&L=0 &p=125473589333

En enero de 2002 se renovó la metodología del Índice de Precios de Consumo (IPC) y se introdujo un nuevo sistema de cálculo, que es el que está actualmente en vigor. Debido a este cambio en el sistema de cálculo, para la actualización de rentas de alquiler por anualidades completas debe realizarse siguiendo alguno de los siguientes procedimientos:

A. Con el programa de cálculo ¿Quiere actualizar una renta?

El programa «¿Quiere actualizar una renta?» [http://www.ine.es/calcula/] es la opción más sencilla; sólo tiene que introducir los períodos inicial y final para los cuales precisa actualizar su renta.

B. Calculando la actualización a partir de las tasas de variación

El programa «¿Cuánto ha variado el IPC desde…?» [http://www.ine.es/varipc/index.do] le proporciona el incremento que debería aplicar a la renta que desee actualizar entre los períodos considerados.

---

* Actualizado el 18 de mayo de 2024.

C. Realizar directamente los cálculos utilizando los índices

Para realizar directamente los cálculos debe seguir las recomenda-ciones que se indican a continuación, que serán diferentes según cuá-les sean los períodos entre los que se vaya a actualizar la renta de alqui-ler. En este caso, es preciso tener en cuenta que el resultado puede diferir en algunos decimales, debido al redondeo ya que, por motivos prácticos, el INE publica los datos de índices redondeados a tres deci-males, pero calcula las variaciones utilizando índices con mayor núme-ro de decimales.

1. *Actualización de rentas de alquiler con el IPC entre dos meses posteriores a enero de 2002*

$$\text{Renta actualizada} = \text{Renta inicial} \times \frac{\text{IPC mes final}}{\text{IPC mes inicial}}$$

NOTA: El cociente de índices se deberá redondear a tres decimales antes de multiplicarlo por la renta inicial

Ejemplo: Se quiere actualizar una renta con el IPC entre agosto de 2002 y agosto de 2003.

— Renta antes de actualizar = 400 euros
— IPC de agosto de 2002 (ver tabla 1): 71,085
— IPC de agosto de 2003 (ver tabla 1): 73,213

Cociente de índices (con tres decimales): 73,213 / 71,085 =1,030
Renta actualizada = 400 € × (73,213 / 71,085) = 400 € × 1,030 = 412 €

2. *Actualización de rentas de alquiler con el IPC entre un mes ante-rior a enero de 2002 y otro posterior*

$$\text{Renta actualizada} = \text{Renta inicial} \times \frac{\text{Índice LAU mes final}}{\text{IPC mes inicial}}$$

NOTA: El cociente de índices se deberá redondear a tres decimales antes de multiplicarlo por la renta inicial.

El índice LAU (tabla 3) de cada mes se obtiene multiplicando el índice general del mes, en base 2016 (tabla 1) por el coeficiente LAU (tabla 2) de ese mismo mes.

Ejemplo: Se quiere actualizar una renta con el IPC entre enero de 2001 y enero de 2002.

— Renta antes de actualizar = 400 euros
— IPC de enero de 2001 (ver tabla 4): 133,413
— Índice LAU de enero de 2002 (ver tabla 3) = 137,484

Cociente de índices (con tres decimales): 137,484 / 133,413 = 1,031

Renta actualizada = 400 € × (137,484/133,413) = 400 € × 1,031 = 412,40 €

NOTA: Los índices de la tabla 1 y los coeficientes de la tabla 2 están redondeados a tres y seis decimales respectivamente. Para la obtención del índice LAU se utilizan dichos datos con mayor número de decimales.

3. *Actualización de rentas de alquiler con el IPC entre dos meses anteriores a enero de 2002*

$$\text{Renta actualizada} = \text{Renta inicial} \times \frac{\text{IPC mes final}}{\text{IPC mes inicial}}$$

NOTA: El cociente de índices se deberá redondear a tres decimales antes de multiplicarlo por la renta inicial.

Ejemplo: Se quiere actualizar una renta con el IPC entre agosto de 1999 y agosto de 2001.

— Renta antes de actualizar = 400 euros
— IPC de agosto de 1999 (ver tabla 4): 127,312
— IPC de agosto de 2001 (ver tabla 4): 136,745

Cociente de índices (con tres decimales): 136,745 / 127,312 = 1,074

Renta actualizada = 400 € × (136,745 / 127,312) = 400 € × 1,074 = 429,60 €

Tabla 1
IPC base 2016

Año	Enero	Febrero	Marzo	Abril	Mayo	Junio	Julio	Agosto	Sep.	Oct.	Nov.	Dic.
2002	69,530	69,590	70,165	71,118	71,374	71,377	70,882	71,085	71,351	72,058	72,169	72,409
2003	72,111	72,264	72,765	73,357	73,289	73,338	72,878	73,213	73,431	73,926	74,167	74,294
2004	73,773	73,807	74,322	75,340	75,784	75,904	75,328	75,661	75,796	76,575	76,767	76,692
2005	76,046	76,243	76,846	77,953	78,102	78,284	77,805	78,147	78,627	79,266	79,386	79,557
2006	79,234	79,272	79,833	80,959	81,251	81,374	80,890	81,055	80,922	81,254	81,455	81,678
2007	81,129	81,184	81,800	82,930	83,158	83,311	82,704	82,818	83,090	84,167	84,770	85,125
2008	84,598	84,730	85,482	86,402	86,985	87,486	87,066	86,879	86,861	87,160	86,790	86,345
2009	85,281	85,290	85,430	86,264	86,234	86,614	85,874	86,174	85,971	86,584	87,053	87,031
2010	86,158	86,001	86,639	87,562	87,756	87,913	87,519	87,740	87,801	88,603	89,084	89,631
2011	88,975	89,088	89,754	90,871	90,841	90,713	90,226	90,338	90,559	91,273	91,643	91,762
2012	90,753	90,847	91,458	92,743	92,606	92,433	92,217	92,736	93,649	94,445	94,328	94,394
2013	93,188	93,349	93,678	94,028	94,201	94,340	93,853	94,145	93,969	94,351	94,547	94,632
2014	93,373	93,333	93,541	94,373	94,395	94,421	93,533	93,681	93,824	94,261	94,195	93,646
2015	92,141	92,331	92,920	93,774	94,222	94,474	93,597	93,286	92,999	93,595	93,937	93,663
2016	91,876	91,552	92,139	92,785	93,292	93,723	93,041	93,161	93,165	94,230	94,572	95,132
2017	94,609	94,269	94,249	95,154	95,097	95,138	94,482	94,670	94,835	95,710	96,147	96,190
2018	95,153	95,281	95,393	96,181	97,048	97,302	96,604	96,742	96,978	97,875	97,768	97,329
2019	96,085	96,320	96,669	97,644	97,834	97,719	97,113	97,059	97,059	98,001	98,167	98,096
2020	97,139	97,024	96,652	96,944	96,938	97,385	96,511	96,555	96,700	97,208	97,367	97,574
2021	97,583	97,008	97,949	99,105	99,572	100,046	99,292	99,743	100,575	102,425	102,738	103,965
2022	103,567	104,403	107,566	107,375	108,262	110,267	109,986	110,265	109,498	109,866	109,734	109,899
2023	109,668	110,703	111,111	111,772	111,718	112,354	112,544	113,149	113,248	113,676	113,280	113,308
2024	113,404	113,807	114,674	115,472								

TABLA 2
Coeficientes LAU. IPC base 2016

Enero	Febrero	Marzo	Abril	Mayo	Junio	Julio	Agosto	Sep.	Oct.	Nov.	Dic.
1,977332	1,983464	1,975933	1,968810	1,968878	1,971159	1,990145	1,993687	1,983476	1,971022	1,965383	1,967373

TABLA 3
Índices LAU

Año	Enero	Febrero	Marzo	Abril	Mayo	Junio	Julio	Agosto	Sep.	Oct.	Nov.	Dic.
2002	137,484	138,030	138,642	140,018	140,526	140,696	141,065	141,721	141,523	142,027	141,841	142,455
2003	142,587	143,333	143,779	144,427	144,298	144,560	145,039	145,963	145,648	145,710	145,767	146,165
2004	145,874	146,393	146,856	148,329	149,210	149,619	149,914	150,845	150,341	150,932	150,876	150,882
2005	150,367	151,225	151,842	153,474	153,773	154,310	154,844	155,800	155,954	156,236	156,025	156,518
2006	156,671	157,233	157,745	159,394	159,973	160,401	160,982	161,598	160,506	160,153	160,090	160,691
2007	160,419	161,026	161,631	163,273	163,728	164,218	164,594	165,113	164,807	165,895	166,605	167,473
2008	167,279	168,059	168,906	170,110	171,263	172,449	173,274	173,210	172,287	171,794	170,576	169,872
2009	168,628	169,170	168,804	169,838	169,785	170,729	170,902	171,805	170,521	170,659	171,093	171,222
2010	170,363	170,580	171,192	172,392	172,782	173,291	174,176	174,926	174,150	174,638	175,083	176,338
2011	175,933	176,704	177,348	178,908	178,855	178,810	179,562	180,106	179,621	179,900	180,114	180,530
2012	179,448	180,192	180,715	182,593	182,329	182,200	183,525	184,888	185,750	186,153	185,390	185,708
2013	184,263	185,155	185,101	185,124	185,470	185,959	186,781	187,695	186,386	185,967	185,822	186,177
2014	184,630	185,122	184,830	185,803	185,852	186,120	186,145	186,770	186,097	185,791	185,130	184,237
2015	182,194	183,135	183,604	184,624	185,513	186,224	186,272	185,983	184,462	184,477	184,623	184,269
2016	181,669	181,590	182,060	182,676	183,680	184,744	185,166	185,733	184,791	185,730	185,869	187,160
2017	187,074	186,978	186,229	187,341	187,234	187,532	188,032	188,742	188,102	188,646	188,965	189,242
2018	188,149	188,987	188,491	189,363	191,076	191,798	192,256	192,874	192,354	192,913	192,151	191,482

TABLA 3
Índices LAU

Año	Enero	Febrero	Marzo	Abril	Mayo	Junio	Julio	Agosto	Sep.	Oct.	Nov.	Dic.
2019	189,992	191,047	191,012	192,242	192,623	192,620	193,270	193,506	192,515	193,162	192,935	192,991
2020	192,076	192,444	190,977	190,864	190,860	191,962	192,071	192,501	191,803	191,598	191,364	191,964
2021	192,954	192,412	193,541	195,119	196,045	197,206	197,605	198,857	199,487	201,881	201,920	204,538
2022	204,786	207,080	212,543	211,401	213,155	217,353	218,888	219,834	217,188	216,549	215,669	216,213
2023	216,851	219,575	219,547	220,059	219,960	221,468	223,980	225,583	224,823	224,059	222,638	222,920
2024	224,238	225,733	226,588									

TABLA 4
Índice General Nacional. Sistema IPC - Base 1992

Año	Enero	Febrero	Marzo	Abril	Mayo	Junio	Julio	Agosto	Sep.	Oct.	Nov.	Dic.
1954			3,282	3,289	3,289	3,277	3,280	3,267	3,269	3,286	3,314	3,344
1955	3,365	3,376	3,389	3,408	3,410	3,401	3,401	3,408	3,431	3,459	3,474	3,485
1956	3,489	3,532	3,566	3,604	3,621	3,609	3,598	3,604	3,630	3,662	3,713	3,779
1957	3,848	3,869	3,889	3,906	3,916	3,906	3,967	4,023	4,080	4,166	4,234	4,279
1958	4,309	4,313	4,397	4,491	4,520	4,514	4,544	4,574	4,646	4,689	4,732	4,787
1959	4,794	4,817	4,843	4,873	4,888	4,860	4,860	4,868	4,894	4,909	4,926	4,969
1960	4,930	4,926	4,920	4,924	4,909	4,905	4,903	4,913	4,943	4,956	4,962	4,999
1961	5,020	4,979	4,957	4,970	4,957	4,930	4,930	4,938	4,942	4,961	5,038	5,047
1962	5,038	5,061	5,105	5,177	5,243	5,270	5,270	5,257	5,289	5,340	5,477	5,547
1963	5,560	5,604	5,713	5,709	5,741	5,635	5,695	5,754	5,741	5,757	5,829	5,851
1964	5,842	5,846	5,864	5,886	5,901	5,980	6,109	6,205	6,266	6,369	6,516	6,592

TABLA 4

Índice General Nacional. Sistema IPC - Base 1992

Año	Enero	Febrero	Marzo	Abril	Mayo	Junio	Julio	Agosto	Sep.	Oct.	Nov.	Dic.
1965	6,657	6,771	6,824	6,874	6,902	6,871	6,880	6,915	6,981	7,018	7,169	7,210
1966	7,197	7,191	7,191	7,260	7,366	7,380	7,376	7,389	7,366	7,411	7,540	7,589
1967	7,593	7,652	7,684	7,791	7,818	7,750	7,755	7,868	7,890	7,922	8,087	8,087
1968	8,110	8,110	8,193	8,265	8,238	8,261	8,193	8,198	8,185	8,211	8,265	8,320
1969	8,301	8,251	8,301	8,399	8,399	8,301	8,366	8,392	8,408	8,440	8,515	8,605
1970	8,646	8,613	8,679	8,727	8,670	8,703	8,867	9,007	9,048	9,138	9,162	9,188
1971	9,285	9,278	9,376	9,475	9,533	9,573	9,573	9,590	9,704	9,811	9,944	10,074
1972	10,082	10,074	10,172	10,172	10,222	10,246	10,386	10,493	10,641	10,714	10,731	10,814
1973	10,895	10,912	11,002	11,158	11,322	11,494	11,617	11,808	12,012	12,202	12,217	12,350
1974	12,423	12,465	12,736	13,015	13,179	13,236	13,393	13,614	13,828	13,975	14,361	14,558
1975	14,762	14,903	15,000	15,264	15,452	15,494	15,740	15,987	16,241	16,241	16,347	16,610
1976	16,807	16,997	17,391	17,743	18,556	18,442	18,556	18,713	19,065	19,329	19,690	19,894
1977	20,542	20,849	21,348	21,736	21,926	22,539	23,278	24,033	24,368	24,747	24,947	25,144
1978	25,545	25,796	26,127	26,677	26,944	27,216	27,806	28,291	28,524	28,785	28,911	29,303
1979	29,806	30,037	30,349	30,807	31,167	31,442	32,121	32,437	32,864	33,305	33,385	33,872
1980	34,804	35,115	35,304	35,645	35,892	36,449	36,964	37,397	37,795	38,098	38,487	39,025
1981	39,818	40,020	40,817	41,223	41,415	41,451	42,263	42,778	43,118	43,603	43,981	44,647
1982	45,572	45,927	46,378	46,988	47,668	48,126	48,744	49,082	49,139	49,631	49,793	50,901
1983	51,761	52,021	52,337	53,056	53,276	53,588	53,779	54,501	54,937	55,682	56,249	57,122
1984	58,007	58,227	58,696	58,973	59,292	59,712	60,629	61,050	61,174	61,543	61,859	62,278

TABLA 4

Índice General Nacional. Sistema IPC - Base 1992

Año	Enero	Febrero	Marzo	Abril	Mayo	Junio	Julio	Agosto	Sep.	Oct.	Nov.	Dic.
1985	63,438	63,898	64,296	64,959	65,163	65,052	65,422	65,520	66,239	66,580	67,093	67,371
1986	69,308	69,617	69,852	70,022	70,217	70,862	71,570	71,773	72,516	72,787	72,620	72,930
1987	73,489	73,802	74,231	74,399	74,307	74,325	75,078	75,045	75,737	76,187	76,012	76,284
1988	76,768	76,978	77,536	77,266	77,262	77,562	78,586	79,363	80,060	80,150	80,105	80,742
1989	81,680	81,738	82,260	82,481	82,598	83,048	84,396	84,590	85,485	85,830	85,969	86,304
1990	87,144	87,697	88,018	88,218	88,211	88,483	89,672	90,065	91,013	91,821	91,729	91,955
1991	93,025	92,895	93,197	93,399	93,664	93,934	95,100	95,453	96,233	96,838	96,985	97,038
1992	98,576	99,233	99,502	99,485	99,745	99,726	100,050	100,962	101,921	101,856	101,921	102,227
1993	103,185	103,218	103,581	104,035	104,322	104,581	104,955	105,583	106,180	106,576	106,755	107,262
1994	108,346	108,385	108,743	109,171	109,394	109,512	109,941	110,651	110,988	111,229	111,422	111,914
1995	113,074	113,628	114,290	114,896	114,942	115,051	115,069	115,394	115,848	116,064	116,372	116,748
1996	117,462	117,782	118,200	118,871	119,281	119,181	119,340	119,678	119,970	120,134	120,141	120,497
1997	120,847	120,765	120,825	120,869	121,045	121,041	121,263	121,798	122,401	122,356	122,599	122,925
1998	123,215	122,927	122,984	123,289	123,450	123,530	123,986	124,318	124,410	124,421	124,309	124,653
1999	125,111	125,185	125,737	126,202	126,198	126,225	126,772	127,312	127,557	127,509	127,714	128,290
2000	128,712	128,894	129,405	129,943	130,159	130,553	131,346	131,897	132,238	132,576	132,906	133,366
2001	133,413	133,851	134,415	135,113	135,624	136,081	136,415	136,745	136,726	136,585	136,483	136,978

NOTA: Los datos anteriores a 1961 corresponden al Índice Nacional Urbano.
Estos datos tienen carácter oficial a los efectos regulados por la Ley 29/1994, de 24 de noviembre, de Arrendamientos Urbanos.

§ 18. MODELO DE CONTRATO DE ARRENDAMIENTO DE VIVIENDA

REUNIDOS

De una parte:
D./D.ª ...., mayor de edad, de nacionalidad ...., con DNI n.º ...., con domicilio en .... y cuya fotocopia del mismo queda incorporado como Anexo al final de este contrato.

Y de otra:
D./D.ª ...., con DNI n.º ...., con domicilio en .... y cuya fotocopia del mismo queda incorporado como Anexo al final de este contrato.

INTERVIENEN

Don .... en su propio nombre y representación. En adelante se le denominará también como ARRENDADOR.

Don .... en su propio nombre y representación. En adelante se le denominará también como ARRENDATARIO.

Ambas partes, en la calidad con la que actúan, se reconocen recíprocamente capacidad jurídica para contratar y obligarse y en especial para el otorgamiento del presente CONTRATO DE ARRENDAMIENTO DE VIVIENDA, del que resultan los siguientes

ANTECEDENTES

1.º   Que el ARRENDADOR es propietario de la vivienda sita en ...., calle ...., n.º ....

Ref. catastral: ....
N.º de Cédula de Habitabilidad: .... Se adjunta fotocopia de la misma como Anexo al final del presente contrato.
Certificado de Eficiencia Energética: .... Se adjunta fotocopia del certificado como Anexo al final del presente contrato.

2.º   Que el ARRENDATARIO está interesado en el alquiler de la vivienda descrita en el antecedente 1.º, para su uso personal y vivienda habitual.

3.º   Y para formalizar lo que sobre el particular tienen convenido otorgan el presente contrato con sujeción a los siguientes

PACTOS

PRIMERO.   *Regulación.*—El presente contrato se otorga conforme a lo establecido en la Ley 29/1994, de 24 de noviembre, de Arrendamientos Urbanos, y por lo pactado en el presente contrato.
Con carácter supletorio es de aplicación lo dispuesto al efecto por el Código Civil*.

SEGUNDO.   *Objeto.*—El objeto del arriendo del presente contrato lo constituye el piso-vivienda sita en ...., vacío de muebles, y se destina exclusivamente a vivienda del ARRENDATARIO y para la permanente ocupación de él. Se adjuntan fotografías de la vivienda a los efectos de dejar constancia del estado del inmueble en el momento del arriendo, como Anexo al presente contrato.
Si entrare a convivir con el ARRENDATARIO una tercera persona ajena del ámbito familiar directo en primer grado, lo deberá comunicar por escrito a la propiedad.

---

* Vid. § 2.

TERCERO. *Duración.*—El plazo de duración del presente contrato se establece por un período de un año. Llegado el vencimiento del contrato, éste se prorrogará obligatoriamente por plazos anuales hasta que el arrendamiento alcance una duración mínima de cinco años, salvo que el ARRENDATARIO manifieste al ARRENDADOR, con treinta días de antelación como mínimo a la fecha de terminación del contrato o de cualquiera de las prórrogas, su voluntad de no renovarlo.

El período de tiempo mínimo de arrendamiento se establece en seis meses. En caso de desistimiento del contrato por parte del ARRENDATARIO antes de que se hubiera cumplido un año, dará lugar a una indemnización equivalente a la parte proporcional de la renta de un mes con relación a los meses que falten por cumplir de un año.

CUARTO. *Prórroga.*—Llegado el plazo máximo de cinco años pactados, sin denuncia del ARRENDADOR o ARRENDATARIO con un plazo mínimo de treinta días, el contrato se prorrogará por plazos anuales.

Las partes con treinta días de antelación a la fecha de finalización de cada prórroga podrán denunciar la terminación del contrato notificando de forma fehaciente y por escrito a la otra parte el desistimiento del mismo. El incumplimiento de dicho plazo se sancionará con la no devolución de un mes de fianza. El período de tiempo mínimo de arrendamiento se establece en un año.

Además, si la vivienda arrendada estuviera afectada por una declaración de zona de mercado residencial tensionado, en los términos de la Ley 12/2023, de 24 de mayo, del derecho a la vivienda, podrá el arrendatario prorrogar igualmente su contrato en los términos indicados en el artículo 10 LAU.

QUINTO. *Renta y actualización.*—La renta inicial pactada es de [CANTIDAD EN LETRA] (cantidad en NÚMEROS dígitos) EUROS MENSUALES durante el primer año de vigencia del contrato. Los gastos de comunidad están incluidos en la renta. Además, las partes contratantes convienen en que la renta total que en cada momento satisfaga el ARRENDATARIO se incrementará cada año en la fecha que se cumpla cada año de vigencia del contrato, y en caso de prórroga por tácita reconducción y al término de cada una de ellas, mediante la aplicación íntegra del Índice de Garantía de Competitividad (IGC) fijado por el Instituto Nacional de Estadística u organismo que lo sustituya. La revisión se efectuará por años naturales, por referencia a la variación anual del IGC a fecha de cada actualización, tomando como mes de referencia para la actualización el que corresponda al último índice que estuviera publicado en la fecha de actualización del contrato.

El ARRENDADOR deberá comunicar al ARRENDATARIO la actualización de la renta anual conforme al IGC.

SEXTO.   *Forma de pago.*—El pago de la renta se verificará por adelantado, dentro de los siete primeros días de cada mes, mediante recibo domiciliado con cargo en la cuenta corriente del Banco o entidad financiera que señale el ARRENDATARIO al efecto, y quedando en éste caso el ARRENDADOR eximido de la obligación de entregar recibo al ARRENDATARIO.

Serán por cuenta exclusiva del ARRENDATARIO los costes, gastos y comisiones bancarias producidas como consecuencia, si fuere el caso, de impago(s) de la(s) correspondiente(s) mensualidad(es), así como el interés de demora equivalente en cada momento al legalmente establecido. En este sentido el ARRENDATARIO hace constar que la cuenta corriente a que hace referencia el primer párrafo del presente pacto es la siguiente: ....

SÉPTIMO.   *Impuestos.*—El pago del Impuesto de Bienes Inmuebles se halla incluido en la renta reflejada en el pacto quinto. No obstante los aumentos que se produzcan en dicho impuesto o en el impuesto o impuestos que lo sustituyan, y a los aumentos que se produzcan en cualquier otro impuesto, arbitrio o tasa del Estado, Comunidad Autónoma, Provincia o Municipio sobre la finca, serán repercutidos al ARRENDATARIO en la proporción que se aumenten.

OCTAVO.   *Obligaciones del ARRENDATARIO.*—El ARRENDATARIO, en su calidad de inquilino de la vivienda arrendada, asume expresamente las siguientes obligaciones:

— Pagar la renta, aumentos e incrementos legales, por adelantado dentro de los tres primeros días de cada mes, mediante domiciliación bancaria.

— Destinar el inmueble arrendado a la vivienda habitual y permanente del ARRENDATARIO y sus familiares, y comunicar por escrito al ARRENDADOR si entrare a convivir con el ARRENDATARIO una tercera persona ajena del ámbito familiar directo.

— Comunicar al ARRENDADOR o al Administrador de Fincas, en el plazo de veinticuatro horas, cualquier incidencia o desperfecto hallado en el interior de la vivienda.

— Observar en todo momento las disposiciones legales vigentes.

— Permitir el acceso en la vivienda al ARRENDADOR, su Administrador, y a los operarios o industriales mandados por cualquiera de ambos, para la realización, inspección y comprobación de cualquier clase de obras o reparaciones que afecten al inmueble.

— Cumplir en todo momento las Normas Estatutarias Reglamentarias y los acuerdos que la Comunidad de Propietarios tenga establecidos o establezcan, en orden a la utilización de los servicios, elementos comunes y buen régimen de convivencia. A estos efectos no se permite [o sí] la entrada de animales en el inmueble.

— Sufragar las pequeñas reparaciones que exija el desgaste por el uso ordinario de la vivienda, así como las del deterioro que sea imputable al ARRENDATARIO.

NOVENO. *Obligaciones del ARRENDADOR.*—El ARRENDADOR está obligado a:

— La devolución de la fianza al arrendatario, según lo estipulado en el pacto decimocuarto.

— Comunicar al ARRENDATARIO la actualización de la renta anual conforme al IPC, acompañando Certificación del Instituto Nacional de Estadística acreditativa de la variación del citado Índice.

— La reparación y/o sustitución de los servicios comunes que dejaren de funcionar.

DÉCIMO. *Causas de terminación del arriendo.*—Serán causas de terminación del presente contrato de arrendamiento de vivienda, además de las legalmente establecidas y de las previstas en este contrato, las que expresamente se mencionan a continuación:

— La falta de pago de una mensualidad, así como de las cantidades que, según contrato, corresponda satisfacer al ARRENDATARIO.

— La falta de pago del importe de la fianza o de su actualización.

— Cuando la vivienda arrendada no se destine al uso establecido en el objeto de este contrato, y que es el de vivienda habitual y permanente del ARRENDATARIO.

— El incumplimiento por ambas partes de las obligaciones que se asumen en este contrato, de acuerdo con lo dispuesto en el artículo 1.124

del Código Civil*, y en especial el incumplimiento por parte del ARRENDATARIO de cualquiera de las obligaciones asumidas en el pacto octavo del presente contrato.

— La realización de daños causados dolosamente en la vivienda o de obras no consentidas por el ARRENDADOR cuando el consentimiento de éste sea necesario.

— Cuando en la vivienda tengan lugar actividades molestas, insalubres, nocivas, peligrosas o ilícitas.

— La necesidad del ARRENDADOR de ocupar la vivienda arrendada, a partir del primer año de celebración del contrato, para destinarla a vivienda permanente para sí o sus familiares en primer grado de consanguinidad o por adopción, o para su cónyuge en los supuestos de sentencia firme de separación, divorcio o nulidad matrimonial (art. 9.º3 de la Ley Arrendamientos Urbanos). Dicha comunicación deberá hacerse con al menos dos meses de antelación a la fecha en la que la vivienda se vaya a necesitar y el ARRENDATARIO estará obligado a entregar la finca arrendada en dicho plazo si las partes no llegan a un acuerdo distinto.

— El incumplimiento por parte del ARRENDATARIO de la realización de las obras en los términos y condiciones pactadas, en caso de haberse pactado entre las partes el reemplazo total o parcial de la obligación del pago de la renta por el compromiso del ARRENDATARIO de reformar o rehabilitar el inmueble. A este respecto será de aplicación lo dispuesto en el artículo 23.2 de la Ley Arrendamientos Urbanos.

UNDÉCIMO.   *Obras.*—El ARRENDATARIO no podrá practicar obras de clase alguna en la vivienda sin previo permiso concedido por escrito por el ARRENDADOR.

En todo caso, las obras así autorizadas serán de cargo y cuenta del ARRENDATARIO y quedarán en beneficio de la finca, sin derecho a indemnización o reclamación en momento alguno. El permiso municipal será también de cuenta y cargo del ARRENDATARIO, así como la dirección técnica o facultativa en su caso, obligándose a reponer los daños causados y a reponer a su costa el estado original de la vivienda. Queda expresamente prohibido realizar obras en las fachadas exteriores del edificio, variar la pintura o instalar elementos que modifiquen su estado y configuración arquitectónica.

---

* Vid. § 2.

El incumplimiento por parte del ARRENDATARIO de las obligaciones derivadas en este pacto undécimo dará lugar a la resolución del presente contrato de forma inmediata.

DUODÉCIMO. *Conservación.*—El ARRENDATARIO declara conocer las características y estado de conservación de la finca y aceptarlas expresamente, y se obliga a conservar ésta en perfecto estado para el uso al que se destina, compuesta de puertas, cerraduras, cristales, instalaciones de toda clase, y en igual estado, y a plena satisfacción del ARRENDADOR tendrá que devolverlo cuando finalice el contrato. En este sentido son de cuenta y cargo del ARRENDATARIO los gastos ocasionados por los desperfectos que se produzcan, ya sean cristales, cerraduras y demás útiles y utensilios de las instalaciones y su adecuado entretenimiento, como también la conservación, reparación y sustitución de persianas, en caso de existir tales utensilios e instalaciones. Son de cuenta y cargo del ARRENDATARIO los gastos ocasionados por todos los desperfectos que se produzcan en la vivienda arrendada como consecuencia del uso de la misma.

DECIMOTERCERO. *Suministros.*—La adquisición, conservación, reparación o sustitución de los contadores de suministros, así como el importe del consumo, son de cuenta y cargo exclusivo del ARRENDATARIO. El inmueble se alquila en el estado actual de las acometidas generales y ramales o líneas existentes correspondientes al mismo, para los suministros de los que está dotado el inmueble. El ARRENDATARIO podrá concertar con las respectivas compañías suministradoras todos o algunos de los suministros de que está dotado el inmueble, con total indemnidad del ARRENDADOR y del Administrador. Si se hubiere de efectuar alguna modificación, en las instalaciones particulares del inmueble arrendado, su costo será íntegramente a cargo del ARRENDATARIO, en el caso de que le interese y desee continuar con el suministro de que se trata, pero previamente deberá someter al ARRENDADOR, para su aprobación, el informe y proyecto de las variaciones que en cada caso deban realizarse, exigidas por la respectiva compañía suministradora.

Queda exento el ARRENDADOR de toda responsabilidad por la falta de cualquier suministro.

En caso de que el ARRENDATARIO haya dado de baja alguno de los suministros de agua o electricidad, una vez finalizado el contrato, se penalizará con [CANTIDAD EN LETRA] (CANTIDAD EN NÚMEROS DÍGITOS) EUROS.

DECIMOCUARTO.   *Fianza.*—El ARRENDATARIO entrega en este acto, de conformidad con el artículo 36 de la Ley Arrendamientos Urbanos, una mensualidad de la renta en concepto de FIANZA por importe de [CANTIDAD EN LETRA] (CANTIDAD EN NÚMEROS DÍGITOS) EUROS, que responderán del pago de alquiler, de los perjuicios por incumplimiento de las obligaciones contractuales, de la penalización del pacto tercero y/o del total importe de los daños ocasionados en el inmueble hasta donde alcance. La fianza se devolverá al ARRENDATARIO previa comprobación del estado de la vivienda al finalizar el contrato y en ningún caso podrá aplicarse por el ARRENDATARIO a mensualidades de renta no abonadas cuya obligación de pago el mismo ha asumido.

DECIMOQUINTO.   *Prohibición del subarriendo.*—Queda expresamente prohibida la cesión del contrato y/o el subarriendo parcial y/o total de la vivienda arrendada.
El incumplimiento por parte del ARRENDATARIO de esta prohibición dará lugar a la resolución del presente contrato de forma inmediata.

DECIMOSEXTO.   *Renuncia del derecho de adquisición preferente.*—El ARRENDATARIO hace expresa renuncia a los derechos de tanteo y retracto recogidos en el artículo 25 de la Ley Arrendamientos Urbanos. A estos efectos, el ARRENDADOR deberá comunicar al ARRENDATARIO su intención de vender la vivienda con una antelación mínima de treinta días a la fecha de formalización del contrato de compraventa.

DECIMOSÉPTIMO.   *Renuncia a la subrogación.*—De conformidad con el artículo 16.4 de la Ley Arrendamientos Urbanos, no existirá derecho de subrogación en caso de fallecimiento del ARRENDATARIO.

DECIMOCTAVO.   *Jurisdicción.*—Las partes se someten a los Juzgados y Tribunales de .... y los superiores que correspondan.

DECIMONOVENO.   *Notificaciones.*—A efectos de recibir cualquier notificación vinculada con los derechos y obligaciones reconocidos en este contrato, se designa la dirección que consta en el encabezamiento del contrato para el ARRENDADOR, y el de la vivienda que es objeto de arrendamiento para el ARRENDATARIO.
A fin de facilitar las comunicaciones entre las partes, se designan las siguientes direcciones de correo electrónico, siempre que se garantice la

autenticidad de la comunicación y de su contenido y quede constancia fehaciente de la remisión y recepción íntegras y del momento en que se hicieron.

— Por el ARRENDATARIO: ....

— Por el ARRENDADOR: ....

VIGÉSIMO.   *Aceptación.*—Las partes aceptan el presente contrato así como sus correspondientes anexos y sus efectos jurídicos, y se comprometen a su cumplimiento de buena fe.

En ...., a .... de .... de 20....

EL ARRENDADOR   EL ARRENDATARIO

D./D.ª ....   D./D.ª ....

RELACIÓN DE ANEXOS

Anexo n.º 1.   Documento identificativo del arrendatario y del arrendador.
Anexo n.º 2.   Cédula de habitabilidad.
Anexo n.º 3.   Certificado de eficiencia energética.
Anexo n.º 4.   Justificantes acreditativos de la solvencia del arrendatario.
Anexo n.º 5.   Fotografías de la vivienda.

ÍNDICE ANALÍTICO

A

B

C

R

V